首都师范大学史学丛书

阿波罗崇拜研究

李永斌 著

商务印书馆
创于1897 The Commercial Press

2015年·北京

图书在版编目(CIP)数据

阿波罗崇拜研究 / 李永斌著. —北京:商务印书馆, 2015
(首都师范大学史学丛书)
ISBN 978-7-100-11206-2

Ⅰ. ①阿… Ⅱ. ①李… Ⅲ. ①崇拜—研究—古希腊
Ⅳ. ①B933

中国版本图书馆 CIP 数据核字(2015)第 070128 号

首都师范大学史学丛书
阿波罗崇拜研究
李永斌 著

商 务 印 书 馆 出 版
(北京王府井大街36号 邮政编码 100710)
商 务 印 书 馆 发 行
北 京 冠 中 印 刷 厂 印 刷
ISBN 978-7-100-11206-2

2015 年 8 月第 1 版 开本 787×960 1/16
2015 年 8 月北京第 1 次印刷 印张 18
定价: 45.00 元

序

李永斌博士的专著《阿波罗崇拜研究》一书的着眼对象虽是古希腊宗教体系中的太阳神崇拜，但这一选题却并非纯粹的古代问题。不久前法国《查理周刊》的悲剧再次提醒我们，尽管文化多元主义和文化等值的理念在当代深入人心，历史上屡见不鲜的宗教冲突或文化冲突却仍在继续。因此，对古代宗教历史问题的研究便不仅有学术意义，还有了现实的参鉴意义。

神与宗教的出现以及长盛不衰，表明我们这个物种——脊椎动物门、哺乳动物纲、人科、人属、智人种——的智力局限。只要世俗文化（包括自然科学与社会科学）不能可靠地解答人生的各种疑问，不能准确预测个人的命运，人们就会求助于似乎能够解答这些疑问、寄托一切想望的超自然力量。倘若世间没有这样一种力量，人就会创造这种力量。所以古代人想象出形形色色的神祇，设计出错综复杂的宗教解释体系，建起与之配套的庄严宏伟的庙堂，集中了一定时代最高艺术水准的绘画、雕塑与各种工艺品，借以衬托这种人为力量的伟大、光荣、正确。其结果令人难以想象：创造者成了自己创造物的精神甚至物质的奴仆。

时值当代，我们已经能够精准地解释日月星辰、雾雨雷电等自然现象发生的物理原因，但宗教却仍有大量信众，而且这种现象在可见的将来也不会改变。这一事实说明我们人类始终是有局限的，我们的科学认识不是万能的，特别是在社会思想领域，这就为宗教解说提供了填补缺口的机会。所以，无论是昨天的阿波罗崇拜还是今天的三大宗教，都具有存在的合理性。问题在于不同的宗教信仰、不同的文明如何学会共处。

历史上的宗教一般是排他的，但决定性的排斥手段却不是来自宗教，而是出自强大的政治力量。历史上的几个古老文明的宗教，几乎都遭遇了灭顶之灾。古埃及的阿蒙－拉、古代西亚两河流域的马尔都克、古希腊的宙斯、古罗马的朱庇特等神为首的庞大神灵家族均已成为历史陈迹。它们的失落与自然力无关，都是人为破坏的产物。这说明具体的宗教形态与世间一切事物一样，都是或长或短的历史现象。

阿波罗崇拜存在了大约一千多年，在人类历史长河中属生命周期短暂的宗教，信众局限于地中海的部分地区，主要是古希腊人聚居区，其中心是爱琴海的提洛岛与中希腊的德尔斐。一个成熟的宗教总要有众神的谱系和详细的职能分工。阿波罗身领数职，但最主要的、也是最神奇的才能还是预言。由于人们对于自身未来的迫切需求，能够预言的阿波罗的神庙便成为古希腊香火最旺的圣地，阿波罗崇拜成为泛希腊的崇拜形式和后人的重要文化论题。李永斌博士在这部专著中对这一课题的国内外研究状况有较好的把握，并在此基础上结合有关古代史料，试图对阿波罗崇拜的起源与流变做出自己的解释。书中论及一些颇有难度的问题，如关于阿波罗崇拜的起源和传播路线，转变与衍生之类可靠史料匮乏却又无可回避的论题。整个讨论显示作者思路清晰，论辩谨慎，引证扎实，除了古典典籍，还有语源学和考古学的依据，在此基础上提出的个人解读，特别是关于阿波罗崇拜与希腊罗马社会演进之间的关系的论述具有较强的说服力，是一部符合史学规范并有一定创见的优质史著，填补了我国古希腊史领域宗教史研究方向上的薄弱环节。我为永斌博士的努力感到欣慰。是为序。

郭小凌

2015年1月14日于首博

目　录

插 图 目 录

绪 论

阿波罗(Apollo)[①]是希腊奥林帕斯神系的重要神祇[②]之一。阿波罗常常被描述为“最具希腊性的神”,[③]对他的崇拜流行于整个古代希腊世界。许多重要的早期神庙和神像属于阿波罗神,带有阿波罗神名的希腊人名非常普遍,[④]阿波罗崇拜的两个地域性中心——德洛斯(Delos)和皮托-德尔斐(Pytho-Delphi)从来就不缺敬拜者,特地献给德洛斯和德尔斐神庙的圣所到处皆是。德洛斯本是一个连泉水都没有的小岛,却由于阿波罗神庙而成了基克拉迪(Cyclades)群岛的中心市场和大众祭所;德尔斐地处偏僻,却因为阿波罗神谕而获得了广泛的声誉。德尔斐声誉的上升期正与希腊大殖民时期相吻合,因此对阿波罗的崇拜从西西里向东扩展到黑海边的法希斯(Phasis),甚至还有更远的城市也叫阿波罗尼亚(Apollonia)。以阿波罗为原型的雕塑艺术形象的发展一直远胜过其他神祇,这种发展至少可以追溯到德勒洛斯

---

① 本书的专有名词一般加上英译名,如果英译名不能准确表达该专有名词的含义,或者该专有名词涉及古希腊文语源学方面,则加上古希腊文名。如无特别说明,下同。

② 本书对 God 一词的称谓,主要使用的术语有“神”、“神祇”、“神灵”。“神”一般用于普遍意义上的指称,“神祇”用于指称某位具体的神,“神灵”用于引用人们谈话中对神的称呼,在某种程度上意同“神明”,为了避免术语混杂,本书没有用到“神明”一词。

③ 参见 Walter Burkert, *Greek Religion: Archaic and Classical*, translated by John Raffan, Oxford: Basil Blackwell, 1985, p. 143, p. 405, n. 2; W. K. C. Guthrie, *The Greeks and Their Gods*, New York: Beacon PR Ltd., 1985, p. 73; H. J. Rose, *A Handbook of Greek Mythology: Including its Extension to Rome*, London: Routledge, 1964, p. 134; Daniel Ogden, *A Companion to Greek Religion*, Malden, MA: Blackwell Pub., 2007, p. 49。

④ 如 Apollodoros (gift of Apollo), Apollodotos (gift of Apollo), Apollofanes (glory of Apollo), Apollonia (of Apollo), Apollonius (of Apollo) 等。

(Dreros)在阿波罗神庙铸成那些青铜塑像之时。这些阿波罗雕像一般都是以年轻人形象出现,随着希腊艺术的不断成熟,这种形象逐渐上升到理想高度,经过后来进一步净化和提升,这种理想明显具有了神圣性,赋予希腊文化一种特殊气质,而代表这种文化的神就是阿波罗。甚至有学者说:"阿波罗是希腊精神的具体体现。一切使希腊人与其他民族相区别,特别是使之与周围野蛮民族相区别的东西——各种各样的美,无论是艺术、音乐、诗歌还是年轻、明智、节制——统统汇聚在阿波罗身上。"①

谈到研究阿波罗崇拜,首先需弄清"崇拜"这一术语的含义。希腊语中表示崇拜的词有两个,*λατρεία*和*σεβασμός*,前者专指宗教崇拜,后者则泛指对所有令人敬畏的人或事物的崇拜。本书要讨论的是*λατρεία*所表达的"崇拜",即宗教崇拜。宗教崇拜是人们对那些被认为是神圣存在的反应,这些神圣存在包括神灵和超自然力量的存在。这种崇拜可能是集体行为,也可能是个体行为。宗教崇拜可以单独进行,也可以在正式或非正式的团体中进行,其表达方式不尽相同,但通常包括一个或多个元素:祈祷、冥想、仪式、经文、圣事、牺牲、布道、诵经、音乐或虔诚的歌曲、舞蹈、宗教节日、朝圣、餐饮、斋戒、寺庙或神庙、偶像、奉献等。②

由于希腊宗教与神话有着密不可分的联系,所以希腊宗教中的崇拜还有着另外一层含义,那就是对神话传说中有关神灵的一切故事的承认和信奉。就阿波罗而言,人们崇拜他的前提是将神话传说中的阿波罗(包括他的形象、事迹、他与其他神祇的关系等)视为真实存在,在这个前提下,才有对他的崇拜以及崇拜的种种表现形式。

---

① W. K. C. Guthrie, *The Greeks and Their Gods*, p. 73.

② 关于崇拜一词的含义,笔者是在综合参考了以下资料基础上进行的归纳:Robert Mchlenry editor in chief, *The New Encyclopedia Britannica*, vol. 26, Chicago: Encyclopedia Britannica, Inc., 1993, pp. 773—778;罗竹风主编:《汉语大词典》(3),上海:汉语大词典出版社,1989年,第842页;任继愈主编:《宗教大辞典》,上海:上海辞书出版社,1998年,第128页。

当然，对阿波罗崇拜的研究，不能仅仅视为一种纯粹神话学或宗教学意义上的研究，也应该纳入历史与文化研究的框架中，因为对神的崇拜不仅是一种神话传说或宗教行为，它也是一定历史阶段的产物，体现了一定的社会秩序和社会关系，代表一定时代人们的思想感情、意识观念，与社会政治经济生活也息息相关。所以，本书的研究，不仅要对阿波罗崇拜进行文化和社会功能的分析，并且要把阿波罗崇拜的源流演变置入整个社会历史文化发展的背景下来进行考察和分析，从而揭示其中的文化意义，以此来展示阿波罗崇拜与希腊社会文化发展演进之间的种种关系。以此而言，在希腊神话和希腊宗教研究背景下进行阿波罗崇拜研究的意义主要有以下几个方面：

第一，研究希腊神话和宗教，有助于我们深刻理解古代人的思维特性，有助于我们对人类思维进程的真正认识。对古代人的思维即他们所遵循的思维方式，以及所达到的思维水平，我们有多种渠道，如可以通过他们制造的物质产品（生产和生活用具、墓葬物、艺术品等）或精神产品（如神话、宗教等）以及他们的亲属制度和婚姻规则去了解和探讨。其中，神话和宗教是这种思维的重要体现形式，对神话和宗教的研究可以在一定程度上深化我们对这种思维的认识。因为随着人类思维的增长，宗教也得到发展，杂乱的精灵和鬼神不断被淘汰，神灵世界逐渐系统化，人类思维由此从感觉直观到象征喻义、从具体到抽象而不断升华，这是人类智慧成长的轨迹。阿波罗崇拜以及阿波罗所代表的理性精神，是这种思维和智慧发展的具体体现之一种。

对阿波罗崇拜的研究和解读，虽然可能只是管中窥豹，但是也有助于我们更深刻地理解理性思维的形成和发展过程。神话学和宗教学的探讨本身就是人类对自然、社会、文化困惑的一种独特解释形式，这种探讨不仅不会让我们遁入愚昧，相反，它还有助于我们认识自身。人类对自身的认识是不断进步的。希腊神话和宗教的发展过程正是希腊人对自然和人本身的认识不断深化的过程，展示了希腊人对自然存在和人类文化的历史认识水平。阿波罗作为奥林帕斯神系中的主神之一，在希腊神话和宗教文化中都具有十分重要的象征意义。希腊诸神组成的神界，实际上是对人类社会生活秩序的一种模拟。每一个神既具有自然神职能，又具有人类神的职能。作为一个自然神，阿波罗是光明的象征，作为一个人类神，阿波罗是医药之神、青春之神和预言之神。这种人神关系正是这个时代希腊人历史文化和社会生活的生动体现。

第二，研究希腊神话和宗教，有助于我们认识和解读希腊人的民族精神，而这种民族精神解读又对现代人和现代社会有着重要启示作用。一个民族的神话总是与一个民族的历史文化密切相关，并且，一个民族的神话，也唯有与民族的历史息息相关或者成为民族历史的先导性解释时，它才会构成民族文化精神的一个重要组成部分。对于希腊文化，我们也必须有这样的认识。希腊神话实质上也体现了希腊历史文化的演进过程，所以才能成为希腊民族精神的重要组成部分。希腊神话本身与希腊人的文化生活和社会变迁息息相关，而两者之间的纽带就是宗教。通过宗教，以及具体的宗教心理感应、宗教仪式和宗教组织，神话成为希腊人对自我生活历史和社会习俗的一种解释。从这种意义上说，对阿波罗的崇拜就体现了希腊人对光明、自由和幸福的向往，对理性精神和健康生活的追求。从希腊人对神谕的态度我们可以看出，阿波罗崇拜实质上是人们对事物发展过程全面认识的一种追求，是对智慧的一种崇拜。阿波罗神庙的两个箴言“认识你自己”（*γνῶθι σεαυτόν*）和“过犹未及”（*μηδέν ἄγαν*），可以说正是希腊人的智慧在最普遍意义上的表达。

当然，从整个希腊历史来看，神话和宗教对希腊人精神的绝对影响主要是在古典时期之前。在人本主义思潮兴起以后，神话和宗教对希腊人精神方面的影响有所减弱。但是作为希腊人心中的理性之神，阿波罗的影响却一直持续到智性已经高度发展的古典时代，这一时代，宣示神谕的德尔斐阿波罗神庙在希腊人的社会和政治生活中还很重要，说明这种崇拜不仅仅是宗教意义上的群体行为，而是向着理性思维转化的一种群体心理和精神活动了。

第三，研究希腊神话和宗教，也有助于我们把希腊文化和西方文化贯通起来，进而深刻地把握希腊文化和西方文化的精神内涵。希腊神话对希腊人乃至整个西方人的精神生活产生了深远的影响，对西方文学和艺术的产生和发展的影响难以估量。就连最富叛逆性的尼采，也把希腊神话中的日神和酒神看作是人类艺术的自由象征，看作是自由艺术的最高境界。他认为，阿波罗代表的日神精神与狄奥尼索斯代表的酒神精神是构成希腊文化的两大要素，阿波罗精神是所谓“某种类似梦境的、造型的美”，是希腊文化“明净（而非激动）的象征”。[①]

当然，尼采的观点只是一家之言，不足以代表整个西方文化的价值取向，现代西方文化的源头也远非拘于希腊文化之一隅。希腊神话和宗教对希腊人的影响达到什么程度，对现代西方人的影响达到什么程度，也是见仁见智，并无统一认识。但是，不可否认，希腊神话和宗教是希腊文化的重要组成部分，也是西方文化尤其是艺术的重要源头之一。如果不了解希腊神话和宗教，就不可能真正全面理解西方艺术中的自由主义精神，也就不能全面了解西方社会的文化和精神。

当我们把阿波罗崇拜研究置于古希腊神话和宗教研究的背景下来进行时，可资利用的史料来源主要有两个方面。一方面，我们可以通过古代建筑遗址和考古发掘出来的实物进行研究；另一方面，也可以通过古希腊史诗作品和其他文学作品等文献来进行解释。相比而言，考古发掘出来的部分希腊文物更能体现远古时期的宗教信仰，但这些文物上文字材料很少，解释起来非常困难，有些文物虽然有美术线条和图像，但我们很难把握其真正含义。所以，在利用这些实物史料时，要本着十分谨慎的态度，不然就容易弄成一种牵强的比附。古希腊史诗作品和文学作品在一定程度上具体体现了古希腊人的宗教文化心理，他们的话语表达，也许更符合古希腊宗教生活的实际。因此，研究阿波罗崇拜这样一种群体宗教心理和宗教行为，要在充分利用实物史料的基

① 〔德〕尼采：《悲剧的诞生》，赵登荣译，桂林：漓江出版社，2000 年，第 18 页。

础上，重视文本分析，通过文本分析去还原古希腊人的宗教心理和宗教思想。当然，对实物史料和文字史料的利用不是截然分开，而是可以相互结合，对考古材料的解读需要借助文本记载，对文本的分析也可以通过考古发掘的实物来印证。

一、实物遗存

神庙遗址 现在地中海世界各地保留下来的阿波罗神庙遗址是我们研究阿波罗崇拜最重要的实物遗存史料来源之一。其中最重要的是德尔斐的阿波罗神庙和巴赛(Bassae)的阿波罗·厄皮库里乌斯(Apollo Epicurius)神庙。德尔斐考古遗址(阿波罗神庙)是希腊古典时期宗教遗址，位于雅典西北方帕尔纳索斯山麓，因居于该地的德尔斐族人而得名。这里在古希腊时代被认为是世界的中心，也是古希腊的宗教中心和统一的象征，崇拜极盛。遗址是阿波罗神庙所在地，以该庙女祭司皮提亚宣示的神谕著称。德尔斐遗址的系统考古发掘始于1892年，1987年被列入世界遗产名录，神庙区所有古建筑现已被清理出来，并建有博物馆。在神庙和各邦礼物库中发现了不同质地的众多雕像，还发现有献给神庙的鼎、钵、碑志和铭文等，它们对研究希腊历史和文化有重要意义。[①] 阿波罗·厄皮库里乌斯[②]神庙位于伯罗奔尼撒半岛塔巴巴赛市的阿尔迪亚山上，建于公元前5世纪中叶。庙内有现存最古老的科林斯式石柱，它的独特之处是在建筑上把仿古建筑与多利安式建筑结合起来。这座神庙是第一座采用了三种建筑风格(包括多利安式、爱奥尼亚式、科林蒂安式)的阿波罗神庙，也是现存唯一保存基本完好的阿波罗神庙，1986年被列入世界遗产名录。[③] 此外，在雅典、德洛斯等地还有数量众多的阿波罗神庙遗址；在其他神祇如宙斯(Zeus)、

---

① 参见联合国教科文组织世界遗产名录：http://whc.unesco.org/en/list/393。

② 厄皮库里乌斯意为“拯救人类的神”。

③ 参见联合国教科文组织世界遗产名录：http://whc.unesco.org/en/list/392。

赫拉(Hera)、雅典娜(Athena)的神庙中也能找到关于阿波罗崇拜的有关题材。

雕塑作品 以阿波罗及其相关神话传说为题材的雕塑作品在古代希腊非常盛行。现在保存下来的重要作品有《捉蜥蜴的阿波罗》雕像(图一)、《曼提克洛斯的阿波罗》等。现存的《捉蜥蜴的阿波罗》雕像是公元前2世纪或前1世纪所仿制,原作为公元前350—前340年普拉克西特利斯(Praxiteles)创作。发现于意大利,1807年入藏卢浮宫。《曼提克洛斯的阿波罗》是一系列青铜雕像,是一个名叫曼提克洛斯(Mantiklos)的人献给阿波罗神的祭品。这些作品将人物雕像和陶瓶合二为一,人身抽象成陶瓶样式,只有头部明显呈现人形。这一系列雕像约产生于公元前700—前680年,现藏于波士顿美术博物馆。有些雕塑的主题是关于阿波罗及其相关神话传说的,有些雕塑是向阿波罗献祭的作品,本身与阿波罗可能并没有直接关系,但是我们能从中分析当时希腊人的献祭仪式和宗教心理方面的内容。

瓶画作品 瓶画是古代希腊艺术中非常重要的一种表达形式,其内容多涉及神话形象,其中阿波罗出现的频率颇高。现存最具代表性的以阿波罗为主题的瓶画是藏于美国波士顿美术博物馆的阿提卡红陶双耳喷口杯,约制成于公元前460—前450年,陶质,高三十七厘米,此画面中阿波罗位于正中,左边是他的母亲勒托(Leto),右边是他的姐姐阿尔忒弥斯(Artemis),阿波罗头戴月桂枝冠,手拿七弦竖琴。另一重要瓶画是1863年藏于卢浮宫绘有悲剧的阿提卡红陶双耳细颈椭圆土罐,约制成于公元前330年,陶质,高四十八点五厘米。此画面主题出自欧里庇得斯的悲剧《美狄亚》(*Medea*)。美狄亚被丈夫伊阿宋抛弃,愤怒的她杀死了自己与伊阿宋的两个儿子。画面中,美狄亚正在杀死自己的一个儿子。画家通过小孩的表情来表现他的痛苦,小孩似乎在哀求天神阿波罗的帮助,旁边的柱子上画有阿波罗的头像。

此外,还有一些实物遗存也是很重要的研究史料,包括碑刻铭文、墓葬品、钱币等。这些史料也能从各个不同方面为我们提供关于古代希腊阿波罗崇拜的有用信息，也需要加以重视。[①]

二、文字史料[②]

荷马史诗　荷马史诗包括《伊利亚特》(*Iliad*)和《奥德赛》(*Odyssey*)[③]两部，相传是盲诗人荷马所作，是古希腊最伟大的文学作品，也是现代人研究"荷马时代"最重要的史料来源之一。有可能折射出从迈锡尼时代到荷马时代(约公元前11世纪到公元前9世纪)的历史，描写了这一时期社会生活状况和人们宗教思想等方面的内容，反映了古希腊人的生产、生活和宗教信仰，讲述了他们的献祭、祷告等宗教仪式，尤其是丧葬仪式，生动地表现了古希腊人的宗教意识。据统计，《伊利亚特》提到阿波罗的地方共有一百六十一处，在奥林帕斯十二主神中仅次于宙斯、雅典娜和战神阿瑞斯(Ares)；《奥德赛》提到阿波罗的地方共有三十一处，仅次于宙斯、雅典娜和海神波赛冬(Poseidon)。

赫西俄德　赫西俄德(Hesiod，公元前8—前7世纪)，原籍小亚细亚的古希腊著名抒情诗人。代表作《神谱》(*Theogony*)[④]一千零二十二行；《工作与时日》(*Works and Days*)[⑤]八百行。以浪漫主义手法谱写

---

① 遗憾的是，由于条件所限，笔者对上述实物遗存史料，大多无缘亲见。唯有2009年，曾参观北京首都博物馆举办的"卢浮宫珍藏展"，其中展出了《捉蜥蜴的阿波罗》与绘有《美狄亚》剧情的陶罐等作品。其他实物只能通过相关文献和介绍资料了解，在利用这些资料分析的时候，其准确性难免会打折扣。

② 本书在利用这些古代典籍时，主要参考的是希腊文英文对照版的洛布古典丛书(The Loeb Classical Library)，也参考了一些其他英文译本，已有中文译本的古代典籍，本书尽量参阅各种版本的中文译本，并根据自己的理解稍有改动。除了需要单独讨论译文的地方，下文不再列出中文译本信息。特向各位译者致歉并表示感谢。

③ 参阅 Homer, *Iliad*, translated by A. T. Murray, The Loeb Classical Library, Cambridge: Harvard University Press, 2nd edition, 1999。Homer, *Odyssey*, translated by A. T. Murray and George E. Dimock, The Loeb Classical Library, Cambridge: Harvard University Press, 1995。

④ 参阅 Hesiod, *Theogony*, with Prolegomena and Commentary, ed. by M. L. West, Oxford: Clarendon Press, 1966。

⑤ 参阅 Hesiod, *Homeric Hymns*, *Epic Cycle*, *Homerica*, translated by Hugh G. Evelyn-White, The Loeb Classical Library, Cambridge: Harvard University Press, 1995。

图一　捉蜥蜴的阿波罗

材质：大理石

馆藏：法国巴黎卢浮宫

时间：约公元前 340 年，此为公元前 2 世纪或前 1 世纪的罗马复制品

图片来源：http://www.louvre.fr

的《神谱》，勾画了一个希腊诸神的世代谱系，从大地之神盖亚到天空之神乌拉诺斯（Uranus），再到克洛诺斯（Cronus），最后是以宙斯为首的奥林帕斯神系。《神谱》反映了那个时期希腊人心目中神的形象，其本

质上反映的是希腊祖先原始的生活习俗。直接提到阿波罗的地方不多，提到的地方也非常简略。《工作与时日》所注重的是日常生活伦理，其中记载了人们根据神事来划分节气、安排农时等内容，并且告诫人们要遵守神圣之日。在提到阿波罗的时候说："你要谨守宙斯赋予的这些时日……每月的第一、第四、第七天是神圣之日。第七天是勒托生下佩带金剑的阿波罗的日子。"[①]

荷马颂歌 荷马颂歌（Homeric Hymns）[②]最初是古代希腊节日庆典中的颂歌汇编，之所以称之为"荷马颂歌"，是因为其语言风格继承了荷马史诗的传统。现在流传下来的荷马颂歌创作时间大约是公元前 7 世纪到前 6 世纪，也有一说是公元 5 世纪由普罗克鲁斯（Proclus）收集整理。[③] 荷马颂歌共有三十三首，其中第三首和第二十一首名为《致阿波罗》（*Homeric Hymn to Apollo*），第二十五首名为《致缪斯和阿波罗》（*Homeric Hymn to Muses and Apollo*）。致阿波罗的这几首颂歌主要是赞颂阿波罗和他妻儿们的荣耀，也有一些是对阿波罗献祭仪式的描述。这些颂歌是我们现在能够集中了解当时希腊人崇拜阿波罗的重要材料。但是，颂歌毕竟属于艺术创作范畴，所以在解读这些文本的时候，还需要结合其他实物和文献史料，才能得出比较准确的结论。

埃斯库罗斯 埃斯库罗斯（Aeschylus，公元前 525—前 456 年）作品中涉及阿波罗的有《欧墨尼得斯》（*Eumenides*）[④]和《乞援人》（*Suppliant Maidens*）等。[⑤]《欧墨尼得斯》的主人公是俄瑞斯忒斯（Ores-

① Hesiod, *Works and Days*, 765, 771.

② 参阅 Hesiod, *Homeric Hymns*, *Epic Cycle*, *Homerica*。

③ Simon Price, *Religions of the Ancient Greeks*, Cambridge: Cambridge University Press, 1999, p. 45.

④ 参阅 Aeschylus, *Aeschylus*, with an English translation by Herbert Weir Smyth, Ph. D. in two volumes. 2. *Eumenides*. Herbert Weir Smyth, Ph. D. Cambridge, MA. Harvard University Press. 1926。

⑤ 参阅 Aeschylus, *Suppliant Maidens*. *Persians*. *Prometheus*. *Seven Against* Thebes, translated by Herbert Weir Smyth, Loeb Classical Library, Cambridge: Harvard University Press, reprinted, 2006。

tes)，当俄瑞斯忒斯为报父仇杀死他的母亲克吕泰墨斯特拉(Clytaemnestra)后，复仇女神对他发动攻击。但是，雅典娜女神插手交涉，说复仇女神不应来判决这件事情，应该由法庭来审判。法庭开庭，雅典人作为陪审，各方陈述自己的观点。复仇女神控诉俄瑞斯忒斯，而阿波罗为他辩护。法庭陷入僵局，双方持平，但是雅典娜投下决定性的一票，宣布俄瑞斯忒斯无罪。就研究阿波罗崇拜而言，该剧中最有价值的地方在于记载了阿波罗神庙祭司参与法庭审判等内容，我们可以从中看到雅典政治制度的理性化趋向。另外，剧中一些人与神、神与神之间斗争的内容也反映了这一时期希腊人对待人神关系的看法。

品达　品达(Pindar，约公元前522—前442年)是古希腊最著名的职业诗人。他的诗主要是歌颂奥林匹克运动会及其他泛希腊运动会上的竞技胜利者和他们的城邦。品达的作品被汇编成册藏于亚历山大图书馆，但是除了一卷胜利曲，其他作品都不完整。现存的《品达残篇集》[①]有一卷“阿波罗颂歌”(*paianes*)。通过残篇内容，我们可以了解在奥林匹克运动会和其他泛希腊运动会上以及其他庆典仪式中希腊人对阿波罗的崇拜情况。

欧里庇得斯　欧里庇得斯(Euripides，公元前485或480—前406年)的《伊翁》(*Ion*)[②]一剧讲述了阿波罗与凡人的感情故事。剧中主人公伊翁是阿波罗和凡女克瑞乌萨(Creusa)的儿子，克瑞乌萨由于害怕自己的父亲、雅典国王厄瑞克透斯(Erechtheus)生气，遗弃了伊翁。后来阿波罗想方设法让他们历经波折相认。虽然《伊翁》是一部文学作品，但是在一定程度上体现了古希腊人的宗教文化心理和希腊人对待作为神的阿波罗的态度和看法，也反映了阿波罗神庙祭司在城邦政治

---

① 参阅 Pindar, *Nemean Odes*, *Isthmian Odes*, *Fragments*, translated by W. H. Race, The Loeb Classical Library, Cambridge: Harvard University Press, reprinted, 1997。

② 参阅 Euripides, *The Complete Greek Drama*, edited by Whitney J. Oates and Eugene O'Neill, Jr. in two volumes. 1. *Ion*, translated by Robert Potter. New York: Random House, 1938。

和社会生活中的作用。我们经过认真谨慎的分析，可以从中解读古希腊宗教生活的一些实际情况。

希罗多德、修昔底德　历史学家希罗多德（Herodotus，约公元前484—前430或前420年）的《历史》（*Histories*）①一书是古希腊史学的最高成就之一，也是我们研究古代希腊最重要的史料之一。《历史》中直接提到阿波罗的地方共有二十六处，另有多处记载了希腊人向阿波罗献祭和向阿波罗神庙祭祀、寻求神谕等内容，也有一些关于各地阿波罗神庙的描述性内容。修昔底德（Thucydides，约公元前460—前400或前396年）以其所著《伯罗奔尼撒战争史》（*History of the Peloponnesian War*）②而在西方史学史上占有重要地位。《伯罗奔尼撒战争史》直接提到阿波罗的地方共有十八处，另有多处记载了各地的阿波罗神庙和希腊人向阿波罗献祭的情况，也提到了古代的神谕和阿波罗颂歌。虽然希罗多德和修昔底德的作品主要是记叙希腊人的战争和社会生活方面的内容，对阿波罗的记载属于附带之笔，但是其史料价值还是值得高度重视，毕竟他们都是严肃的历史学家，其文本具有较高的可信度，从这些文本中解读出来关于阿波罗崇拜的内容应该更具说服力。

柏拉图　柏拉图（Plato，公元前427—前347年）并没有留下关于阿波罗的描述性文字。但是，作为哲学家和思想家，柏拉图却深刻地阐释了阿波罗精神对希腊人精神生活的影响，也通过他笔下的苏格拉底揭示了阿波罗精神与希腊哲学和思想之间的关系。其中最具代表性的作品就是《申辩篇》（*Apology*）③和《斐多篇》（*Phaedo*）。④《申辩篇》是苏格拉底出席法庭受审的辩护词，这篇对话为我们提供了关于苏格拉

---

①　参阅 Herodotus, *Histories*, translated by A. D. Godley, The Loeb Classical Library, Cambridge: Harvard University Press, 1922。

②　参阅 Thucydides, *History of the Peloponnesian War*, translated by C. F. Smith, The Loeb Classical Library, Cambridge: Harvard University Press, reprinted, 1999。

③　参阅〔古希腊〕柏拉图《柏拉图对话集》，王太庆译，北京：商务印书馆，2004年；《柏拉图全集》（四卷本），王晓朝译，北京：人民出版社，2002—2003年。

④　参阅〔古希腊〕柏拉图《柏拉图对话录·斐多》，杨绛译，北京：中国国际广播出版社，2006年。

底的生活方式和宗教信仰的细节材料，其实也是苏格拉底借德尔斐的阿波罗神谕阐释他对“真理”和“智慧”的见解。在《斐多篇》中，阿波罗不仅仅是作为一个神，而且是作为一种精神实在而出现在苏格拉底的分析体系中。作为一个希腊人，苏格拉底——当然也包括柏拉图，对阿波罗在希腊人精神生活中的地位和作用有着直接而深刻的体验，以致卡尔·克莱伊宣称“《斐多篇》就是献给阿波罗的精神颂歌”[①]。柏拉图的哲学作品为我们从历史学的角度研究阿波罗崇拜提供了一种不同的视角，所以应该高度重视和充分利用。

卡利马库斯 卡利马库斯(Callimachus，约公元前320—约前240年)是希腊诗人和学者，曾担任亚历山大里亚图书馆编目人，一生著作甚丰，但现仅存片段。现今流传下来的部分《颂歌》(*Hymns*)[②]具有一定史料价值，我们可以从中了解古希腊人对神话人物的崇拜形式和内容。其中《阿波罗颂歌》(*Hymn to Apollo*)是现代学者引用和研究比较多的作品，也是我们研究阿波罗崇拜的重要史料之一。

阿波罗尼乌斯 罗德岛的阿波罗尼乌斯(Apollonius of Rhodes，约公元前295—?)是古希腊诗人、语法学家，其代表作是《阿尔戈涅英雄记》(*Argonautica*)[③]。《阿尔戈涅英雄记》主要叙述有关阿尔戈涅英雄航海的事迹，共四卷。《阿尔戈涅英雄记》中的阿波罗主要是作为福玻斯(Phoibos)而出现，阿波罗·福玻斯帮助航海英雄渡过危机和难关，受到人们的崇拜，人们用各种仪式来表达对他的崇拜。书中还记载了阿波罗·福玻斯与不同女神生了不同的次神，也与不同凡女生了不同的半神。就研究阿波罗崇拜而言，该书最大的价值在于对阿波罗祭祀仪式等内容的记载。

---

① Karl Kerenyi, *Apollo: The Wind, The Spirit, and The God: Four Studies*, translated by Jon Solomon, New York: Spring Publications, Inc., 1983, p. 59.

② 参阅 Callimachus, *Hymns and Epigrams*, translated by A. W. Mair and G. R. Mair, The Loeb Classical Library, Cambridge: Harvard University Press, reprint, 1989。

③ 参阅 Apollonius Rhodius, *Argonautica*, translated by R. C. Seaton, The Loeb Classical Library, Cambridge: Harvard University Press, reprinted, 1990。

阿波罗多洛斯 雅典的阿波罗多洛斯(Apollodorus,约生活于公元前2世纪)的《书库》(*The Library*)[①]一书中载有大量有关希腊神话的原始资料(例如诸神的家谱),是现代学者研究古希腊神话的重要文献。《书库》涉及阿波罗的内容大约有27节,记载了阿波罗的出生,阿波罗与其他神祇的关系、阿波罗的预言等内容。

西塞罗 西塞罗(Cicero,公元前106—前43年)在《论神性》(*De natura Deorum*)[②]中讨论了神学家提到过多少位太阳神的问题,也讨论了一共有几位阿波罗的问题。他讨论这些问题的目的是要说明"这些混乱不堪的故事是不可信的",从而说明"关于诸神名字起源的研究都是徒劳"[③]。在《论神性》的其他地方也零散地提到一些关于阿波罗的传说,但是西塞罗在这些地方多用"据说"、"传说"这样的字句,也没有注明这些传说的来源。所以,他的这些论述其史料价值小于神学价值。

狄奥多罗斯 西西里的狄奥多罗斯(Diodorus Siculus,活动时期为公元前1世纪)是希腊历史学家,著有《历史文库》(*Library of History*)[④],保存下来的有十五卷,包括叙述亚述人、埃及人、埃塞俄比亚人等"古代诸民族"及希腊人神话时代的开头五卷。在希腊神话时代部分中,有阿波罗的诞生、阿波罗与其他神祇的关系等内容,但是叙述得比较简略,我们无法了解更多细节材料。

维吉尔 维吉尔(Vergil,公元前70—前19年)是古罗马奥古斯都时期最重要的诗人。维吉尔最重要的作品是史诗《埃涅阿斯纪》(*The*

---

① 《书库》是西方一部古籍,据学者考证,成书于公元1—2世纪,传统上嫁名于古希腊学者、雅典的阿波罗多洛斯,现在也有人将该书的作者称为"伪阿波罗多洛斯"。参阅Apollodorus, *The Library*, translated by J. G. Frazer, The Loeb Classical Library, Cambridge: Harvard University Press, reprinted, 1995。

② 参阅〔古罗马〕西塞罗《论神性》,石敏敏译,上海:上海三联书店,2007年,第129页。

③ 〔古罗马〕西塞罗:《论神性》,石敏敏译,第129页。

④ 参阅Diodorus Siculus, *Library of History*, translated by C. H. Oldfather, Loeb Classical Library. Cambridge: Harvard University Press, reprinted, 1998。

Aeneid)[①]，全诗十二卷，一万余行，叙述英雄埃涅阿斯在特洛伊城被希腊军队攻陷后离开故土，历尽艰辛，到达意大利建立新国家的故事(其后代建立罗马)。《埃涅阿斯纪》中有少量地方提到了阿波罗，但是他笔下的阿波罗已经不是希腊神话中的阿波罗了，而是罗马神话体系中的一个神祇。

斯特拉波 斯特拉波(Strabo，约公元前64或前63—约公元23年)，古罗马地理学家、历史学家，曾在亚历山大里亚图书馆任职。著有《历史学》(*History*)四十三卷和《地理学》(*Geography*)十七卷[②]。《历史学》现仅存少数残页，《地理学》除第七卷外全部保存下来。《地理学》中记载了作者所知各地的阿波罗神庙，在描述这些神庙的同时，也记载了一些相关神话传说。《地理学》是西方古代地理学的一部经典著作，对西方地理学发展有长期影响，但是就研究阿波罗来说，其价值仅限于对阿波罗神庙的记载等部分内容。

奥维德 奥维德(Ovid，公元前43—公元18年)，古罗马诗人。长篇诗歌《变形记》(*Metamorphoses*)[③]代表了作者的最高水平，该书用六步格诗写成，全诗共十五卷，包括约二百五十个神话故事。全书以编年体的形式，从创世写到恺撒之死，奥古斯都继位。故事人物有神话中的神、男女英雄和历史人物。作品集希腊罗马神话之大成，每一个故事都生动有趣，穿插巧妙，而所有故事都始终围绕"变形"的主题，以阐明"世界一切事物都在变异中形成"的哲理。作者把神、人一视同仁，对他们采取了不恭不敬的态度，旨在借神的变形表达事物不断变化的道理，表达世界从混乱走向文明、罗马从建城到帝国强盛、人类在不断进步的深刻内涵。《变形记》的内容反映了不少宗教节日、祭祀仪典和民间风情，

---

① 参阅 Virgil, *Eclogues Geogics*, *Aeneid*, translated by H. Rushton Fairclough, The Loeb Classical Library, Cambridge: Harvard University Press, 1994。

② 参阅 Strabo, *Geography*, translated by Horace Leonard Jones, The Loeb Classical Library, Cambridge: Harvard University Press, 1995。

③ 参阅 Ovid: *Metamorphoses*, translated by Frank Justus Miller, The Loeb Classical Library, Cambridge: Harvard University Press, 3rd edition, 1984。

具有一定史料价值。

普林尼　盖乌斯·普林尼·塞孔都斯(Gaius Plinius Secundus,公元23或24—79年),又称老普林尼,古代罗马百科全书式的作家,以其所著《自然史》(*Natural History*)①一书著称。普林尼一生写了七部书,其中六部已经散佚,仅存断片,只有三十七卷《自然史》广为流传。全书记叙了近两万种物和事,其内容上自天文,下至地理,包括农业、手工业、医药卫生、交通运输、语言文字、物理化学、绘画雕刻等方面。其中与阿波罗相关的记载散见于第十二卷、第三十四卷、第三十七卷等处。

斯塔提乌斯　斯塔提乌斯(Statius,约公元45—96年),拉丁文学白银时代主要的罗马史诗和抒情诗人之一,著作甚丰,流传下来的也不少。其中提到阿波罗的作品有《忒拜战纪》(*Thebaid*)和《阿喀琉斯纪》(*Achilleid*)②。《忒拜战纪》③共十二卷,描述了波吕尼西斯(Polyneices)和厄忒俄克勒斯(Eteocles)争夺古希腊底比斯(Thebes)城王位的故事,诗中许多情节均借自维吉尔的作品,但是过于夸张。《阿喀琉斯纪》是他的另一部史诗,仅完成两卷,描写阿喀琉斯早年的教育,故事颇吸引人。但是写到阿喀琉斯被奥德修斯带至特洛伊时,因诗人去世未能完成。通过这两部作品中穿插的一些神话传说,我们可以大致了解一些关于阿波罗的传说。但是,斯塔提乌斯的文风过于夸饰,作为学术研究的史料,其作品的价值非常有限,仅供参考。

普鲁塔克　普鲁塔克(Plutarch,约公元46—120年)是一个勤奋

---

①　参阅 Pliny, *Natural History*, translated by H. Rackham, W. S. Jones and D. E. Eichholz, The Loeb Classical Library, Cambridge: Harvard University Press, 1940。

②　参阅 Statius, *Thebaid*, Books 1—7, translated by D. R. Shackleton Bailey, The Loeb Classical Library, Cambridge: Harvard University Press, reprinted, 2004; Statius, *Thebaid*, Books 8—12, *Achilleid*, Translated by D. R. Shackleton Bailey, The Loeb Classical Library, Cambridge: Harvard University Press, reprinted, 2004。

③　关于 Thebes 一词的翻译,国内史学界一般音译为"底比斯",但是在一些文学作品的翻译中,常常译成"忒拜",如这里所列的《忒拜战纪》(*Thebaid*),以及埃斯库罗斯的《七将攻忒拜》(*Seven Against Thebes*),因此在本书中一般按照史学界通行的译法译成"底比斯",在翻译书名时则按照约定俗成的译法译成"忒拜"。

而多产的作家。在他儿子拉姆普里亚斯(Lamprias)为他编订的著作目录里,列举了他二百二十七篇著作的书名。这本目录里列举出来的大部分著作已经散佚,现在仅存八十三篇。还有后来发现的、且未被目录收进去的作品十八篇,以及仅存残篇的作品十五篇。后人把他现存的这些作品分编成两本集子:《道德论集》(*Ethica*,亦作 *Moralia*)[①]和《传记集》(*Parallel Lives*)[②]。《道德论集》包括六十多篇论文和语录,广泛地探讨了伦理、宗教、哲学、科学、政治、文学等方面的问题,是了解普鲁塔克的生平和思想的重要文献。然而,广为流传并使他久负盛名的却是那本包括五十篇传记的《传记集》,而不是《道德论集》。他的作品中关于阿波罗崇拜的记载主要体现在对一些相关节日、祭仪、庆典等活动的描述。但是他所处的时代与古代希腊已经有一长段间隔了,所以其内容的可信性还需要和其他史料相结合才能判断。

希吉努斯 希吉努斯(Hyginus,创作时期为公元1世纪),拉丁文作者兼学者,曾被奥古斯都委任为帕拉丁(Palatine)图书馆馆长。他写有许多著作,但留存下来的很少。现存作品中提到阿波罗的是《寓言》(*Fabulae*)[③]。《寓言》从宇宙混沌、黑夜和白天的诞生写到诸神世系和更迭,其中阿波罗是作为奥林帕斯神系中的一员出现,但是作者的描写很简略。就其史料价值来说,在于他的记载和其他许多古典文献的记载有诸多相同之处,我们在对其进行解读和分析的时候可以相互印证。

雅典奈乌斯 雅典奈乌斯(Athenaeus,活动时期为公元1—2世纪),罗马帝国时代作家,生于埃及的瑙克剌提斯(Naucratis),生平不

---

① 参阅 Plutarch, *Moralia*, vol. 1, translated by Frank Cole Babbitt, Loeb Classical Library, Cambridge: Harvard University Press, 1927。

② 参阅 Plutarch, *Lives*, vol. 1, translated by Bernadotte Perrin, Loeb Classical Library, Cambridge: Harvard University Press, 1914。

③ 参阅 Hyginus, *The Myths of Hyginus*, translated and edited by Mary Grant, Lawrence: University of Kansas Publications, 1960。

详，用希腊文写作，留下《欢宴的智者》(*Deipnosophistae*)[①]一书。该书前三卷、第十一卷和第十五卷仅存残篇，其他部分都完整流传下来了。《欢宴的智者》以对话体写成，主要内容是关于宴会的讨论，也有不少关于音乐、诗歌、舞蹈、游戏、妓女和奢侈品的内容，该书提到了近八百位作者、二千五百部作品，为后世保留了大量珍贵的风俗和文学资料。

路吉阿诺斯　路吉阿诺斯(Lukianos)即琉善(Lucian，约公元120—200年)，古罗马思想家、无神论者，讽刺散文作家。现存下来署名琉善的著作有八十四篇，其中有十二或三十四篇是伪作。周作人在1962—1965年翻译了其中最具代表性的《诸神对话》、《海神对话》、《死人对话》等二十篇作品，合成《路吉阿诺斯对话集》[②]。其中《诸神对话》分别虚拟了阿波罗与狄奥尼索斯(Dionysus)、赫尔墨斯(Hermes)、赫淮斯托斯(Hephaestus)和波赛冬的对话。虽然路吉阿诺斯的作品在记载传承希腊神话方面具有一定价值，但是作者写作《诸神对话》的主要目的是讽刺世事，讥笑世人，其文风夸饰不实，任意发挥的地方随处可见，这也导致其史料价值几近于无。

波桑尼阿斯　波桑尼阿斯(Pausanias，活动时期约公元143—176年)是古罗马旅行家和地理学家，所著《希腊纪行》(*Description of Greece*)[③]是关于古希腊遗迹的无价指南。《希腊纪行》采取从希腊阿提卡出发的游记方式，全书分为十卷，记叙了各地居民的日常生活、庆典仪式和宗教习俗，也常介绍传说与民间故事。其中多处提到某个凡人是阿波罗的儿子或女儿的传说，也记载了各地居民对阿波罗的崇拜和祭祀仪式。受到古希腊辉煌文明的激励，他花了大量笔墨描绘奥林匹亚和德尔斐的宗教艺术及建筑，其他艺术品也是他关注的对象，其描述

① 参阅 Athenaeus: *The Deipnosophists*, translated by Charles Burton Gulick, Loeb Classical Library, Cambridge: Harvard University Press, 1929。

② 〔古罗马〕路吉阿诺斯：《路吉阿诺斯对话集》，周作人译，北京：中国对外翻译出版公司，2003年。

③ 参阅 Pausanias, *Description of Greece*, translated by W. H. S. Jones, The Loeb Classical Library, Cambridge: Harvard University Press, reprinted, 1998。

之精确，已得到希腊各地方残存建筑物之佐证。就研究阿波罗崇拜而言，《希腊纪行》无疑是比较可靠的原始史料。

努诺斯 努诺斯(Nonnus，活动时期为公元4—5世纪)是一位古希腊史诗作家。他出生于埃及的帕诺波利斯(Panopolis)，其主要作品《酒神颂歌》(*Dionysiaca*)①是现存最长的古希腊史诗，长达四十八卷，两万余行。该诗以荷马方言和六步格诗句写成，主要描述了酒神狄奥尼索斯的一生。其韵律、情节和叙事模式都模仿荷马史诗，内容则主要参照欧里庇得斯《酒神的伴侣》(*Bacchae*)，也抄录了不少赫西俄德、品达、卡利马库斯、维吉尔和奥维德的作品。就研究阿波罗而言，该书的史料价值主要在于能提供一些与之相关的传说，也能与其他作品进行印证。

词典类书籍 词典类书籍也是研究阿波罗崇拜的重要文字史料来源。其中价值比较高的词典类书籍有《拉鲁斯世界神话百科全书》(*Larousse Encyclopedia of Mythology*)②，这是一部百科全书式记载世界各民族神话产生轨迹和演变概况的专著。书中以时代为经，上自史前，下至中古，详述各阶段历史民族神话的成因、发展、变异及其消亡的自然规律。分章有全面总论，列目有翔实缕析。凡属世界各民族富有代表性的神话传说、原始文化、宗法习俗、各民族特异的人类起源，以及巫术宗教、道德礼仪、艺术文学、部落文明诸方面，均从科学角度据实悉释，而且材料完备，是一部兼及学术和实用价值的珍贵文化史料。波纳芙伊(Bonnefoy)主编的《神话学全书》(*American, African, and Old European Mythologies*)③，也保留了大量希腊神话学的资料。罗斯(H.

---

① 参阅 Nonnos, *Dionysiaca*, translated by W. H. D. Rouse, The Loeb Classical Library, Cambridge: Harvard University Press, reprinted, 1995。

② Robert Graves, *Larousse Encyclopedia of Mythology*, Hamlyn Publishing House, 1986.

③ Yves Bonnefoy, *American, African, and Old European Mythologies*, Translated by Wendy Doniger, Chicago: University Of Chicago Press, 1993.

J. Rose）主编的《希腊神话手册》（*A Handbook of Greek Mythology*）[①]包括了希腊神话流传到罗马时代的演变情况，也具有较高价值。此外，奥格登（Ogden）的《希腊宗教指南》（*A Companion to Greek Religion*）[②]也保存和编译了不少关于阿波罗崇拜的资料。此外，还有《剑桥古代史》、《汉语大词典》、《宗教大辞典》等大型工具书和辞书可供参考。[③]

近代以来，西方学术界基本上是从神话学、宗教学以及社会学的角度来探讨阿波罗崇拜。神话学方面的研究主要是关于阿波罗的诞生、经历、与其他神祇的关系等问题，宗教学和社会学方面的研究主要是关于阿波罗崇拜的起源、阿波罗崇拜的仪式、阿波罗崇拜在希腊社会生活中的作用和对希腊人的影响等问题。这些研究成果在不同时期体现了不同的特点，大致可分为四个阶段。

第一阶段是19世纪末到20世纪30年代。这一阶段研究的主要特点是把对阿波罗的研究纳入希腊宗教研究的整体框架内进行，所运用的理论和方法也基本上是宗教学的理论和方法。同时，受人类学家詹姆斯·弗雷泽（James Frazer）《金枝》（*Golden Gough*）的影响[④]，在某些方面也运用了人类学和心理学的理论和方法。这一阶段的代表作有雅各布·布克哈特（Jacob Burckhardt）的《希腊人和希腊文明》（*The Greeks and Greek Civilization*）[⑤]、路易斯·理查德·法奈尔（Lewis

---

① H. J. Rose, *A Handbook of Greek Mythology: Including Its Extension to Rome*, London: Routledge, 1964.

② Daniel Ogden, *A Companion to Greek Religion*, Malden, MA: Blackwell Pub., 2007.

③ 其相应版权信息参见文后所列参考文献。

④ 杨共乐教授认为，《金枝》在1809年第一次出版的时候只有两卷本，直到1906年到1915年才出版了第三版的十二卷本。所以，同一时期的布克哈特、哈里森等人是否一定受到《金枝》的影响还值得商榷。这里采纳杨共乐教授的意见，并将这句话修订为“一定程度上受到人类学研究方法和研究成果的影响”。

⑤ Jacob Burckhardt, *The Greeks and Greek Civilization*, translated by Sheila Stern, New York: St. Martin's Press, 1998.

Richard Farnell）的《希腊城邦祭仪》（*The Cults of the Greek States*）[①]、简·哈里森(Jane Harrison)的《希腊宗教研究导论》（*Prolegomena to the Study of Greek Religion*）[②]、《古希腊宗教的社会起源》（*A Study of the Social Origins of Greek Religion*）[③]、马丁·P.尼尔森(Martin P. Nilsson)的《希腊宗教史》（*A History of Greek Religion*）[④]和《希腊神话的迈锡尼起源》（*The Mycenaean Origin of Greek Mythology*）[⑤]。此外，S.埃特尔姆(S. Eitrem)的论文"论阿波罗的宗教特征"("Some Notes on the Religious Character of Apollo")[⑥]也反映了这一阶段阿波罗研究的主要趋向。

瑞士历史学家和艺术史家雅各布·布克哈特(1818—1897年)的《希腊人和希腊文明》在他去世后的1898—1902年出版。布克哈特在进行历史研究过程中，擅长运用心理分析和心理解剖方法，而且这种方法总是在揭示社会个体的思想、行为与社会文化背景的对应关系的时候得到充分应用。他最早提出了阿波罗和狄奥尼索斯对立统一的思想，虽然没有系统论析，却对尼采《悲剧的诞生》中日神与酒神对立统一的理论产生了重要影响。

路易斯·理查德·法奈尔(1856—1934年)是牛津大学的一位著名古典学家，曾于1920—1923年担任牛津大学副校长。自1896年至1909年，他出版了五卷本的《希腊城邦祭仪》。其中第四卷出版于1907

---

① Lewis Richard Farnell, *The Cults of the Greek States* (5 vols), Oxford: Oxford University Press, 1896—1909.

② J. Harrison, *Prolegomena to the Study of Greek Religion*, London: Cambridge University Press, 1903.

③ J. Harrison, *A Study of the Social Origins of Greek Religion*, London: Cambridge University Press, 1912.

④ Martin P. Nilsson, *A History of Greek Religion*, translated by F. J. Fielden, Oxford: Oxford University Press, 1964.

⑤ Martin P. Nilsson, *The Mycenaean Origin of Greek Mythology*, Berkeley: University of California Press, 1932.

⑥ S. Eitrem, "Some Notes on the Religious Character of Apollo", *The Classical Review*, vol. 33, no. 5/6, (Aug.—Sep., 1919), pp. 88—90.

年，主要内容是关于波赛冬和阿波罗的祭仪。关于波赛冬的内容是第1—97页，关于阿波罗的内容是第98—454页，从中我们可以看出关于阿波罗的资料比其他神祇的资料要丰富得多。在这部著作中，法奈尔运用大量文献和实物史料，从崇拜、考古和艺术形象三个方面详细论述了古希腊关于阿波罗的祭祀仪式，以及这些仪式所反映的古希腊社会和宗教生活状况。他还充分讨论了其他学者的各种观点，并进行评论和争辩，尤其是对弗雷泽的研究成果提出了不同的见解，这也给他的著作增添了一些探究和对话的色彩。

简·哈里森(1850—1928年)是英国考古学家、著名古希腊研究学者。1903年和1912年，她分别发表了《希腊宗教研究导论》和《古希腊宗教的社会起源》。她在这两部著作中提出了在当时可谓全新的理论，改变了人们对希腊文化和希腊宗教的认识。在《古希腊宗教的社会起源》中，哈里森用了大量篇幅探讨阿波罗崇拜，讨论了德尔斐人从盖亚崇拜到阿波罗崇拜的转变过程，分析了作为阿癸伊欧斯的阿波罗、作为福玻斯的阿波罗、作为库罗斯(Kouros)的阿波罗的不同特征。她得出结论认为：阿波罗在地上时被称为阿癸伊欧斯，到了天上就成了福玻斯。她还对阿波罗崇拜和狄奥尼索斯崇拜的相互关系及其演变做了深入的探讨。这两部著作影响重大，在她生前多次重印，时至今日，依然受到学者的重视和一般读者的青睐。[①]

马丁·P.尼尔森(1874—1967年)是瑞士著名文献学家和神话学家，在希腊神话研究和宗教史研究方面成就斐然。他于1925年和1932年分别出版了《希腊宗教史》和《希腊神话的迈锡尼起源》。在《希

---

① 广西师范大学出版社分别于2004年和2006年出版了中文译本，稍显遗憾的是，书中涉及宗教学、考古学的译文不尽确切。参见〔德〕简·艾伦·赫丽生《古希腊宗教的社会起源》，谢世坚译，桂林：广西师范大学出版社，2004年；〔德〕简·艾伦·赫丽生《希腊宗教研究导论》，谢世坚译，桂林：广西师范大学出版社，2006年。

腊宗教史》一书中，尼尔森也对阿波罗和狄奥尼索斯的对立统一问题进行了探讨。他认为，与狂放不羁的狄奥尼索斯不同，端庄宁静的阿波罗浑身闪烁着智慧的光芒。阿波罗不仅通过斗争和抑制，而且通过许可与调节而压倒了当时流行的酒神崇拜，使这种经过调节后的迷狂丧失了其刚刚萌发出来的危险性。《希腊神话的迈锡尼起源》则讨论了希腊神话与迈锡尼文明的关系，他认为后来的希腊神话基本都能在迈锡尼文明中找到原型，但是他没有提到阿波罗是否起源于迈锡尼的问题，也回避了阿波罗的其他起源问题。

这一阶段另一个关注重点是阿波罗的起源问题。德国古典学家维拉莫维茨（Ulrich von Wilamowitz-Moellendorff，1848—1931 年）于 1908 年在牛津大学做了两个讲座，后来将讲稿结集出版，名为《希腊历史编纂和阿波罗》（*Greek Historical Writing and Apollo*）①。这些讲稿实际上讨论了两个问题，一个是希腊历史编纂问题，一个是阿波罗的问题，二者之间并没有必然的逻辑联系。在关于阿波罗的讲稿中，他对阿波罗的起源进行了探讨，他倾向于阿波罗是一个来自小亚细亚的神。此外，在这个演讲稿中还探讨了阿波罗神谕与雅典民主政治的关系。后来，约翰·A. 斯科特（John A. Scott）的论文"来自亚洲的神阿波罗"（"Apollo as an Asiatic Divinity"）②对维拉莫维茨的一些观点进行了辨析。兰德尔·哈里斯（Rendel Harris）的论文"北风后面的阿波罗"（"Apollo at the Back of the North Wind"）③从词源学的角度探讨了阿波罗的起源问题，通过"amber—apple—abal—Apollo"的词源演变，得出了"阿波罗"源于"苹果"的结论。

---

① Ulrich von Wilamowitz-Moellendorff, *Greek Historical Writing and Apollo: Two Lectures Delivered before the University of Oxford June 3 and 4*, translated by Gilbert Murray, Oxford: Clarendon Press, 1908.

② John A. Scott, "Apollo as an Asiatic Divinity", *The Classical Journal*, vol. 17, no. 8 (May, 1922), pp. 463—464.

③ Rendel Harris, "Apollo at the Back of the North Wind", *The Journal of Hellenic Studies*, vol. 45, Part 2. (1925), pp. 229—242.

第二阶段是20世纪40年代到60年代。这一阶段的主要特征是将阿波罗崇拜作为神话学的对象来进行研究，在理论和方法上与这一时期神话学理论和方法的突破保持了基本一致的步调。这一时期研究阿波罗崇拜最主要的学者是沃尔特·F.奥托(Walter F. Otto)和卡尔·克莱伊(Karl Kerenyi)。

沃尔特·F.奥托(1882—1965年)出生于奥地利，曾任奥地利考古学会会长(1921—1938年)，先后担任维也纳大学(University of Vienna)和因斯布鲁克大学(University of Innsbruck)的教授。他的《荷马的神祇：希腊宗教的精神意义》(*The Homeric Gods*: *The Spiritual Significance of Greek Religion*)①于1954年出版，他在这本书中以其广博的知识讨论了希腊神话和宗教的精神性，学界公认其是研究希腊神话的标杆，其中关于阿波罗的内容被后来学者广泛引用。

出生于匈牙利的卡尔·克莱伊(1897—1973年)是现代研究希腊神话的奠基者之一。他于1929年在希腊偶遇沃尔特·F.奥托，并在后者的影响下开始涉足比较宗教研究和社会史研究。他的研究方法深受詹姆斯·弗雷泽的影响，将诠释学的理论运用于古代社会尤其是希腊宗教研究。克莱伊是探讨过阿波罗崇拜的原初精神动力的少数几个学者之一。克莱伊所理解的阿波罗与众不同的地方在于，他认为阿波罗是一个神秘而不可思议的神。尽管阿波罗作为太阳神的功能和作用是清楚明白的，但是这不能说明隐藏在各种崇拜和献祭仪式背后的神秘影子。克莱伊从阿波罗带来瘟疫、从远处射杀敌人、被人作为狼神崇拜等方面入手，试图说明另一个“黑暗之神阿波罗”确实存在的事实。他的研究成果开辟了一条全新的诠释阿波罗崇拜的道路。1980年，卡尔·克莱伊的侄女马格达·克莱伊(Magda Kerenyi)将卡尔·克莱伊的论文整理出版，题名为《阿波罗和尼俄柏》(*Apollon*

---

① Walter F. Otto, *The Homeric Gods*: *The Spiritual Significance of Greek Religion*, translated by Moses Hadas, Boston: Beacon Press, 1964.

und Niobe)[1],美国学者乔·所罗门(Jon Solomon)于 1983 年将其中关于阿波罗的四篇译成英文[2],合成一个小册子,题名为《阿波罗:北风、灵魂和神》(*Apollo*: *The Wind*, *The Spirit*, *and The God*)[3]。

这一阶段比较重要的成果还有格斯里(Guthrie)的《希腊人和他们的神》(*The Greeks and Their Gods*)[4]、查理斯·谢尔曼(Charles Seltman)的《奥林帕斯十二神》(*The Twelve Olympians*)[5]以及道兹(E. D. Dodds)的《希腊人和非理性》(*The Greeks and the Irrational*)[6]等。

第三阶段是从 20 世纪 70 年代后期到 20 世纪末期。这一阶段的主要特征是研究方法多样化,研究内容呈现具体化趋势。有对各地阿波罗崇拜的具体研究,比如在吕西亚(Lycian)、奥里斯提亚(Oresteia)、欧诺安达(Oinoanda)等地的阿波罗崇拜;[7]也有对阿波罗作为不同身份的神的具体研究,比如作为德拉狄奥特斯(Deiradiotes)的阿波罗、作为帕特洛斯(Patroos)的阿波罗等;[8]也有对阿波罗与其他神祇关

---

① Karl Kerenyi, *Apollon und Niobe*. München: Langen Müller, 1980.

② 分别是"阿波罗神庙的祭司"("Apollo's Temple Servant", 1937)、"论灵魂"("Der Geist", 1937)、"阿波罗·伊庇法尼翁"("Apollon-Epiphanien", 1941)和"论不朽与阿波罗宗教"("Unsterblichbkeit und Apollon Religion", 1953)。

③ Karl Kerenyi, *Apollo*: *The Wind*, *The Spirit*, *and The God*: *Four Studies*, translated by Jon Solomon, New York: Spring Publications, Inc., 1983.

④ W. K. C. Guthrie, *The Greeks and Their Gods*. 出版信息见第 1 页注释 3。

⑤ Charles Theodore Seltman, *The Twelve Olympians*, New York: Thomas Y. Crowell, 1962.

⑥ E. D. Dodds, *The Greeks and the Irrational*, Berkeley: university of California Press, 1952.

⑦ 这方面的主要成果有 T. R. Bryce, "Lycian Apollo and the Authorship of the 'Rhesus'", *The Classical Journal*, vol. 86, no. 2, (Dec., 1990—Jan., 1991), pp. 144—149; Deborah H. Roberts, *Apollo and His Oracle in the Oresteia*, Gottingen: Vandenhoeck & Ruprecht, 1984; N. P. Milner, "Notes and Inscriptions on the Cult of Apollo at Oinoanda", *Anatolian Studies*, vol. 50, (2000), pp. 139—149;等等。

⑧ 这方面的主要成果有 Edward Kadletz, "The Cult of Apollo Deiradiotes", *Transactions of the American Philological Association*, vol. 108, (1978), pp. 93—101; Charles W. Hedrick, "The Temple and Cult of Apollo Patroos in Athens", *American Journal of Archaeology*, vol. 92, no. 2, (Apr., 1988), pp. 185—210;等等。

系的研究。[①] 一些综合性研究著作中也涉及对阿波罗崇拜的研究，沃尔特·伯克特（Walter Burkert）于1977年在德国出版的《希腊宗教》（*Greek Religion: Archaic and Classical*）[②]就把阿波罗崇拜研究作为希腊宗教研究总体框架中的一部分来进行，重视探讨阿波罗与其他奥林帕斯神之间的关系，力求在整个希腊文明的背景下来理解阿波罗崇拜。约翰·弗格森（John Ferguson）的《希腊宗教的考古学阐释》（*Among the Gods: An Archaeological Exploration of Ancient Greek Religion*）[③]就吸收了考古学的最新研究成果，对古代希腊献祭、神谕、神庙、神谕所等问题进行了比较深入的研究，阿波罗崇拜的相关内容散见于全书各章。伊斯特林（P. E. Easterling）和穆尔（J. V. Muir）的《希腊的宗教与社会》（*Greek Religion and Society*）[④]将宗教纳入整个希腊社会来考察，其中对阿波罗崇拜的有关论述也值得关注和借鉴。

这一阶段另一重要成果是乔·所罗门主编的《阿波罗：起源和影响》（*Apollo: Origins and Influences*）[⑤]，这本书收录了八篇关于阿波罗研究的论文，作者都是在古典研究方面享有盛誉的专家。编者在收录的过程中进行了分类整理，使之成为一个比较完整的研究体系，其中的类别有"阿波罗的本质"、"早期诗歌中的阿波罗"、"阿波罗形象的表

---

① 这方面的主要成果有 Antonia Barbe, *Apollo & Daphne: Masterpieces of Mythology*, with Paintings from the Great Art Museums of the World, London: Frances Lincoln, 1998；等等。

② Walter Burkert, *Greek Religion: Archaic and Classical*, translated by John Raffan, Oxford: Basil Blackwell, 1985.

③ John Ferguson, *Among the Gods: An Archaeological Exploration of Ancient Greek Religion*, London and New York: Routledge, 1989.

④ P. E. Easterling and J. V. Muir, *Greek Religion and Society*, with a foreword by Sir Moses Finley, Cambridge: Cambridge University Press, 1985.

⑤ Jon Solomon, *Apollo: Origins and Influences*, Tucson: University of Arizona Press, 1994.

达方式”、“罗马时期的阿波罗”。这本论文汇编可以说是阿波罗研究的最新成果总汇，反映了学术界对阿波罗崇拜研究的最新动态，具有非常重要的参考价值。

第四阶段是21世纪以来的这十几年。实际上，这一阶段是上一阶段的延续，其间的学术趋向并没有明显变化。但是，为了更清楚地显示关于阿波罗崇拜研究的最新研究状况，这里还将其单列为一个阶段。现在学术界在研究阿波罗问题上比较活跃的学者主要有休·鲍登(Hugh Bowden)、弗雷茨·格拉夫(Fritz Graf)、约翰·米勒(John Miller)和乔·所罗门等。

任教于英国皇家学院的休·鲍登，其《古典雅典和德尔斐神谕：预言与民主》(*Classical Athens and the Delphic Oracle*: *Divination and Democracy*)[①]向传统的关于雅典民主政治和关于德尔斐神谕的观点发出了挑战，试图阐明德尔斐神谕在雅典民主政治，尤其是政治演说中的关键性作用，其中引用了大量的古典作品，也吸收了铭文碑刻方面的最新考古成果。

美国俄亥俄州立大学希腊语拉丁语教授和碑铭研究中心主任弗雷茨·格拉夫于2009年出版了他的最新专著《阿波罗》(*Apollo*)[②]。该书首先探讨了荷马史诗中的阿波罗，然后通过探讨前荷马时代的阿波罗、19世纪到20世纪学术界和思想界关于阿波罗与狄奥尼索斯的对立统一等问题，全面考察了希腊宗教和神话，试图呈现一个古代世界中完整的阿波罗形象。但是该书的文学性强于史学性，其借鉴意义主要体现在一些思想闪光点上。

美国弗吉尼亚州立大学拉丁文学教授约翰·米勒对罗马文学中的阿波罗形象研究颇有建树，现在正在研究一个课题：奥古斯都时代的阿波罗。《阿波罗：起源和影响》的主编、美国伊利诺伊大学西方文明史教

① Hugh Bowden, *Classical Athens and the Delphic Oracle*: *Divination and Democracy*, Cambridge: Cambridge University Press, 2005.

② Fritz Graf, *Apollo*, London: Routledge, 2009.

授乔·所罗门正在继续研究有关古希腊文明史的课题。詹尼弗·林恩(Jennifer Lynn)的新作《古代希腊的祭仪》(*Ancient Greek Cults*：*A Guide*)[①]也涉及关于阿波罗的祭仪等问题。

① Jennifer Lynn，*Ancient Greek Cults*：*A Guide*，New York：Routledge，2007.

第一章 阿波罗崇拜的起源和传播路线[①]

第一节 各种起源论考析

20世纪之前，研究神话和早期宗教的西方学者大多从阿波罗为太阳神的视角去解释阿波罗崇拜的起源，其中影响最大的是麦克斯·缪勒(Max Mulier)。缪勒经过研究发现，雅利安人的太阳神话和希腊太阳神话有诸多相似之处，从而得出结论认为，阿波罗起源于人们对太阳的崇拜，这种崇拜在原始民族中是非常普遍的现象。[②] 他还从语源学的角度阐释了自己的观点，认为“在词汇的语源真意被忘却之后，经常是一种新意应运而生。正因如此，光的儿子 *Λυκηγένης*[③]——阿波罗变成了吕西亚人的儿子，而德洛斯人创造了阿波罗出生于德洛斯岛的神话”。[④] 不过现今学术界已经基本一致承认，从阿波罗为太阳神的角

---

① 本章内容修改以后曾发表于《历史研究》2011年第3期。

② 〔德〕麦克斯·缪勒:《宗教的起源与发展》，金泽译，上海：上海人民出版社，1989年，第185页及以次。

③ 《牛津希腊语英语词典》对此词的解释是“epith. of Apollo, commonly expld. Lycian-born, i. e. at Palara, II. 4. 101, 119, cf. Heraclit. All. 7.” 参见 *A Greek-English Lexicon, with a Revised Supplement*, compiled by Henry George Liddell and Rbert Scott, Oxford: Oxford University Press, 1996, p. 1064,“*Λυκηγένης*”。《古希腊语汉语词典》的解释是“诞生于吕西亚的(是阿波罗的称号之一)”。参见罗念生、水建馥编《古希腊语汉语词典》，北京：商务印书馆，2004年，第514页，“*Λυκηγένης*”。缪勒可能认为这一词的词根是 *Λύκη*(晨光、光明之意)，所以他将其解作“光的儿子”。然而 *Λύκη* 是 *Λυκάβας*、*Λυκόφως* 等词的词根，是否是 *Λυκηγένης* 的词根还不确定，所以缪勒的观点是建立在一种没有确证的语源学基础上的假说。

④ 〔德〕麦克斯·缪勒:《比较神话学》，金泽译，上海：上海文艺出版社，1989年，第76页。

度去解释他的起源和本质，已经被证明缺乏理论基础，[1]因为阿波罗与太阳相联系的时间相对晚近。虽然没有确切史料能说明阿波罗在什么时候、被谁最早称为太阳神的，但是所有现存资料都表明：在公元前5世纪之前，阿波罗和太阳没有任何联系，只有赫利俄斯（Helius）或者许珀里翁（Hyperion）才被称为太阳神。[2]

20世纪以来，学术界在这一问题上主要有两种代表性的观点。[3]一种观点认为阿波罗起源于亚洲，来自于小亚细亚某个非希腊民族。另一种观点认为阿波罗起源于欧洲北方某地。

一、自东来：吕西亚人、特洛伊人

认为阿波罗起源于亚洲的主要证据是他的两个绰号：*Λυκείος*（或者*Λυκίος*）[4]和*Λετοίδες*。*Λυκείος*这个词有两种含义：一是吕西亚人，[5]一是狼神。[6] 吕西亚位于土耳其西南部海岸，今土耳其安塔利亚

---

① J. B. Bury, S. A. Cook, F. E. Adcock, *The Cambridge Ancient History*, vol. II, First Edition, Cambridge: Cambridge University Press, 1931, p. 632; W. K. C. Guthrie, *The Greeks and Their Gods*, p. 74.

② Timothy Gantz, *Early Greek Myth: A Guide to Literary and Artistic Sources*, Baltimore: Johns Hopkins University Press, 1993, p. 87.

③ 国内学界关于西方学界对阿波罗崇拜起源争论的总结，王晓朝教授在《希腊宗教概论》中做了开创性的工作（参阅王晓朝《希腊宗教概论》，上海：上海人民出版社，1997年，第71—77页），本文的这一部分从中获益良多。并且王先生也对全文的写作提出了富有建设性的意见，尤其强调“从历史学的角度研究阿波罗崇拜一定要结合考古材料来进行”，给了笔者很大的启发，特此致谢。

④ 关于*Λυκείος*一词，曾经有学者认为其最早的词根应该追溯到-*λυκ*或-*λυχ*，基本含义是光明之神。那么*'Απόλλων*、*Λυκείος*就是指阿波罗作为太阳神的一个称呼。但是如前所述，当今学术界少有人认同这种简单的解释。参见W. K. C. Guthrie, *The Greeks and Their Gods*, pp. 82—83。罗念生和王焕生在翻译《荷马史诗》时也将这一词译成“出生自阳光的”，但是又加了注释：或解作“狼生的”，或“出生自吕西亚的”。参见《荷马史诗·伊里亚特》，罗念生、王焕生译，北京：人民文学出版社，1994年，第80页。

⑤ H. J. Rose, *A Handbook of Greek Mythology*, p. 135; W. K. C. Guthrie, *The Greeks and Their Gods*, p. 82.

⑥ H. J. Rose, *A Handbook of Greek Mythology*, p. 135, p. 159, n. 3; W. K. C. Guthrie, *The Greeks and Their Gods*, p. 82.

省境内。荷马在《伊利亚特》中多次提到吕西亚人，并说他们是特洛伊人的盟友。[①] 按照希罗多德的说法，“吕西亚”这个名字来源于雅典国王潘狄翁（Pandion）的儿子吕科斯（Lycus）。[②] 学者们从 *Λυκείος*代表“吕西亚人”这一层含义入手，从词源学的角度对 *Λυκείος*与 Lycian 进行了分析，得出结论是这两个词显然有着密切的联系，进而认为阿波罗与吕西亚也就有着密切的联系。[③]

Λετοίδες，意即勒托的儿子，也就是说，阿波罗这个外号是随他的母亲勒托取得的。希罗多德认为这种随母亲取得名字的风俗是吕西亚人的独特之处。“他们（吕西亚人）却有一个和世界上任何民族都不相同的风俗。那就是：他们不是从父方而是从母方取得自己的名字。如果旁边一个人问一个吕西亚人他是谁的话，他就会说他是自己的母亲某某人的儿子，这样接着母系推上去。”[④]维拉莫维茨据此认为，Λετοίδες 这一称呼就表明阿波罗源自吕西亚，并且他更进一步认为勒托与吕西亚的女神勒达（Leda）实际上是同一位神。[⑤] 支持阿波罗亚洲起源说的另一重要依据是，在许多希腊本土的阿波罗崇拜中心，阿波罗是以一个外来者的身份出现的。在德尔斐，当地人自己也承认这一点，在阿波罗到来之前，当地崇拜的神祇已经有了几次转换；[⑥]在其他地方，也有充分的证据表明，在阿波罗之前，人们有其他的神祇可供崇拜。

Λυκείος代表“吕西亚人”这一解释还是显得比较牵强，忽视了这一词的另一层含义“狼神”，而持其他意见的学者正是从这一层含义得出了截然不同的结论，罗斯从“狼神”这层含义推测，阿波罗原先是个牧羊

---

① Homer, *Iliad*, ii. 876; v. 470; v. 645; vi. 168; xi. 284; xvi. 437, etc.

② Herodotus, *Histories*, i. 173.

③ Ulrich von Wilamowitz-Moellendorff, *Greek Historical Writing and Apollo: Two Lectures Delivered before the University of Oxford June* 3 *and* 4, translated by Gilbert Murray, Oxford: Clarendon Press, 1908, p. 31.

④ Herodotus, *Histories*, i. 173.

⑤ Wilamowitz-Moellendorff, *Greek Historical Writing and Apollo*, p. 31.

⑥ 哈里森认为这一转换过程是“盖亚—忒弥斯（Themis）—福柏（Phoibe）—福玻斯”。参见 J. Harrison, *A Study of the Social Origins of Greek Religion*, p. 387。

人崇拜的神。在阿波罗的最初功能中，他使用弓驱赶野狼和其他野兽，使用弓驱赶野狼的阿波罗可能被当作"狼神"得到牧羊人的崇拜。[①]

在《荷马史诗》中，阿波罗站在特洛伊人一边，这也是认为阿波罗起源于亚洲的一个重要因素。但是，从《荷马史诗》的记载来看，和阿波罗一样支持特洛伊人的奥林帕斯神还有阿瑞斯，甚至相比阿瑞斯而言，阿波罗的立场还不是特别鲜明，而阿瑞斯已经被证明确定并非源于小亚细亚。[②] 这时的希腊人不仅将阿波罗列为奥林帕斯十二主神之一，而且将阿波罗当作他们最典型的代表，很难想象希腊人自己会刻意强调阿波罗的吕西亚身份。在《荷马史诗》中，真正强调阿波罗的吕西亚身份的都是吕西亚自己人，比如潘达罗斯（Pandarus），[③]他之所以把阿波罗当成自己本土的神祇只能说明阿波罗在当地受到了广泛的崇拜，但是并不能以此作为阿波罗最早就是来自吕西亚的有力证据。

其次，从《荷马史诗》的记载可以看到，阿波罗和许多地方都有比较密切的联系。第一个与阿波罗联系比较密切的地方是小亚细亚的克律塞（Chryse）。《伊利亚特》一开始就提到阿波罗的愤怒，其原因是阿伽门农侮辱了他的祭司克律塞斯（Chryses）。[④] 克律塞斯在祈祷的时候，两次说到阿波罗是"银弓之神，克律赛和神圣的基拉（Cilla）的保卫者，统治着特涅多斯（Tenedos）"。[⑤] 克律塞城在特洛伊沿岸，莱姆诺斯岛（Lemnos）旁边；基拉是小亚细亚西北部的城邦；特涅多斯是特洛伊附近的一个岛屿。这些祷词说明了阿波罗与小亚细亚确实有密切的联系。然而《伊利亚特》还有一处说到佩瑞亚（Pereia），"最好的马要数斐瑞斯（Pheres）的儿子的马，由欧墨洛斯（Eumelos）驾驭，它们快速如飞鸟，马的毛色、年龄相同，后背平如线。它们由银弓之神阿波罗在佩瑞

---

① H. J. Rose, *A Handbook of Greek Mythology*, p. 136.

② H. J. Rose, *A Handbook of Greek Mythology*, p. 135.

③ Homer, *Iliad*, iv. 101.

④ Homer, *Iliad*, i. 8—21.

⑤ Homer, *Iliad*, i. 37—38; i. 450—452.

亚养育。”[1]《奥德赛》还提到阿波罗与伊斯马罗斯(Ismarus)的联系。当奥德修斯来到独眼巨人的土地上时,阿波罗的祭司马戎(Maron)送给他许多珍贵的礼物,其中说“他是伊斯马罗斯的保护神阿波罗的祭司”。[2] 佩瑞亚是希腊西北部忒萨利(Thassaly)境内的一座山峰;伊斯马罗斯是希腊东北部色雷斯(Thrace)的城市。所以,在荷马史诗时代,阿波罗也与希腊北部一些地区有联系。

二、自北来:叙佩尔波列亚人

阿波罗起源于北方的主要证据是他与北方某个被称为叙佩尔波列亚人(Hyperboreans)的民族有密切联系。这一联系在神话传说和献祭仪式中都有所反映。最早提到这一联系的文字材料是一个关于德尔斐的神话传说,记载在公元前600年左右阿尔凯乌斯(Alcaeus)的一首韵律诗中。尽管这个文本已经佚失,但是在公元4世纪希米利乌斯(Himerius)的作品中保存有这首诗前以散文写就的解释,大意是当阿波罗出生以后,宙斯打算派他去给希腊人传播法律。但是,他乘着宙斯给他的天鹅车来到叙佩尔波列亚人上空,在那里待了整整一年,直到德尔斐人为他专门准备了年轻人的赞美诗、音乐和舞蹈,他才回到德尔斐,他返回的时间是仲夏。[3] 当地的人们相信阿波罗每年冬天都会离开德尔斐,这段时间他就在叙佩尔波列亚人那里,但是似乎他在那里的时间只有三个月,在仲夏之前肯定会回到德尔斐。希米利乌斯在评注该诗歌的时候,做了如下总结:“当这位神祇来到大地时,人们期待了整个夏天的紧张心情顿时随着七弦琴的奏响而欢快起来。”[4]无疑,这里

---

① Homer, *Iliad*, ii. 763—766.

② Homer, *Odyssey*, ix. 198.

③ Himer. *Orations*, xiv. 10. 参阅 Himerius. *Man and the Word*: *The Orations of Himerius*. translated by Penella and J. Robert, Berkeley: University of California Press, 2007;亦见 W. K. C. Guthrie, *The Greeks and Their Gods*, p. 73;王晓朝:《希腊宗教概论》,第75页。

④ Himerius, *Orations*, xiv. 10.

明确提到了季节，以及赞美诗、颂歌和舞蹈，表明这些不仅仅是神话，而且也是一种实在的仪式，只是我们现在还不能确定这种仪式是在德尔斐的哪一个节日中举行。

认为阿波罗起源于遥远的北方的理论基石就是把 Hyperboreans 解释为“居住在寒冷的北风那边的人”(Beyond the North Wind)。他们认为 Hyperboreans 这个词由两部分组成;Hyper(beyond)和 Boreas(the North Wind)。[①] 这一解释在古代没有人提出异议。但是，现代语源学家却对此提出了不同看法。斯坦利·卡森(Stanley Casson)指出，这个词可能有另一种解释。这个词的后一部分的词根不是 Northern，而是一个前希腊语的巴尔干词，意思是“山”，因此 Boreas 的意思就是 the Wind from the Mountain。Bora 是马其顿的一座山名，因此 Hyperboreans 的意思可能有两个：一个是居住在 Bora 山那边的人，另一个是居住在 Bora 山上的人。如果相信他们是人，那么就是住在山上的人，如果认为他们是神，那么 Hyper(above) Bora 也就等于在天空中(in the sky)。[②] 另一种解释是，早期希腊语和拉丁语中的词根 *φέρω*-和 *fero*-在现代某些北方语言中变成了 *b*，这种词的化合也发生于古代马其顿语中，Hyperboreioi 这一词来自词根 *fer*-，所以这一个词在马其顿和其他同盟地区的方言中被解释为“传递者”，意同 *Περφερεές*，[③]这是一个马其顿人的后裔经常使用的称呼。[④] 罗斯据此得出结论认为，阿波罗并不是起源于遥远的极北之地，而是起源于希腊以北不远的

① W. K. C. Guthrie, *The Greeks and Their Gods*, p. 76.

② 参阅《古典评论》(*Class. Rev*. xxxiv)第 34 卷，1920 年。转引 W. K. C. Guthrie, *The Greeks and Their Gods*, p. 78。

③ 这一个词在后世被当成一个专有名词使用，《牛津希腊语英语词典》的解释是“name of the five officer whoescorts the Hyperborean maidens to Delos, Hdt. 4. 33.”参见 Henry George Liddell and Robert Scott, *A Greek-English Lexicon*, p. 1396,“*Περφερεές*”。《古希腊语汉语词典》对此词的解释是“护送北国乐土的女子前往德洛斯岛的五位使节”。参见罗念生、水建馥编《古希腊语汉语词典》，第 681 页，“*Περφερεές*”。

④ 参见 H. J. Rose, *A Handbook of Greek Mythology*, p. 136; W. K. C. Guthrie, *The Greeks and Their Gods*, p. 79。

某地。[①]

希罗多德在其《历史》第四卷中对叙佩尔波列亚人做了比较详细的记载。[②] 他说其记载主要来自德洛斯人。[③] 他们说，包在麦草里面的圣物都是从叙佩尔波列亚人那里来的。每一个民族得到这些圣物以后，便依次传给他们的邻人，一直带到德洛斯。“第一次送圣物的时候，叙佩尔波列亚人派了两名少女同行，德洛斯人称这两名少女为叙佩罗凯(Hyperoche)和拉奥迪凯(Laodike)；叙佩尔波列亚人为了保护二人在旅途上的安全，还派了五名护卫，这五名护卫现在称为佩尔佩列埃斯(Perpherees)，他们在德洛斯很受尊敬。”[④]希罗多德说后来这两名少女在德洛斯死去并葬在那里，“为了纪念死在德洛斯的、从极北地方来的少女，德洛斯的少女和男孩子都剪了自己的头发。少女在结婚之前，先剪下一束头发，把这束头发卷在卷线杆上之后，放到极北地方少女的墓上。”[⑤]他还说自己看见过她们的墓，就在“阿尔忒弥斯神殿入口的左首，上面罩着一株橄榄树”。[⑥] 希罗多德说，这些德洛斯人还告诉他，“还在叙佩罗凯和拉奥迪凯之前，通过上述同样的那些民族的市邑，还有两名少女从叙佩尔波列亚人那里来到了德洛斯，她们的名字是阿尔该(Argentina)和欧匹斯(Opis)。她们是和神自己一起来的，她们受到德洛斯人的另一种尊敬。”[⑦]

---

① H. J. Rose, *A Handbook of Greek Mythology*, p. 136.

② 希罗多德《历史》中的 *Ὑπερβορέοι* 一词，中文译本有不同的译法。王以铸先生意译为“极北地区的居民”(〔古希腊〕希罗多德：《历史》，王以铸译，北京：商务印书馆，1959 年，第 277 页)；周永强也沿用此译法(〔古希腊〕希罗多德：《历史》上册，周永强译，西安：陕西师范大学出版社，2008 年，第 230—231 页)；徐松岩音译为“海珀伯利亚人”(〔古希腊〕希罗多德：《历史》[新译本]，徐松岩译，上海：上海三联书店，2008 年，第 210—211 页)。笔者认为，这是一个首字母大写的专有名词，似以音译为宜，而后面首字母小写的 *ὑπερβόρεοι*，则是极北居民的意思，上述三位先生也都将其译为“极北地区的居民”。

③ Herodotus, *Histories*, iv. 33.

④ Herodotus, *Histories*, iv. 33. 中文译文见〔古希腊〕希罗多德《历史》，王以铸相应译文，有改动。余同。

⑤ Herodotus, *Histories*, iv. 33.

⑥ Herodotus, *Histories*, iv. 34.

⑦ Herodotus, *Histories*, iv. 35.

对于叙佩尔波列亚人，就连希罗多德自己，也对其真实性持保留态度。在叙述叙佩尔波列亚人之前，他说："至于极北地区的居民，不拘是斯奇提亚人(Scythians)还是这些地方的其他任何居民都没有告诉过我们任何事情，只有伊赛多涅斯人(Issedones)或者谈过一些。但是在我看来，甚至伊赛多涅斯人也是什么都没有谈。因为什么呢，原来，若不是这样的话，斯奇提亚人也会像他们提到独眼族时一样地提到他们了。但是赫西俄德曾谈到叙佩尔波列亚人，荷马在他的叙事诗"厄庇戈尼"(*Epigoni*)里——如果这果真是荷马的作品的话——也提到过叙佩尔波列亚人。"①在叙述的结尾，他是这样说的："关于叙佩尔波列亚人的事情，我说到这里已经足够了。……但是，如果果然有极北居民存在的话，那么也就应当有极南居民存在了。② 在这之前有多少人画过全世界的地图，但没有一个人有任何理论的根据，这一点在我看来，实在是可笑的。"③所以，希罗多德只是如实记载了德洛斯人对他所说的故事，而他自己似乎并没有很相信这些传说。

希罗多德在说到德尔斐人对阿尔该和欧匹斯的尊崇和纪念的时候，还说到一个叫奥伦(Olen)的人为她们写了赞美诗，这个奥伦就来自吕西亚。④ 波桑尼阿斯也提到过这个人，但是在其中一处说他是一个吕西亚人，同时说他是第一个确证叙佩尔波列亚人存在的人，⑤在另外一处又说他本身就是一个叙佩尔波列亚人。⑥

品达和斯特拉波等人的作品中也曾提到过叙佩尔波列亚人。品达在他的第十首颂歌中写到这个民族，但是他认为这只是一个神话传说中的地方。"不管是乘船还是步行，你都不能找到通向叙佩尔波列亚人

---

① Herodotus, *Histories*, iv. 32.

② 希罗多德在这里用了一对字形相近的反义词，*ὑπερβόρεοι*意即极北居民，*ὑπερνότιοι*意即极南居民。

③ Herodotus, *Histories*, iv. 36.

④ Herodotus, *Histories*, iv. 35.

⑤ Pausanias, *Description of Greece*, v. 7.

⑥ Pausanias, *Description of Greece*, x. 5.

的路”，[①]但是珀尔修斯到了那里，还看到当地人用驴做百牲祭，供奉阿波罗。斯特拉波说这个民族生活在洞天福地之中，不知有疾病和年老；每日歌舞弹唱，摆弄七弦琴和笛子，头戴桂冠，举行宴饮；过着一种完全免除劳役的生活。[②]

也有学者认为，叙佩尔波列亚人也许并不在欧洲的极北之地，而是在亚洲的东北部。理由是波桑尼阿斯认为叙佩尔波列亚人居住在伊塞多涅斯人(Issedones)邻近。[③] 现代地理学家赫尔曼(Herrmann)认为，伊塞多涅斯人是一个印欧语系地区的游牧民族，他们的家乡在乌拉尔(Urals)以东、托博尔(Tobol)河下游的伊塞特(Iset)河谷。[④]

不管是“东来说”还是“北来说”，所评判阿波罗崇拜起源的标准都失之偏颇。一般认为，评判一个神祇崇拜起源的标准应该有两个，一是这位神祇的神名，一是这位神祇的职能。阿波罗崇拜的起源是一个复杂的问题，仅仅从某一方面去探讨，很难得出令人信服的结论。我们既要弄清楚阿波罗神名的起源，还要弄清楚阿波罗所具有的这些职能的起源，这就需要借助语源学和考古学的成果。

当然，通过以上论述，虽然我们还不能得出阿波罗究竟是东来还是北来的结论，但是至少能够看到，上述东方和北方的地理范围，正是希腊文明的周边地带。这些地区在这一时期都有与希腊文明共存的比较成熟的文明。亚述、赫梯等文明自不用赘言。对中国学者来说，稍显陌生的是希腊以北的欧洲部分，其实，北欧文明也是欧洲大陆文明的源头之一，国外已经有学者通过对北欧文明的深入研究，找到了希腊文明受到北欧文明的影响和改造的证据。[⑤]

---

① Pindar, *Pythian Odes*, x. 29ff.

② Strabo, *Geography*, xv. 111.

③ Pausanias, *Description of Greece*, i. 31.

④ W. K. C. Guthrie, *The Greeks and Their Gods*, p. 80.

⑤ H. R. Ellis Davidson, *Gods and Myths of Northern Europe*, London: Penguin Books (non-classics), 1965, pp. 165—166.

第二节　阿波罗神名的语源学考察

虽然很少有人从一个单词中既能追溯阿波罗的人种学起源又能合理解释其起源的自然本质，但是学者们还是按照各自的理解做了不少有意义的探索。如前所述，早期的学者从阿波罗的绰号如*Λυκηγένης*、*Λυκείος*等词汇的词源去考察阿波罗的起源，但是这些绰号都是在后来阿波罗崇拜发展过程中形成的，其自身的形成过程还需要厘清。对阿波罗神名的语源学考察最好从*'Απόλλων*一词入手。

20 世纪以来，在这个问题上有比较突出贡献的是奥托·科恩（Otto Kern），他认为*'Απόλλων*一词最早来源于*ἀπέλλαι*。*ἀπέλλαι*这个词最早见于一段拉科尼亚（Laconian）铭文，后来赫赛齐乌斯[①]依据这个铭文对其做了如下解释：*ἀπέλλαι*？[②] *σηκοί*，[③] *ἐκκλησίαι*。[④] 这个解

---

① 赫赛齐乌斯（Hesychius）是公元 5 世纪时亚历山大里亚的一位文法学家，他编纂了一部生僻希腊语词典。

② 现代的词典也沿用赫赛齐乌斯对这一单词的解释。参见 Henry George Liddell and Robert Scott，*A Greek-English Lexicon*，p. 185，"*ἀπέλλαι*"；罗念生、水建馥编《古希腊语汉语词典》，第 93 页，"*ἀπέλλαι*"。

③ *σηκοί*，阳性名词 *ὁ σηκός*的复数主格形式。这个词的含义比较广泛，至少有两种含义是值得注意的。《牛津希腊语英语词典》的一种含义是"*pen*，*fold*，*esp*. *for rearing lambs*，*kids*，*calves*，Od. 9. 219，227，319，439，10. 412，11.18. 589，Hes. Op. 787"；还有一种含义是"*sacred enclosure*，*precinct*，Hdt. 4. 62，Maiist. 23，Lxx2Ma. 14. 33，Acc. to Ammon. Diff. p. 94V，Plut. Cim. 8，Epigr. Gr. 781. 7，the *σηκός* was sacred to a hero."参见 Henry George Liddell and Robert Scott，*A Greek-English Lexicon*，p. 1592，"*σηκός*"。《古希腊语汉语词典》的解释也包括了这两层意思：Ⅰ. 本意是封闭的地方：①羊圈，牛栏；Ⅱ.（英雄的）圣地；参见罗念生、水建馥编《古希腊语汉语词典》，第 784 页，"*ΣΗΚ΄ ΟΣ*"。赫赛齐乌斯及后来的学者的阐释都没有提到*σηκός*的第二层含义。

④ *ἐκκλησίαι*，阴性名词 *ἡ ἐκκλησία*的主格复数形式。这一词的基本含义就是公共会议，《牛津希腊语英语词典》的解释是"assembly duly summoned，less general than *σύλλογος*，Th. 2. 22，Pl. Grg. 486b，etc."，并且还引证了许多其他古典作家的记载说明了这一种 assebbly 在不同地区的不同形式；参见 Henry George Liddell and Robert Scott，*A Greek-English Lexicon*，p. 509，"*ἐκκλησί-α*"。《古希腊语汉语词典》的解释是：Ⅰ.（民众或战士的）大会，公民大会。Ⅱ. ①（犹太教的）会堂。②（基督教的）教堂；参见罗念生、水建馥编《古希腊语汉语词典》，第 249 页，"*ἐκκλησία*"。

释告诉我们，这个词的含义是“羊圈、羊栏”或“公共会议”。奥托·科恩根据第一层含义，认为阿波罗起源于 ἀπέλλαι这个词，并且他从这一证据得出结论：阿波罗最初只是单纯的牧人崇拜的神，'Aπέλλον是这个名字用得最广泛的变异形式。[①]

但是这一解释似乎有些武断，只说明了赫赛齐乌斯的一个意思，而实际上似乎另一个意思更能得到明确地证明。拉科尼亚铭文上“公共会议”的含义在古典文献中得到了佐证，普鲁塔克所用的动词 ἀπελλάζω[②] 就是来自拉科尼亚人的方言 ἐκκλησίαζω。[③] 法奈尔根据这一说法认为阿波罗起源于多利安人掌管政治会议的神。[④] 沃尔特·伯克特则认为阿波罗起源于多利安部落按照季节定期举行的节日。[⑤] 他们都认为'Aπόλλων和 ἀπέλλαι这两个词之间的链接就是 'Aπέλλον。但是就如奥托·科恩完全忽视了 ἐκκλησίαι一样，这种观点也完全忽视了σηκοί，所以根据这样的解释得出的结论还有待进一步确证。

库克认为 'Aπέλλον是一种黑色杨树，这种解释也能从赫赛齐乌斯的词典中见到。但是他没有说明如果这种解释是正确的，该如何说明这个神的最初本质，只是模糊地说“关于阿波罗最早的特征，我们现在还是基本一无所知，'Aπόλλων可能只是一个祭仪中的绰号——‘他来自黑色的杨树’，他的全名可能还是荷马史诗中的福玻斯·阿波罗”。[⑥]

---

① Otto Kern, *Die Religion der Griechen* (vol. 1), Berlin: Weidmannsche Buchhandlung, 1926, p. 110ff. 转引自 W. K. C. Guthrie, *The Greeks and Their Gods*, p. 73。

② Plutach, *Lysander*, 6.

③ 《牛津希腊语英语词典》的解释是“Lacon. for ἐκκλησίαζω, Plut. Lyc. 6”；参见 Henry George Liddell and Robert Scott, *A Greek-English Lexicon*, p. 185, “ἀπελλάζω”。

④ Lewis Richard Farnell, *The Cults of the Greek States*, vol. 4, Oxford: Clarendon Press, 1907, p. 99.

⑤ Walter Burkert, “Apellai und Apollon”, *Rheinisches Museum*, 118 (1975), pp. 1—21.

⑥ A. B. Cook: *Zeus, a Study in Ancient Religion*, volume II, pp. 453—459; Guthrie, *The Greeks and Their Gods*, p. 73.

格里格雷·纳吉在一篇名为"阿波罗神名:语源和本质"[①]的文章中介绍了一些德国学者(包括沃尔特·伯克特)的研究成果,然后阐述了自己在此基础上对阿波罗神名进行的语源学研究。纳吉说,阿尔弗雷德·胡贝克(Alfred Heubeck)在伯克特的研究成果基础上指出,*ἀπέλλον*这个词最早的形式可能是* *ἀπελιόν*,[②]由名词形式的* *ἀπέλια*变化而来,其意思大致是参与公共集会的人。[③] 纳吉认为,'Απέλλον是阿波罗的名字在塞浦路斯希腊语方言中的一种生僻用法(to-i-a-pe-lo-ni = *τῶι 'Απείλωνι*),这是早期方言将ο-音化合为ε-音的结果。他还考证出这一塞浦路斯方言生僻用法源自《荷马史诗》中的名词*ἀπέιλε*,意思是"允诺、自夸的许诺、恐吓",其对应的动词是*ἀπέιλεω*,意即"做承诺、自夸地许诺、恐吓"。纳吉论证说,*ἀπέιλε*和*ἀπέιλεω*的这些含义是基于一种语言行为,这与*ἀπέλλαι*的含义是相吻合的。如果认可这种吻合,也就可以解释阿波罗的本质了,那就是"he of the * *ἀπέλια*",即有权威的语言之神,主持所有语言行为的神,包括一般意义上的吟唱和特殊意义上的诗歌。[④]

哈里斯认为,阿波罗的神名起源于苹果,而更早的源头甚至可以追溯到琥珀(Amber)[⑤]。在远古时代,就已经有了一条从波罗的海通往地中海地区的陆上商路。他粗略勾画了这条商路的路线,即波罗的海—易北河—多瑙河—亚得里亚海—地中海。通过这条商路从北方输

① 这篇论文(The Name of Apollo: Etymology and Essence)和其他论文一起,收录在一个名为《阿波罗:起源和影响》(Jon. Solomon, *Apollo: Origins and Influences*, Tucson: University of Arizona Press, 1994)的论文集中。

② 依据语源学尤其是原始印欧语研究的标准惯例,将未证实的形式用星号标记出来,表示后面的形式只是一种假设,并不是确凿可靠的。

③ A. Heubeck, *Noch Einmal zum Namen des Apollon*, Glotta 65 (1987): 179—182. 转引自 Gregory Nagy, "The Name of Apollo: Etymology and Essence", Jon. Solomon, *Apollo: Origins and Influences*, p. 135, note. 3。

④ Gregory Nagy, "The Name of Apollo: Etymology and Essence", Jon. Solomon, *Apollo: Origins and Influences*, pp. 3—4, 7.

⑤ Rendel Harris, "Apollo at the Back of the North Wind", *The Journal of Hellenic Studies*, vol. 45, part 2. (1925), pp. 229—242.

入的一种重要物品就是琥珀。[①] 而从德尔斐出发，沿这条商路倒溯，会发现很多以阿波罗命名的城市。离德尔斐不远就有一个名为阿波罗尼亚的地方；爱琴海西海岸又有一个阿波罗尼亚，这个更为出名，离罗马时期修建的威盛大道（Via Egnatia）的终点狄拉齐姆（Dyrrachium）[②]不远；在这之间还有两个阿波罗尼亚，其中一个在阿卡纳尼亚（Acarnania），[③]另一个在埃托利亚（Aetolia）；[④]在亚得里亚海东岸的伊利里亚（Illyria）[⑤]又有一个阿波罗尼亚。从多瑙河向北，经过匈牙利，翻过喀尔巴阡山脉，到达易北河。在这个过程中，似乎看不到与阿波罗有关的地方了。因为这里已属斯拉夫民族，所以要寻找阿波罗的痕迹就需要在现代斯拉夫语的地名中去找。在当地有一些小镇，名为 *jablon* 或 *jablan*。哈里斯说，这个词的最初形式是 *jablonou* 或 *jablonsky*，而这又与一种苹果树 *jablonitsa* 的拼写同源，*jablonitsa* 的小词形式是 *jablonka*。而 *jablon* 的词形又和色雷斯人（Thracian）[⑥]对阿波罗的称呼 *'Απλοῦν*如此接近。所以他认为这些名为 *jablon* 或 *jablan* 的小镇，要么是生产苹果，要么是因为与苹果有关的神祇而得名。在比利牛斯山的一些村庄里，人们崇拜一个苹果神，其名叫 Abellion，至今还能在这一地区的许多村落里找到这样的称呼。[⑦]

那么，阿波罗又是怎么和琥珀联系在一起的呢？我们从罗德岛的阿波罗尼乌斯（Apollonius Rhodius）的《阿尔戈涅英雄记》（*Argonautica*）中得知，凯尔特人认为琥珀是阿波罗的眼泪。阿波罗尼乌斯说帕特农神庙遭到破坏以后，赫利俄斯的女儿们变成黑色的杨树，从她们眼中

---

① Rendel Harris, "Apollo at the Back of the North Wind", p. 230.

② 现名为都拉斯（Durrësi），在阿尔巴尼亚境内，是该国第二大城市。

③ 在今希腊中西部，是屋大维和安东尼进行亚克兴海战（Battle of Actium）所在地。

④ 亦在今在希腊中西部。

⑤ 在今巴尔干半岛西北部，包括亚得里亚海东岸及其内地，大致相当于今斯洛文尼亚、克罗地亚和波斯尼亚一黑塞哥维那部分地区。

⑥ 在今保加利亚境内，位置在巴尔干山的南边、爱琴海以北。

⑦ Rendel Harris, "Apollo at the Back of the North Wind", p. 237.

落下了晶莹的琥珀。但是凯尔特人说琥珀是阿波罗自己流下的眼泪，因为他被宙斯惩罚后到了叙佩尔波列亚人那里。

Κέλτοι δ' ἐπὶ βάξιν ἔθεντο

Ὡς ἄρ Ἀπόλλωνος τάδε δάκρυα Λητοΐδαο.[①]

在这一段落中，我们得知了两个关于琥珀来源的传说，一说是来自于杨树，一说是来自于阿波罗。库克认为阿波罗源自一种黑色杨树的意见也与此有关。哈里斯不同意库克的看法，一方面他认为杨树并不能生长在北达波罗的海的地区，另一方面他提出了更为合理的解释。哈里斯说，在凯尔特的神祇体系中，阿波罗被写为 Aballon 或者 Abellon。而 Aball 是凯尔特人对苹果的古称。[②] 这说明，凯尔特人认为琥珀是从苹果树中分泌出来的。也就是说，琥珀就是阿波罗的眼泪，来自阿波罗的神树！哈里斯据此推测，在较早的时代，琥珀和苹果被当作神圣的礼物，从北方传到了德洛斯等希腊地区，在传递的过程中，人们还仔细地收藏，并派专人护送。公元前 3 世纪，马萨利亚的皮西亚斯(Pytheas of Massalia)来到欧洲西海岸。他发现一个盛产琥珀的小岛(这个小岛或许在波罗的海，也许是在荷兰－丹麦海岸附近)，当地的居民常常捡拾琥珀作为燃料，或者卖给周边的条顿部落。老普林尼记载了这个小岛的名字叫 Abalus。[③] 哈里斯说，我们不能确定皮西亚斯只到了丹麦还是到了维斯瓦河或者波罗的海。但是有一件事情是清楚的，*Abalus* 是一个凯尔特词汇。这个盛产琥珀的小岛不管是在弗里斯兰群岛(Frisian Islands)[④]还是在波罗的海内部，都可以肯定那里的居民使用着凯尔特语中的“apple”，而这极有可能就是阿波罗神名的起源。据此，从琥珀到阿波罗的整个联接链条为：Amber—Apple—Ab-

---

① Apollonius Rhodius, *Argonautica*. iv, 611－612. 这句话的意思是：“但是凯尔特人将这个故事转变成他们自己的说法，他们说这(琥珀)是勒托的儿子阿波罗的眼泪。”本书引用的希腊文都由笔者根据希腊文原文结合英文翻译成中文。余同。

② Rendel Harris, “Apollo at the Back of the North Wind”, p. 239.

③ Pliny, *Natural History*, xxxvii. 2.

④ 今属荷兰北海海域。

al—Apollo。[①]

笔者认为，阿波罗神名的起源应该来自北欧。虽然任何语源学的研究都是建立在假说基础上的推论，但是来自北欧这一理论在语源学上没有明显的脱漏环节，并且有基本可信的历史学和地理学的佐证。在北欧地区，苹果很早就出现了。在北欧神话中，苹果也经常被描写为神物。著名的北欧神话《埃达》(*Prose Edda*)全书中都有关于苹果的描写。其中最具象征意义的是女神 Iðunn，她是一位苹果的守护神，也是青春的守护神，她将苹果献给哪位神祇，哪位神祇就能够永葆青春。[②]英国学者艾丽斯·戴维森将苹果与日耳曼人的宗教活动联系起来。她认为北欧的宗教是从日耳曼人的宗教发展而来。她指出，在挪威的奥斯堡船(Oseberg ship)[③]墓葬遗址发现了成桶的苹果。这种水果和其他坚果[④]在欧洲大陆和英格兰的日耳曼人早期墓穴中普遍存在，并且具有某种象征意义。在英格兰西南部，坚果还被认为是丰收的象征。[⑤]

第三节　阿波罗神职和形象的考古学考察

关于阿波罗崇拜的考古材料比较丰富，但是基本上都是相对晚近的材料，涉及其起源阶段的材料却非常之少，即使有少数可以建立起某种联系的材料，也非常难以解读。即便如此，我们还是能够根据有限的材料找到一些线索，从这些线索中，我们得到一个较为明确的指向，那就是阿波罗崇拜可能有更为古老的源头，并且其主体职能最早来自亚洲。

---

① Rendel Harris, “Apollo at the Back of the North Wind”, p. 239.

② Gilchrist Brodeur, *The Prose Edda*, translared From the Icelandic with an Introduction, New York: California University Press, 1916, p. 39.

③ 奥斯堡船是在挪威奥斯堡一农庄的土葬墓遗址中发现的一艘海盗船，这一遗址以及这艘船被认为是维京时代考古学最重要的发现之一。该船现存于奥斯堡海盗船博物馆。参见 Durham Keith, Noon Steve, *Viking Longship*, Oxford: Osprey Publish Company, 2002, p. 16。

④ 在《埃达》中，作者描述 *Iðunn* 也变成了一个坚果。

⑤ H. R. Ellis Davidson, *Gods and Myths of Northern Europe*, pp. 165—166.

现代学者认为，线形文字 B 中没有关于阿波罗的记载，至少没有出现 *Ἀπόλλων*或者与其相似的词汇。① 因此，许多学者认为阿波罗是一位年轻的神。② 但是，这只能说明“ *Ἀπόλλων*”这个称号出现较晚，或者说在“ *Ἀπόλλων*”称号下的崇拜出现较晚，而不能说明与后来的阿波罗崇拜相似的崇拜形式在远古时期就没有出现。③

1895 年，法国考古工作者在德尔斐发掘出来一块石碑。这块石碑上的铭文记录了部落成员从出生到去世必须经历的一系列“转变的仪式”，还记录了部落成员在这些仪式上必须奉献的祭品。从这个铭文的词法特点来看，里面有字母Ϝ，用“□”符号表示送气音，有时候用ου加一点代替字母ο。这些都是原始希腊文的特点，并且只在希腊南部地区使用。④ 其中下面这两段文字值得我们重视：

31－38 *τὰ δ[ὲ] ἀπέλλαῖα ἄγεν Ἀπέ[λ]λαις, καὶ μὴ ἄ[λλ]αι [ἀ]μέρα[ι] μήτε ἄγεν τοὺς ἄγο[ν]τας, μήτετοὺς ταγ[ο]ὺς δέκεσθαι. [ἀ]μέραι ἤ Ἀπέλλαις, ἀποτε[ι]σάτω Ϝέκαστος δέκα δραχμάς.*⑤

44－50 *ἄγεν δὲ τἀπέλλαῖα ἀντὶ Ϝέτεος καὶ τὰς δρὰτας*

---

① Walter Burkert, *Greek Religion: Archaic and Classical*, p. 144, note. 10; Jon. Solomon, *Apollo: Origins and Influences*, Introduction, x.

② Walter Burkert, *Greek Religion: Archaic and Classical*, p. 144; H. J. Rose, *A Handbook of Greek Mythology*, p. 134。一般意义上说阿波罗是一个年轻的神，主要是指他在神话传说中是宙斯的儿子，或者他是以一个年轻人的形象出现。从出现时间的角度来说，在“阿波罗”这个称号名义下的崇拜出现也比其他神祇要晚一些。

③ 线形文字 B 中没有阿波罗的名字，或许还有一个解释：文书基本都是迈锡尼文明最后阶段留存下来的，早中期的文献无存，而且主要出自派罗斯和克里特，其他迈锡尼中心很少。因此，这一部分还可以考虑仪式中是否有更早期的东西遗留，从中发掘某些线索。

④ 参见刘以焕《古希腊语言文字语法简说》，上海：上海人民出版社，2006 年，第 70—71 页；刘小枫：《凯若斯：古希腊语文教程》（上册），上海：华东师范大学出版社，第 16 页。

⑤ Marcus N. Tod, *A Selection of Greek Historical Inscriptions to the End of the Fifth Century B.C.*, Oxford: Clarendon Press, 1933, p. 2. 此段文字意思为：“*ἀπέλλαῖα*必须在*Ἀπέλλαι*那些天送来，如果应该送来*ἀπέλλαῖα*的人没有在那时候送来，作为首领的 *ταγὸς* 不能在其他任何时间接受，如果有人在 *Ἀπέλλαι*以外的其他时间接受了 *ἀπέλλαῖα*，（送来的人和接受的人）每人缴纳十德拉克玛的罚金。”

*φέρεν. όστις δὲ κα μὴ ἄγηι τἀπέλλαῖα ἢ τὰν δρᾶταν μὴ φέρηι, ἀμμόνιον κατθέτω στατῆρα ἐπὶ Ϝεκατέρωι. τῶι δὲ υστέρωι Ϝέτει ἀγέτω τἀπέλλαῖα καὶ τὰν δαρᾶταν φερέτω. αἰ δὲ κα μὴ ἄγηι, μηκέτι δεκέσθων ἀμμόνια.*①

两段铭文提到了 *Ἀπέλλαι*这一节日以及 *ἀπέλλαῖα*、*δαρᾶται*两种祭品。哈里森说自己从阿特纳奥斯(Athenaeus)的著述中得知，*δαρᾶτος*是忒萨利人做的一种未经发酵的面包。② 但是从《牛津希腊语英语词典》的解释来看，哈里森可能有点忽略或混淆了这个词的两种词性。这个词作阳性名词的意思是忒萨利人的一种面包，作阴性名词的意思是一种未发酵的面包，用于婚礼和洗礼。③ 从铭文中这个词的复数形式来看，是作为阴性名词用，铭文中还把这种面包分成两种：*γάμελα*和 *παιδῆια*，所以应是婚礼和洗礼时的供奉物。

如果 *δαρᾶτος*用于婚礼和洗礼，那么 *ἀπέλλαῖα*是什么呢？又是在什么仪式上使用呢？哈里森认为是人们在成人仪式上奉献的供奉物。④ 成人仪式是一种比婚礼和洗礼更庄严的仪式，它标志着一个人到了应该承担义务的时候，已经成为成人的一员。也只有到这个时候，年轻人才成为“可以参与神圣仪式的一员”，才能参加“集会”和“选举”。这种仪式在 *Ἀπέλλαι*节日里举行，哈里森说，*Ἀπέλλον*就是这种仪式的化身。⑤ 前文提到沃尔特·伯克特根据 *Ἀπέλλαι*“公共会议”的含义，认为阿波罗起源于多利安部落按照季节定期举行的节日。二人的

---

① Marcus N. Tod, *A Selection of Greek Historical Inscriptions to the End of the Fifth Century B.C.*, p. 2. 此段文字的意思为：“*δαρᾶται*也必须在 *ἀπέλλαῖα*同一年送来，任何人如果没有送来或者提供 *δαρᾶται*，每次必须缴纳一金标币保证金。在下一年送来 *ἀπέλλαῖα* 的时候，他必须再送来或提供 *δαρᾶται*，否则他的保证金将不予退回(充做罚款)。”*στατήρ*(stater)：古希腊货币金标币，即标准重量金币，值 20 德拉克玛。

② J. Harrison, *A Study of the Social Origins of Greek Religion*, p. 440.

③ 参见 Henry George Liddell and Robert Scott, *A Greek-English Lexicon*, p. 369, “δαρᾶτος”。

④ J. Harrison, *A Study of the Social Origins of Greek Religion*, p. 441.

⑤ J. Harrison, *A Study of the Social Origins of Greek Religion*, p. 441.

观点都有其合理之处，但是 ʼΑπέλλον是否就是仪式的化身，ʼΑπέλλαι是否就是多利安部落的节日，还值得商榷。从这段铭文的词法特点来看，这是一个南部希腊居民举行的仪式，时间也比较久远，和之后阿波罗崇拜仪式的联系并不像上述二位学者以及前文提到的法奈尔等人所认为的那样密切，至少将 ʼΑπολλὸν和 ἀπέλλαι直接联系起来从语源学的角度而言有些牵强。但是，后来的阿波罗崇拜仪式无疑与这个 ʼΑπέλλαι节日中的仪式以及 ἀπέλλαῖα这种供奉物有着某种潜在的联系。

1936 年匈牙利学者赫罗兹尼（Bedřich Hrozný）公布了新近发现的赫梯铭文，这些铭文发现于安纳托利亚两个相邻村庄的四个赫梯祭坛上，这两个村庄分别叫 Emri Gazi 和 Eski Kişla。尼尔森根据这些铭文得出结论说："在这里面提到的神祇中，其中有一个读作 Apulunas，他是一个守门的神。如果我们确定这个铭文的可靠性，那么我们长期以来争论的阿波罗的东方起源问题就可以尘埃落定了。这个守门的东方神阿波罗，正与古典时期希腊的阿波罗行使着同样的职能。"[①]尼尔森在这里说的是希腊人对阿波罗·阿癸伊欧斯（Apollo Agyieus）的崇拜。阿癸伊欧斯是一根形象化的锥形柱子，希腊人将其立在家门口，用来阻止邪魔的入侵（图二）。[②] 但是，巴内特说尼尔森的结论的前提是错误的，因为他对赫梯铭文做了不正确的解读。[③] 笔者认为尼尔森的解读具有一定合理性，因为相信神石具有某种保护功能的崇拜在

---

① *Archiv Orientalni* viii (1936), p. 171; Nisson, *Greek Popular Religion*, Columibia U. P., 1940, p. 79. 转引自 W. K. C. Guthrie, *The Greeks and Their Gods*, p. 86。

② 哈里森引用哈波克拉提恩的解释说："阿癸伊欧斯是一根锥形柱子，他们把这种柱子立在门前。有人说那是阿波罗，有人说是狄奥尼索斯，也有人说它既是阿波罗又是狄奥尼索斯。"参见 J. Harrison, *A Study of the Social Origins of Greek Religion*, p. 407。罗念生先生说，阿癸伊欧斯是阿波罗的别号，这别号的意思是"街道上的保护者"。古希腊人的大门外立着一根圆锥形石柱，这石柱象征阿波罗。参见《阿里斯托芬喜剧二种》，罗念生译，长沙：湖南人民出版社，1981 年，第 75 页，《马蜂》注释 160。

③ R. D. Barnett. "Fra Oriente ed Occidente: Ricerche di Storia Greca Arcaica", *Jour. Hell. Stud.* vol. 70 (1950), p. 104.

整个地中海地区都很盛行，包括地中海东部附近诸岛及沿岸诸国在内的地区在青铜时代就崇拜 Rěsep 神柱。[①]

Rěsep 最早是闪米特人崇拜的一个神，这个神和后来的阿波罗具有很多相似之处。在《伊利亚特》第一卷中，阿波罗是康复之神，但也是瘟疫之神，对那些触怒他的人来说，阿波罗的箭就意味着瘟疫。[②] Rěsep 也是投射火把的瘟神，在乌加里特（Ugarit）和塞浦路斯被称为拿箭的 Rěsep，并且在这两个地方他都和一头狮子同时出现。伯克特说阿米凯来伊（Amyklai）的阿波罗圣所可能保存了闪米特的 Rěsep 在塞浦路斯被崇拜的名字（A）mukal。[③] 在阿波罗祭仪中有着特殊作用的数字 7[④] 也可能源自闪米特传统。[⑤] 伯克特还说，在希腊地区发现的有限的黑暗时代的青铜雕像，不仅仅代表 Rěsep，也代表赫梯的保护神，他经常和牡鹿联系在一起，与和公牛联系在一起的天气神相对应。牡鹿也被描绘成带有弓箭。塞浦路斯在公元前 1200 年后成为安那托利亚人和闪米特人混居的民族融合地区，实际上还有希腊成分。在塞浦路斯人的阿波罗祭仪中，有一个祭仪被称为 Apollo Alasiotas，这也可能是自青铜时代保存下来的塞浦路斯的名字。[⑥]

1930 年，法国考古学家在克里特东部发现了一座非常古老的神庙遗址。发掘者在其后墙上发现了一个石头匣子，里面装着骨头和羊角，这让我们立即联想到了德洛斯的羊角祭坛。在这个匣子（或者说匣子状的祭坛）上立着三个雕像，雕像是木心，外面裹着一层青铜。中间最大的雕像将近一米高，为裸体男性，有学者认为这就是阿波罗，两旁的

---

① Jennifer Lynn, *Ancient Greek Cults: A Guide*, p. 87.

② Homer, *Iliad*, 1.45—53.

③ Walter Burkert, *Greek Religion: Archaic and Classical*, p. 145.

④ 每月的第七天是希腊人纪念阿波罗的节日，这个节日被称为 Ἑβδομαῖα。参见 Marcus N. Tod, *A Selection of Greek Historical Inscriptions*, Oxford: Oxford University Press, 1933, p. 3。

⑤ 希罗多德也记载了斯巴达的国王在每月的第七日举行祭仪（Herodotus, *Histories*, vi. 57.）。

⑥ Walter Burkert, *Greek Religion: Archaic and Classical*, p. 145.

小型雕像是穿着衣服的女性形象，可能就是勒托和阿尔忒弥斯。[1] 这种推论的根据是阿波罗经常和他的母亲和姐姐一起受到崇拜，人们称之为"阿波罗三神崇拜"(Apolline triad)。那么，德尔斐的三脚架祭坛极有可能就是这个"阿波罗三神崇拜"雕像的抽象形式。这样一来，可以肯定克里特的"阿波罗"崇拜比德尔斐的阿波罗崇拜在时间上要早得多，只是克里特的"阿波罗"这时候也许不叫这个名字而已。

关于阿波罗与叙佩尔波列亚人的联系，也得到了一些考古材料的佐证。首先是一个早期的陶瓶画，这个陶瓶画描述了阿波罗的来临，阿波罗驾着一辆有翅膀的马拉的战车，他正受到阿尔忒弥斯的问候，阿尔忒弥斯的身份可能是德洛斯的女主人。还有两个女性的神站在他的前面，伯克特说她们可能是叙佩尔波列亚人的处女之神。[2] 关于希罗多德所说的两名叙佩尔波列亚人少女的墓地，赛特曼(C. T. Seltman)根据法国考古学家在这一地方的发掘结果提出："这一地方不仅只有两个墓地，而是一些墓群，这些墓群都属于青铜器时代。从里面发掘出包括基克拉迪(Cycladic)文化、中期米诺斯文化 II－III 和后期米诺斯文化 II 时期的陶器。最早的墓穴中还有基克拉迪和迈锡尼时代的祭祀痕迹。……这些古墓的发掘，最终解决了关于两名少女传说的真实性问题。"[3]这很可能是从北方来的一些移民，因为某些原因(也许就是因为她们和"阿波罗"的关系)受到当地居民的尊重，并且这种尊重和他们对当地早已存在的这些墓群的某种感情有一致之处，于是慢慢演变出两名少女葬在这里的故事。这不正说明这里的居民对阿波罗的崇拜与当地古老的墓葬有某种关联之处吗?

同样还能证明阿波罗是一个前希腊神祇的证据是在拉科尼亚的阿米凯来伊举行的雅辛提亚(Hyakinthia)节日。这个节日是为了纪念阿

---

① Jennifer Lynn, *Ancient Greek Cults*: *A Guide*, p. 88.

② Walter Burkert, *Greek Religion*: *Archaic and Classical*, p. 147.

③ Class Quart. xxii (1928), p. 156. 转引自 W. K. C. Guthrie, *The Greeks and Their Gods*, p. 75。

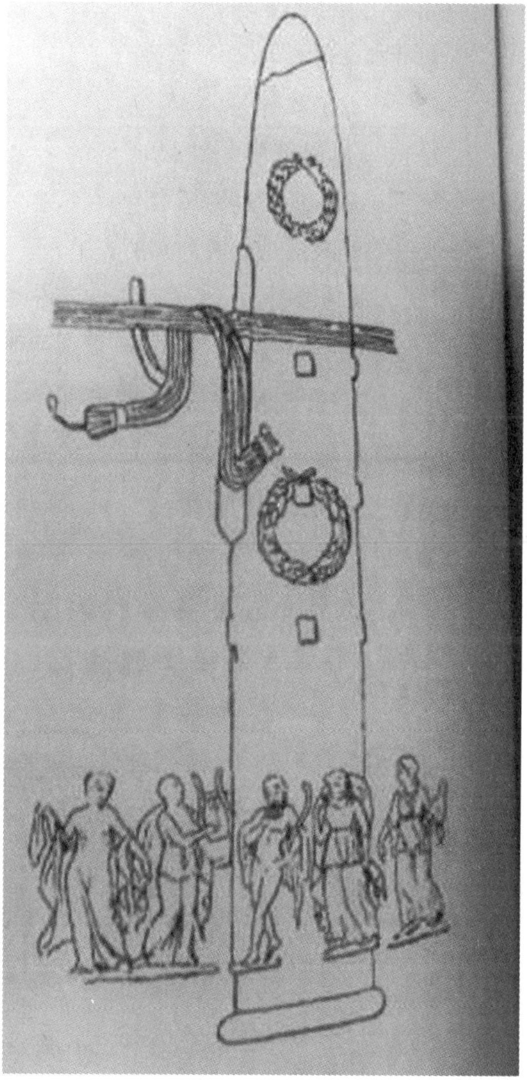

图二 阿癸伊欧斯柱

材质：不详

馆藏：不详

时间：不详

图片来源：J. Harrison，*A Study of the Social Origins of Greek Religion*, p. 408.

波罗和雅辛托斯(Hyakinthos)。希腊人认为雅辛托斯是阿波罗所喜爱的一个年轻人,后来被阿波罗所误杀。学者们认为他是一个米诺斯时期的神,因为他的名字中带有一个典型的前希腊语后缀 - *nth*,[①]语言学家普遍承认这是这一地区最早的居民使用的名字和词汇的特点。[②] 也有其他证据表明,这个节日是为了哀悼一个死去的土著植物神,而这个神祇与阿波罗的联系则是众所周知的。

还有一些其他零散证据也表明,阿波罗崇拜与远古时期的某些习俗有着某种潜在的联系。比如德尔斐的阿波罗神谕所与洞穴的密切联系就可以追溯到迈锡尼时期,以洞穴作为神祇的圣所是迈锡尼时期流行的习俗,最典型的就是宙斯的迪克特(Dictaean)圣穴。[③] 阿波罗作为预言神的形象可以追溯到克里特的预言者厄庇门尼狄斯(Epimenides),他在德尔斐神谕所的女祭司形象则可以追溯到古老的女巫预言者西比拉(Sibylla)。[④] 阿波罗的祭仪颂歌是"派埃昂"(*Paieon*),"派埃昂"是安抚阿波罗的愤怒的疗伤颂歌。[⑤] 这种神和颂歌之间的隐秘联系似乎源自米诺斯传统。[⑥]

第四节 多种文化元素融合后塑造成的希腊本族神

由于阿波罗崇拜毕竟属于古代社会早期的宗教文化现象,所以有些问题现阶段还是没有足够的史料支撑,如阿波罗崇拜传播的具体年

---

① 关于-*nth* 属于前希腊语后缀,参见 J. B. Haley, "The Coming of the Greeks: I. The Geographical Distribution of Pre-Greek Place-names," *American Journal of Archaeology*, vol. 32, no.2 (1928), pp. 141—145.

② W. K. C. Guthrie, *The Greeks and Their Gods*, pp. 86—87; Jennifer Lynn, *Ancient Greek Cults: A Guide*, p. 91.

③ Lewis Richard Farnell, *The Cults of the Greek States*, vol. 4, p. 113.

④ H. J. Rose, *A Handbook of Greek Mythology*, p. 139.

⑤ 在《荷马史诗》中,paieon 有时候是阿波罗祭仪中的颂歌(*Iliad*, 1.473),有时候是作为一个独立的神祇出现(*Iliad*, 5.401; 899)。

⑥ Walter Burkert, *Greek Religion: Archaic and Classical*, p. 145.

代，国内外的学者都没有足够的证据去进行清晰的重构。但是我们可以通过考察其传播过程中的具体演变，考察阿波罗崇拜的建构过程及其背后人群的特殊需求。可以确定的一点是，阿波罗崇拜的某一发展阶段，一定吸纳了许多不同宗教元素和小的神祇，这些众多宗教元素和小神祇逐渐汇聚到“阿波罗”的名称之下。① 这一阶段至少是在阿波罗得到希腊人的普遍认可、位列奥林帕斯十二主神之前。②

关于这些汇聚到“阿波罗”名称之下的宗教元素和小神祇的具体情况，我们至少可以明确知道有三种成分：西北多利安－希腊(Dorian-northwest Greek)成分，克里特－米诺斯(Cretan-Minoan)成分，叙利亚－赫梯(Syro-Hittite)成分。③ 但是，就像刘家和先生所指出的那样，关于多利安人的迁徙和早期征服，古典作家的记述中神话传说不少，确切的信史不多，考古学材料也难以有确切的证据。④ 对克里特－米诺斯的历史考证也还存在较大争议。⑤ 叙利亚－赫梯倒是有较为可靠的信史，尤其是赫梯铭文为我们提供了较为充分的考古证据，⑥但是对赫梯铭文的具体解读也存在不同声音。但是，如果我们把范围放大一些，比如，把“多利安”、“克里特－米诺斯”、“叙利亚－赫梯”作为特定符号

---

① 参见沃尔尼克(K. Wernicke)在保利－维索瓦(Pauly-Wissowa)古典辞书中关于阿波罗的说法：“任何想要从一个单独的起源来构建阿波罗这个有多重宗教文化元素的神祇，以及阿波罗崇拜这样一种社会历史进程，可能都会导致谬误。”转引自 W. K. C. Guthrie, *The Greeks and Their Gods*, p. 74。

② 王晓朝：《希腊宗教概论》，第 77 页。

③ Walter Burkert, *Greek Religion: Archaic and Classical*, p. 144.

④ 刘家和：《论黑劳士制度》，《古代中国与世界：一个古史研究者的思考》，武汉：武汉出版社，1995 年，第 78—139 页。《剑桥古代史》也持相似的意见，参见 I. E. S. Edwards, C. J. Gadd, N. G. L. Hammond, E. Sollberger, *The Cambridge Ancient History*, vol. II. 2, Third Edition, p. 678ff。

⑤ J. B. Bury, S. A. Cook, F. E. Adcock, *The Cambridge Ancient History*, vol. I, Second Edition, Cambridge: Cambridge University Press, 1928, pp. 589—598.

⑥ J. B. Bury, S. A. Cook, F. E. Adcock, *The Cambridge Ancient History*, vol. I, p. 135.

来看，那就可以说它们分别代表了北方民族南移[1]过程中的某个或某些族群、希腊本土部分原住民族、小亚细亚某些民族。

通过以上论述，依据现有史料，或许可以重建阿波罗崇拜中的主要成分：北方南移民族成分、希腊原住民族成分、属于东方小亚细亚民族成分。如果再把这几种成分细化，就可以说，阿波罗的神名起源于北方，神职主体起源于亚洲，这两种外来文化元素在传播和融合的过程中也吸收了希腊原住民族的某些崇拜成分。

这一多种文化元素的传播和融合过程大致如此。一方面，居住在北方古老商路（很可能是琥珀交易商路）周围的一个民族或者部落（也许是叙佩尔波列亚人），他们称呼自己崇拜的某种对象（可能是琥珀或苹果）为 'Απόλλων，这就是"阿波罗"最初的雏形。当他们向南迁徙的时候，发现了在某地已经存在对某个神祇的崇拜，如牧人崇拜的神，或者多利安人掌管政治会议的神，这个神的称呼与他们对琥珀或苹果神的称呼在发音上有相似之处，于是便接受了它并使之与自己的崇拜融合起来。然后他们继续南下，带着已经混合两种元素的这个神祇，遇到了居住在伯罗奔尼撒和克里特岛的居民，然后又与来自东方某些地区的居民相遇，这些地方又有一个与他们所崇拜的神在称呼上相似的神，如塞浦路斯的"有权威的语言之神"。这些地方的各个神在不同的人群中应该有不同的称谓，但是称呼最多的是 'Απόλλων或者其他相似的名字（比如 'Απέλλαι）。随着各地迁徙而来的居民与当地居民的融合，他们听到最多的这个名字" 'Απόλλων"就永久保存并传承下来了。

另一方面，亚洲安纳托利亚地区崇拜的守门的神和闪米特人崇拜的瘟疫之神，在东方与希腊的交流中逐渐传播到了希腊地区，并且与北方传来的某些冠之以" 'Απόλλων"名称的崇拜和仪式以及克里特迈锡尼时期流传下来的某些崇拜和仪式逐渐融合。

---

① 关于北方民族南移的问题，《剑桥古代史》有非常充分的论述，参阅 I. E. S. Edwards, C. J. Gadd, N. G. L. Hammond, *The Cambridge Ancient History*, vol. I. 2, p. 824ff。

在这个融合过程中,有两个关键的地点,一是德洛斯,二是塞浦路斯。阿波罗在德洛斯岛的崇拜,是阿波罗从小亚细亚传入希腊的一个关键海上中间环节,也是阿波罗神名从北方传到希腊的重要站点。塞浦路斯是东方的瘟疫之神和北方传来的预言之神的共同中间点。因此,这两个地方也成为阿波罗神名和神职逐渐融合为一体的地方。随着这种融合的加深,汇合了来自北方的神名和来自亚洲的神职的阿波罗崇拜逐渐在整个希腊大地上传播开来。

阿波罗崇拜起源和发展过程中所体现的文明交流和融合,正是希腊文明吸收周边文明成果的具体体现。对阿波罗崇拜起源和传播的考察,一方面是在文明交流的母题下进行的微观考证,另一方面又为文明交流史的研究提供了具体史料的佐证。我们由此得知,在古代世界,一直就存在过希腊文明和东方文明以及北欧文明的汇合,这种汇合并不是简单的"合并",也不是某个文明单向地影响其他文明,而是各个不同文明间的交流和互动。

第二章　阿波罗崇拜的内容与形式

第一节　阿波罗神庙

在古代多神崇拜的宗教中，神庙是非常重要的一个载体。神庙不仅是人们进行祈祷和献祭等宗教和精神活动的场所，还与某个或某些特定的神祇所居住和活动的地方联系在一起。因其宗教的严肃性和神圣性，神庙的精神意义远大于建筑本身。就希腊奥林帕斯宗教体系来说，各个主神在各地都有自己的神庙，神庙的多少、建筑的宏伟程度都与相关的神祇所受到的崇拜程度有着密切的关系。阿波罗神庙遍及古代希腊和小亚细亚地区，我们很难具体弄清楚究竟存在过多少阿波罗神庙，或者哪些地区确切地存在过阿波罗神庙。根据现有资料，我们知道比较重要的有德尔斐的阿波罗神庙、雅典的阿波罗・帕特洛斯(Apollo Patroos)神庙、迪迪玛的阿波罗神庙、巴塞的阿波罗神庙和科林斯的阿波罗神庙等。[①] 本节内容以德尔斐的阿波罗神庙和雅典的阿

---

① 关于阿波罗神庙的研究成果主要有 J. Henry Middleton, "The Temple of Apollo at Delphi", *The Journal of Hellenic Studies*, vol. 9. (1888), pp. 282—322; H. A. Thompson, "Buildings on the West Side of the Athenian Agora", *Hesperia*, 6 (1937), pp. 1—222. Charles W. Hedrick, Jr. "The Temple and Cult of Apollo Patroos in Athens", *American Journal of Archaeology*, vol. 92, no. 2, (Apr., 1988), pp. 185—210; H. W. Parke, "The Temple of Apollo at Didyma: The Building and Its Function", *The Journal of Hellenic Studies*, vol. 106. (1986), pp. 121—131; William Bell Dinsmoor, "The Temple of Apollo at Bassae", *Metropolitan Museum Studies*, vol. 4, no. 2 (Mar., 1933), pp. 204—227; Benjamin Powell, "The Temple of Apollo at Corinth", *American Journal of Archaeology*, vol. 9, no. 1 (Jan.—Mar., 1905), pp. 44—63; Nancy Bookidis and Ronald S. Stroud, "Apollo and the Archaic Temple at Corinth", *Hesperia*, vol. 73, no. 3 (Jul.—Sep., 2004), pp. 401—426;等等。

波罗·帕特洛斯神庙为代表，介绍神庙的发展历史和基本建筑结构，至于其功能以及人们对神庙的献祭等内容，则在后面的相关章节详细论述。

一、德尔斐的阿波罗神庙

根据古典作家的记载，德尔斐先后有五座神庙，其地点都在举世闻名的阿波罗神谕所原址。其中前三座神庙属于史前时期，都早于荷马史诗时代，也在阿波罗和其他天神来到德尔斐之前。这几座史前时代的神庙属于冥府之神，她们是盖亚和波塞冬的女儿。[①]

波桑尼阿斯给出了这五座神庙的名单，但是他没有指出哪些是早于阿波罗崇拜的。“他们说最早的神庙是由月桂枝建成，这些月桂枝就来自神庙旁边的月桂树，因此神庙的外形貌似一个小棚屋。”[②]这个传说似乎是后世才有的，因为说神庙由阿波罗的圣树建成可能就是为了将最古老的神庙和阿波罗崇拜联系起来。

波桑尼阿斯说：“德尔斐人说，第二座神庙是蜜蜂建成的，其材料是蜂蜡和蜂翅。”[③]米德尔顿（Henry Middleton）认为这段文字可能来自一段现已散佚的普鲁塔克的记载，其中提到古老的神谕之时说：“带着你的翅膀，哦，鸟儿；带着你的蜂蜡，哦，蜜蜂！”[④]关于这里提到的翅膀和蜂蜡，我们注意到阿波罗的祭司有时候也被称之为“梅里萨伊”（*μέλισσαι*，字面意思为“吃蜂蜜者”）。[⑤] 这个称谓也见于其他地方的其他神祇（如德墨忒尔和阿尔忒弥斯）的祭司，似乎表明这是早期社会普遍存在的一种蜜蜂图腾崇拜。

波桑尼阿斯提到的第三座神庙可能是用青铜建造的。因为这一时

---

① J. Henry Middleton, “The Temple of Apollo at Delphi”, p. 283.

② Pausanias, *Description of Greece*, x. 5.

③ Pausanias, *Description of Greece*, x. 5.

④ Plutarch, *De Pythian Oracle*, 17. 本节以下普鲁塔克的记载皆转引自 J. Henry Middleton, “The Temple of Apollo at Delphi”, p. 284ff。

⑤ Pindar, *Pythian Odes*, iv. 106.

代的青铜建筑并不罕见，阿克里修斯（Acrisius）就为他的女儿建造了一间青铜卧室；在波桑尼阿斯所处的时代，拉凯戴孟人还有一座献给雅典娜的青铜圣所。据说这第三座神庙是赫淮斯托斯建造的，但是波桑尼阿斯自己并不相信这种说法。波桑尼阿斯给出了第三座神庙的两种结局，一说是被烧毁了，一说是被地震中的一条裂缝吞噬了。[①]

第四座神庙“由特洛弗尼乌斯（Trophonius）和阿伽梅迪斯（Agamedes）用石头建成，在埃克斯克里德斯（Erxicleides）担任雅典执政官的时候被大火毁坏了，时间是第58届奥林匹亚运动会的第一年，即公元前548年，当年的获胜者是克里同的狄奥根尼图斯（Diognetus）。[②] 这座神庙应该就是属于阿波罗的神庙了，因为这时候德尔斐的阿波罗神谕已经有了一定的声誉。《荷马史诗》提到的神庙也许就是同一座。《伊利亚特》中阿喀琉斯说：“福玻斯·阿波罗的库藏，在石岩嶙峋的皮托。”[③]《奥德赛》中也说到阿伽门农在参加特洛伊战争之前去问询过德尔斐的神谕。[④] 希罗多德也两次提到这座神庙被烧毁的事情，一次在说到克洛伊索斯（Croesus）献给德尔斐神庙的大量礼物时，有一座重十塔兰特的狮像，已经被火烧掉了三点五塔兰特，只剩下六点五塔兰特了。[⑤] 一次在说到近邻同盟（Amphictyonic）[⑥]以三百塔兰特的代价把德尔斐神庙包给人修建的时候，说那里原来的神庙是由于事故而被焚毁了。[⑦]

波桑尼阿斯提到的第五座神庙是在被烧毁的第四座神庙遗址上建

---

① Pausanias, *Description of Greece*, x. 5.

② Pausanias, *Description of Greece*, x. 5.

③ Homer, *Iliad*, ix. 404.

④ Homer, *Odyssey*, viii. 80.

⑤ Herodotus, *Histories*, i. 50.

⑥ 在古希腊，近邻同盟（ἀμφικτυονία）指的是一些邻近部落或城邦组成的宗教和政治同盟。最早的近邻同盟起源于保护安提拉（Anthela）的德墨忒尔神庙，后来这一词的含义扩展到指称保护德尔斐阿波罗神庙的邻近城邦同盟。参见 Henry George Liddell and Robert Scott, *A Greek-English Lexicon*, p.92, “ἀμφικτύονες”。

⑦ Herodotus, *Histories*, ii. 180.

立起来的。这座神庙在其他历史作品中也多有提到。希罗多德曾记载，被雅典放逐的阿尔克麦昂(Alcmaeon)家族，从近邻同盟那里承包修筑了德尔斐神庙。由于他们既有钱又和他们的父祖一样都是有名的人，他们便把神庙修筑得比原来设计的还好，特别是他们在包工时原规定用石灰石修建神庙，但结果他们是用帕洛斯人(Parian)的大理石修建了神庙正面。① 可能正是因为承包人的这种慷慨，德尔斐神谕多次强调庇西特拉图(Pcisistratid)的僭主统治应该被逐出雅典。② 波桑尼阿斯说这第五座神庙直到公元前5世纪后半期还没有完工。③ 但是考虑到这座神庙的承包者的热情，以及神庙的修建有着众多筹措资金的渠道，这么多年都没有完工似乎有些不合常理。有学者提出，可能是波桑尼阿斯见到神庙的时候已经有些损毁，加之在他之前的作家有尚未完工的记载(比如品达在约公元前490年写的颂歌里就提到当时的德尔斐神庙似乎还处于未完工状态④)，从而导致波桑尼阿斯也有此一说。⑤

第五座神庙的遗址现在已发掘，甚至还有一部分保存得比较完整。我们根据古典作家的记载和考古发掘的材料能初步复原这座神庙的原貌。这是一座多利安风格的廊柱式神庙，其外围的主要建筑体是三角墙和柱间壁。在三角墙和柱间壁上面都有不少雕刻壁画。波桑尼阿斯说这些雕刻开始是由雅典人普拉西阿斯(Praxias)创作，但是他未完成就去世了，后来由另一个雅典人、欧卡德摩斯(Eucadmus)的学生安德罗斯提尼(Androsthenes)接着完成。⑥ 波桑尼阿斯详细描述了三角墙的排列及其雕刻壁画。东边的三角墙是主体，其上有一座阿波罗三神崇拜的雕塑，阿波罗站在勒托和阿尔忒弥斯的中间，在一个角上出现了正在落山的太阳。西边的辅墙上则是关于狄奥尼索斯的雕刻壁画，狄

---

① Herodotus, *Histories*, v. 62.
② Herodotus, *Histories*, v. 63.
③ Pausanias, *Description of Greece*, x. 19.
④ Pindar, *Pythian Oracle*, vii. 9.
⑤ J. Henry Middleton, "The Temple of Apollo at Delphi", p. 289.
⑥ Pausanias, *Description of Greece*, x. 19.

奥尼索斯在中心的位置，周围是他的女信徒们梯伊阿德(Thyiades)。[①]这些女信徒是雅典的妇女，她们每年都到帕尔那索斯山去庆祝狄奥尼索斯的狂欢节，并且和德尔斐的妇女比赛竞争。[②] 波桑尼阿斯没有提到柱间壁，而欧里庇得斯在《伊翁》中则对柱间壁有比较详细的描述。“并非只在神圣的雅典城才有饰以美观圆柱的神庙和对道路神[③]的崇拜，在这勒托之子洛克西阿斯(Loxias)[④]的圣地也有两面美观灿烂的神庙。”[⑤]这是《伊翁》剧中进场歌所唱的内容，歌队在神庙外面左右走动，一边走一边观看柱间墙上的雕刻壁画，轮流唱着他们所见内容。归纳起来，壁上的雕刻场景主要有以下内容：赫拉克勒斯(Heracles)杀死勒尔涅(Lernean)的水蛇，旁边是伊奥拉奥斯(Iolaus)举着点燃的火把；柏勒罗丰(Bellerophon)骑在飞马上杀那喷火的三角形怪物；巨人之战的场景，其中出现了雅典娜、宙斯和狄奥尼索斯等。[⑥] 这些壁画所选材的内容都属于奥林帕斯神系的神祇或者与之相关的英雄战胜古老的怪物或巨人，显然与阿波罗对皮同的胜利主题有着密切的关系。

神庙内院的建筑体包括四个部分：一间前殿，一间内殿，一间神谕所和一个拱顶小室。

前殿之前立着两根多利安式的柱子，这两根柱子之间是可开关的青铜栅栏，用以保证处在前殿和内殿之间的人的安全。前殿的墙上镌刻着铭文，据说是五个智者献给阿波罗的箴言。柏拉图引用了其中的三个：“认识你自己”(*γνῶθι σεαυτόν*)、“过犹未及”(*μηδέν ἄγαν*)和“勿为陌生人作保”(*ἐγγύα πάρα δ' ἄτη*)。[⑦] 波桑尼阿斯和普鲁塔

---

① Pausanias, *Description of Greece*, x. 19.

② Pausanias, *Description of Greece*, x. 4.

③ 指阿波罗，阿波罗作为道路神被崇拜主要在雅典，偶见于小亚细亚地区。参见本书第一章“阿波罗崇拜起源考”。

④ 洛克西阿斯是阿波罗作为勒托的儿子身份时候特有的别称。

⑤ Euripides, *Ion*, 184—189.

⑥ Euripides, *Ion*, 190—219.

⑦ Plato, *Charmides*, 165.

克列出了柏拉图所引的前面两个,[1]至于柏拉图引用的第三个是否真实,现已不可考,除此之外的另外两个现在已经不得而知。

前殿墙上最显著的物件则是神秘的德尔斐"E"形架,也是智者们敬献的礼物。据普鲁塔克记载,当时有三个"E"形架。一个是木制的,据说是智者们敬献的原物,第二个是青铜的,由雅典人敬献,第三个是金质的,由女王利维亚·奥古斯塔(Livia Augusta)敬献。[2] 普鲁塔克说这个标志的真正含义已不可考,他推测可能有以下几个方面的含义:(1)这是数字"5",代表敬献礼物的五个智者;[3](2)这个"E"形架是希腊文的εἰ,意思是"是否",因为求神谕者要问询他们是否可以做某件事;[4](3)这个"E"形架代表希腊文的 *εἰθε*,意即"将要",表达了求神谕者对神的祈祷;[5](4)是数字"5"的一种神秘写法;[6](5)是人对神的一种表达方式,类似于希腊文的 *ὁ ὢν*,"啊,你啊",表示信仰神灵的存在。[7]

希罗多德记载说前殿还有克洛伊索斯所敬献的一个银钵。[8] 紧挨着银钵的是放在青铜桅杆上的三个黄金星,这是埃吉纳人(Aegina)所献。[9]

从前殿的门进去就是内殿了,内殿是神庙内院的主体建筑。内殿的地板由坚硬的石灰石铺成,神庙的祭司经常用来自灵感之泉[10]的水清洗这里的地板。殿内放着一张铁制椅子,波桑尼阿斯说品达在参观

---

① Pausanias, *Description of Greece*, x. 24; Plutarch, *De Pythian Oracle*, 29.

② Plutarch, *De* εἰ, § 3.

③ Plutarch, *De* εἰ, § 3.

④ Plutarch, *De* εἰ, § 5.

⑤ Plutarch, *De* εἰ, § 5.

⑥ Plutarch, *De* εἰ, § 8—16.

⑦ Plutarch, *De* εἰ, § 17—21.

⑧ Herodotus, *Histories*, i. 51.

⑨ Herodotus, *Histories*, viii. 122.

⑩ 灵感之泉在德尔斐的法德利雅德(Phaedriades)溪谷之间,所有去德尔斐的人,不管是去参加皮提亚竞技会的人,还是去寻求神谕的人,一般都会在这里停下来,洗净自己的头发。后来的罗马诗人专门到这里来寻求诗歌灵感。这里还是阿波罗杀死大蛇皮同的地方,所以也被认为是圣地。

德尔斐的时候曾经坐在这张椅子上吟诵献给阿波罗的颂歌。[①] 希罗多德提到吕底亚的国王、克洛伊索斯的父亲阿尔亚特斯(Alyattes)是向德尔斐奉献礼物的第二位国王。他在病愈时所献纳的礼物是一只银制的大混酒钵,下面附着一个锻接的铁托儿,这是德尔斐的全部奉献物当中最值得一看的东西,它是开俄斯人(Chian)格劳科斯(Glaucus)的制品。[②] 希罗多德和波桑尼阿斯都说格劳科斯是第一个焊接铁的人,[③]而据波桑尼阿斯说,萨摩斯(Samos)的狄奥多罗斯(Theodorus)则是第一个浇铸铁的人。[④]

内殿中有一个小门,通往更里面的神谕所,根据惯例,这是只有阿波罗的祭司才能进入的地方。神谕所中最主要的物件是一座金质的阿波罗塑像。[⑤] 米德尔顿认为这座塑像的时间不应早于第三次神圣战争,因为这次战争中弗奇斯人(Phocians)为了维持军费,将神庙的金属贡品熔掉以铸造钱币,[⑥]甚至更有可能比苏拉(Sulla)和尼禄(Nero)对德尔斐的掠夺时间还晚。他认为最大的可能性是哈德良(Hadrian)献给德尔斐神谕的,其理由是哈德良给德尔斐神庙敬献了不少供品,并且哈德良时期的银币上也出现了和这座塑像同样的图案。[⑦] 这种推测还是缺乏说服力。神谕所是整个德尔斐神庙最核心最神圣的地方,不管是弗奇斯人还是苏拉和尼禄,他们对神庙的掠夺,都是冲着神庙的供品财富去的。虽然他们的掠夺从某种意义上说都有渎神的嫌疑,但是他们还不至于无视古代社会普遍的神义观,去毁坏神的塑像,更何况是在

① Pausanias, *Description of Greece*, x. 16.

② Herodotus, *Histories*, i. 25.

③ Herodotus, *Histories*, i. 25; Pausanias, *Description of Greece*, x. 16.

④ Pausanias, *Description of Greece*. iii. 12.

⑤ Pausanias, *Description of Greece*. x. 16.

⑥ 关于第三次神圣战争,本书后面有较详细的论述,参见第四章第一节“阿波罗崇拜与城邦政治”。

⑦ J. Henry Middleton, “The Temple of Apollo at Delphi”, p. 294.

最神圣的阿波罗神谕所中的阿波罗塑像。[1] 这种野蛮的行为只有之后的蛮族人才能干得出来。接下来我们追溯一下这座塑像的命运就明白我们所言非虚。基督教成为罗马帝国的国教后，禁绝一切偶像崇拜，公元 391 年，信奉基督教的罗马帝国皇帝狄奥多西一世下令封闭属于多神教的德尔斐神庙，[2]即使在这个时候，这座阿波罗塑像仍没被损毁。塑像后来可能和普拉提亚（Plataea）的蛇形青铜柱和其他的德尔斐艺术品一起被移到了拜占庭。直到 1204 年，法兰克人攻占拜占庭，才将这座塑像熔化了铸造金币。[3]

除了这座塑像以外，神谕所里还有两个重要物件：火祭坛（Fire Altar）和翁法罗斯石（Omphalos）（图三）。[4] 波桑尼阿斯说翁法罗斯石是用白色大理石做成的，[5]但是他又说只有少数人才能进入神谕所，因此没有几个人真正见过翁法罗斯石。[6] 所以可推测他本人也没有见过，甚至也没有见过里面的阿波罗塑像，他的这些记载应该是来自德尔斐当地人或者神庙祭司的说法。

---

① 关于这一观点，我们可以从希罗多德的记载中得到佐证。"雅典将领达提斯（Datis）率领军队到达亚细亚的米科诺斯（Mykonos）之后，他做了一个梦。没有人说过他做了什么样的一个梦。但是在天刚刚破晓的时候，达提斯便对他的各个船只进行了搜索。而当他在一艘腓尼基船里找到一座镀金的阿波罗神像时，他就打听这件物品是从什么地方劫来的。等他知道了这座神像是从哪座神庙来的之后，他就乘着自己的船到德洛斯去了。德洛斯人那时已经返回了他们的海岛，而达提斯就把神像供在那个地方的神庙里，并且命令德洛斯人把这座神像送回到底比斯人的德里昂（Delium）去，这个德里昂就在卡尔基斯（Chalcis）对面的海岸上。达提斯这样下令之后便乘船回去了。不过德洛斯人却没有把这座神像送走。在那之后二十年，底比斯人才依照一个神谕的指示，把这座神像移送到德里昂去。"参见 Herodotus, *Histories*, vi. 118。从上述引文可以看出，虽然神庙中的神像有可能被劫走并流落到其他地方，但是没有人会去毁坏神像，相反人们会想办法将神像送回原来的神庙。

② Averil Cameron, Peter Garnsey, *The Cambridge Ancient History*, vol. viii, new edition, Cambridge: Harvard University Press, 2003, p. 108.

③ J. Henry Middleton, "The Temple of Apollo at Delphi", p. 295.

④ 翁法罗斯石，希腊传说中认为它是大地的肚脐，亦即大地的中心。哈里森的《古希腊宗教的社会起源》一书专门有一节内容论述翁法罗斯石。参阅 J. Harrison, *A Study of the Social Origins of Greek Religion*, p. 397ff。

⑤ Pausanias, *Description of Greece*, x. 16.

⑥ Pausanias, *Description of Greece*, x. 24.

据希罗多德记载，神谕所里面还有一些武器，这些武器是神圣的，任何人都不许用手触摸。当波斯人进攻德尔斐的时候，这些武器竟然自己跑出来，到了神谕所的前面。[①] 当然这些都只是道听途说，并没有什么实际依据。

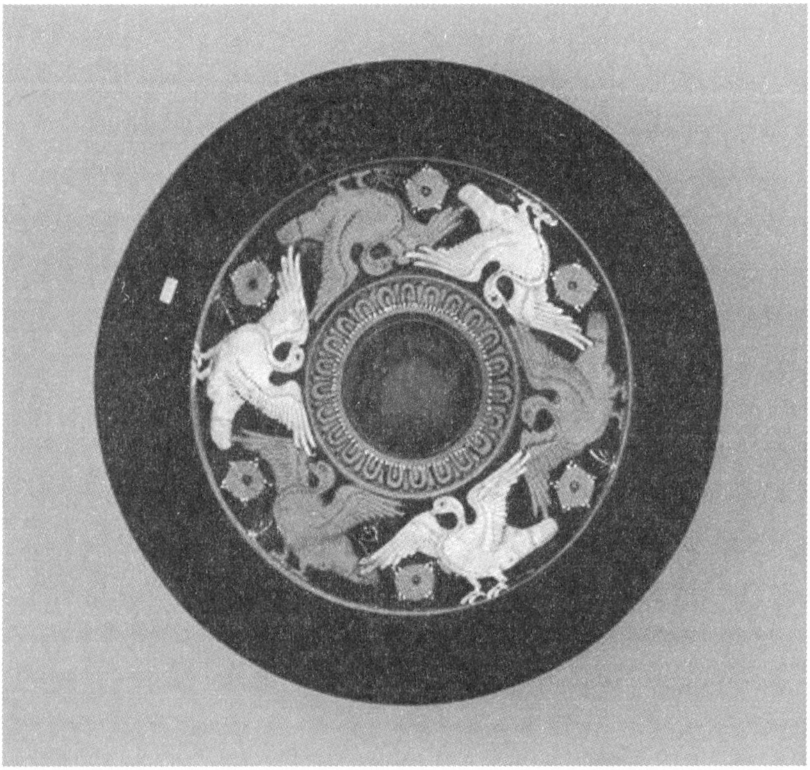

图三　环绕着天鹅的翁法罗斯石

材质：阿提卡红陶宽口容器

馆藏：美国波士顿美术博物馆

时间：约公元前330—前320年

图片来源：http://www.mfa.org

最后则是神庙里面的拱顶小室，这可以说是整个神庙最神秘的地

① Herodotus, *Histories*, viii. 37.

方了。几乎所有记载德尔斐神庙的古典作家都没有亲自见过这个拱顶小室，所以其具体位置模糊不清。但是，综合各种记载来看，应该就在神谕所的地板下面。斯特拉波说，神谕所里有一个深处地下的洞穴，皮提亚从那里出来发布神谕。[①] 普鲁塔克多次说到皮提亚“下”到拱顶小室去。[②] 此外，在其他古典作品中，这个拱顶小室也被称为 μυχός[③]或 στήλαιον[④]，这两个词的含义也是地下小室的意思。皮提亚发布神谕时所坐的三脚架就在这里面，三脚架下面可能有一条天然裂缝，可能有一些蒸汽或其他气体从地缝里出来。普鲁塔克详细记载了可能出现的蒸汽与皮提亚发布神谕的密切关系。[⑤]

以上所述即是德尔斐的阿波罗神庙的发展历史和其建筑结构。由于德尔斐神庙，尤其是其中的神谕所，是德尔斐神谕的重要载体，因此在古代社会有着重要的影响力。本书在后面将有专门一节内容讨论阿波罗神谕的问题，在此则不予赘述。

二、雅典的阿波罗·帕特洛斯神庙

雅典的阿波罗·帕特洛斯(Apollo Patroos)在古典时期受到广泛崇拜，不但一些血缘群体将其视为自己的祖先[⑥]加以崇拜，而且整个城邦都将其作为一个重要的神祇崇拜。因而位于雅典市政广场(Athenian Agora)的阿波罗·帕特洛斯神庙在古典时期成为一个主要的宗教活动场所。

近代以来，最早对雅典市政广场进行考古发掘的是多普菲尔德(W. Dorpfeld)和他的德国考古协会同人，他们在1895—1896年发掘出了这里的“L”形建筑。1907—1908年，希腊考古工作者继续对其进

---

① Strabo, *Geography*, ix. 3.

② Plutarch, *De Pythian Oracle*, 6, 28.

③ Aeschylus, *Eumenides*, 39.

④ Athenaeus, *The Deipnosophists*, 15b.

⑤ Plutarch, *De Pythian Oracle*, 40—51.

⑥ Patroos 意即为“祖先”。认为阿波罗是其始祖的主要是爱奥尼亚人，参见欧里庇得斯《伊翁》全剧。

行发掘。最后美国学者在1931—1935年间完全发掘了这一地方的遗址。霍默·汤普森(Homer Thompson)于1937年发表了这次发掘的考古报告。[①] 通过现存的神庙遗址以及在遗址发掘出的铭文、雕像等考古材料,结合古典作家的记载,我们能够一定程度上重构阿波罗·帕特洛斯神庙的发展历史。

据波桑尼阿斯记载,阿波罗·帕特洛斯神庙位于宙斯·厄琉特里俄斯自由廊柱(Stoa of Zeus Eleutherios[②])旁边。他在参观了宙斯自由廊柱以后说:"宙斯自由廊柱上的曼提尼亚(Mantinea)战争场景的壁画是欧菲拉诺(Euphranor)的作品。同是这个人建造了旁边神庙里被称为帕特洛斯的阿波罗的塑像。神庙前的一座阿波罗塑像由里奥查理斯(Leochares)完成,另一座阿波罗塑像被称作阿里克西卡洛斯(Alexikakos[③]),由卡拉米斯(Kalamis)完成,他们说阿波罗拥有这个称号是因为来自德尔斐的一则神谕阻止了在伯罗奔尼撒战争期间对雅典人造成极大灾难的瘟疫。"[④]随后他就去参观自然女神庙(Metroon)。波桑尼阿斯并没有给出神庙的确切位置,但是我们可以据此推测,阿波罗·帕特洛斯神庙应该在宙斯自由廊柱和自然女神庙之间。

汤普森不但对阿波罗·帕特洛斯神庙进行了复原,还对其历史变迁做了深入的分析。他将神庙的历史分为三个阶段。最早的阶段是公元前6世纪后期的一个拱形建筑,他认为这是一个古老的阿波罗神庙。[⑤] 第二个阶段从古老的神庙被毁到公元前4世纪,这一个时期在这个地方没有出现阿波罗的神庙或者神庙的遗迹。汤普森认为,在这

① H. A. Thompson, "Buildings on the West Side of the Athenian Agora", *Hesperia*, 6 (1937), pp. 1—222.

② Zeus Eleutherios(宙斯·厄琉特里俄斯)意为"拯救者"宙斯。

③ Alexikakos意为能避挡邪恶的人。

④ Pausanias, *Description of Greece*, i. 3.

⑤ H. A. Thompson, "Buildings on the West Side of the Athenian Agora", pp. 9—84.

个空白阶段，阿波罗的圣地可能在某个公共空间(temenos)。[①] 第三个阶段，公元前4世纪中期，一个规模较小的神庙在宙斯自由廊柱旁边建立起来；公元前350—前325年，一个规模较大的"L"形建筑完成。汤普森认为较小的神庙是宙斯·弗拉提俄斯和雅典娜·弗拉提亚神庙(Temple of Zeus Phratrios and Athena Phratria)，而"L"形建筑就是阿波罗·帕特洛斯神庙。[②]

第一阶段即公元前6世纪的建筑遗址大部分已经被后来的建筑所破坏或湮没。现在发掘出来属于这一阶段的建筑主要是一段地基堑壕，这段堑壕呈弧形，直径约八点五米。在弧形堑壕内，发现了一块石灰石，这块石头是现存唯一的与古老的建筑有关的文物，但是与公元前4世纪的阿波罗神庙的建筑材料没有任何联系。石块的位置并不在弧形的中间，而是偏东西向的切面上，因此可以推测地基堑壕之上的建筑应该不是环形而是拱形的，并且面向东方。汤普森认为这一石块是重构公元前6世纪的建筑的关键。他认为地基堑壕之上的建筑就是古老的阿波罗神庙，神庙是面向东方的拱形建筑，其位置就在公元前4世纪的神庙下方。[③] 赫德里克(Charles W. Hedrick)认同汤普森对这个建筑的重构。雅典市政广场所在的小山东边是一面斜坡，所以这面的建筑都朝向东方，并且古代的神庙大部分都是拱形建筑。但是他认为这并不能证明这个建筑就是古老的阿波罗神庙。[④] 笔者同意赫德里克的观点，因为仅凭这一个考古发掘的孤证就认为这是属于某个特定的神祇的神庙，理由并不充分。所以，最好将这个阶段的建筑谨慎地定性为

---

① H. A. Thompson, "Buildings on the West Side of the Athenian Agora", p. 109. 此外，对雅典的这种 *temenos*，解光云的《述论古典时期雅典城市的公共空间》一文中有比较详细的论述，参见解光云《述论古典时期雅典城市的公共空间》，《安徽史学》，2005年第3期。

② H. A. Thompson, "Buildings on the West Side of the Athenian Agora", pp. 84—104.

③ H. A. Thompson, "Buildings on the West Side of the Athenian Agora", p. 104.

④ Charles W. Hedrick, Jr. "The Temple and Cult of Apollo Patroos in Athens", p. 190.

“古老的神庙”为好。

第二个阶段的空白期，即从古老的神庙被毁坏到公元前4世纪中期这段时间，基本没有什么文物发掘出来。只在雅典市政广场的东面，发掘出来四排石质长椅，一直从北边的宙斯自由廊柱排到南边的议事厅。汤普森认为这些长椅的时间应该早于自然女神庙和公元前4世纪的阿波罗神庙以及宙斯自由廊柱，因为这些建筑打乱了长椅的排列顺序。[①] 这些长椅的位置和排列方向表明，在其前方应该是一个公共空间。这一点也得到了考古学上的证实。北边的宙斯自由廊柱的建造时间基本能确定在公元前450—前425年间。[②] 在发掘宙斯自由廊柱的地基时，在其南面发掘出了一大片开阔地，这片地带也包括了被毁坏的拱形建筑的遗址，汤普森认为这就是阿波罗的神圣公共空间。[③] 至于出现这种空白期的原因，赫德里克认为是由于希波战争以后，雅典社会经济出现困难，导致很多被毁坏建筑的重建或复原工作只能不断后延。[④]

第三阶段即公元前4世纪中期以后的建筑，我们可以通过考古材料进行较为详细的复原和定位。通过对出土陶器的鉴定，可以确定紧挨着宙斯自由廊柱南面的较小建筑属于公元前4世纪后半期，这个建筑只有一个内殿和一个走廊。[⑤] 较大的“L”形建筑在这个较小建筑的西南面，包括一个走廊、一个内殿以及相邻的一间建筑，这间建筑向西北延伸较多，甚至占据了较小建筑的空间。这可能说明“L”形建筑的时间要晚于较小建筑的时间。[⑥] 汤普森认为这就是波桑尼阿斯所记载

---

① H. A. Thompson, “Buildings on the West Side of the Athenian Agora”, p. 220.

② H. A. Thompson, “Buildings on the West Side of the Athenian Agora”, pp. 40—45.

③ H. A. Thompson, “Buildings on the West Side of the Athenian Agora”, pp. 104—105.

④ Charles W. Hedrick, Jr. “The Temple and Cult of Apollo Patroos in Athens”, p. 189.

⑤ H. A. Thompson, “Buildings on the West Side of the Athenian Agora”, pp. 40—45.

⑥ H. A. Thompson, “Buildings on the West Side of the Athenian Agora”, p. 95.

的阿波罗·帕特洛斯神庙。[1]

考古学家在神庙遗址发现了不少铭文,这对我们解读当时雅典城邦和民众与这座神庙之间的关系提供了最为直观的史料。其中有一大块比较光滑的白色大理石,上面的铭文是:Ἀπόλλωνοσ Πατρῴου。[2]尽管这块石头发现于雅典市政广场北边比较远的地方,汤普森还是认为这就是阿波罗神庙的祭坛的一部分。他甚至认为这就是来库古时代涅俄普托勒摩斯(Neoptolemos)为其镀金的那个祭坛。[3] 在市政广场的东南角发现了一块较小的界碑石,上面的铭文是:[ὅρος][Ἀπ]όλ[λ]ωνοςπατρώιο。[4]

除了铭文以外,还有波桑尼阿斯所提到的三座塑像。考古学家只发现了其中的一座,可能就是波桑尼阿斯所说的第一个塑像,其作者是欧菲拉诺。普林尼对欧菲拉诺有较详细的记载,他说这个人活动的全盛时期是第 104 届奥运会周期,即公元前 364—前 361 或前 360 年。可能就是在这个时间段,欧菲拉诺完成了宙斯自由廊柱上面的壁画,这为他带来了巨大声誉。[5] 他的最后创作时间可能就是用青铜做了马车上的腓力和亚历山大群雕像,时间应该在公元前 338 年亚历山大取得辉煌胜利的卡罗尼亚(Chaeronea)战役之后,公元前 336 年腓力去世之前。[6]

这座塑像发现于阿波罗神庙南面约 20 米处,也就是现在所知的自然女神庙的最北头的房间处。这是一座较大的大理石塑像,发现的时候各残片都在一起,局部还处在比较明显的连接状态,因此可以推测它

---

① H. A. Thompson, "Buildings on the West Side of the Athenian Agora", p. 114.

② 其含义为"属于阿波罗·帕特洛斯的"。参见 H. A. Thompson, "Buildings on the West Side of the Athenian Agora", p. 111。

③ H. A. Thompson, "Buildings on the West Side of the Athenian Agora", p. 110.

④ 其含义为"属于阿波罗·帕特洛斯的(地界)"。参见 B. D. Meritt, "Greek Inscriptions", *Hesperia*, 26 (1957), p. 91 n. 38。

⑤ Pliny, *Natural History*, xxxiv. 50; xxxv. 128—129.

⑥ Charles W. Hedrick, Jr. "The Temple and Cult of Apollo Patroos in Athens", p. 195.

就是在被发现的地点被碰碎的。重构以后的塑像不算基座高达2.54米。[①] 这座塑像描绘阿波罗握着一把七弦琴，左脚立地站着，右脚向前伸出。从塑像结构来看，他还穿着长袖罩衣，也就是说在塑像外面还有一层金属长袍罩衣，但是现在已经找不到任何遗迹了。[②] 塑像的头部没有找到，但是可以根据塑像肩头保存下来的头发样式和后来的复制品进行复原。从现存残片来看，塑像带着一种古老的发式：前面从中间分开，编成平整发髻，耳朵边呈波浪状，后面带着发簪，后面和肩头的头发比较长。[③] 汤普森根据考古材料推断，这座塑像被搬到自然女神庙北头房间的时间应该在罗马帝国后期，因此最初肯定不是用来装饰自然女神庙。从这座塑像的大小和高度来看，应该是从不远的地方搬过来的，最大的可能性就是来自阿波罗神庙。[④] 这座塑像的风格最接近于公元前350—前325年间的作品，因此，欧菲拉诺是其作者的可能性进一步加大。[⑤] 这座塑像没有遭到风雨侵蚀的痕迹，说明是安放在室内，其大小也与阿波罗神庙的内殿尺度吻合。[⑥]

我们从修昔底德的作品中也能找到证据来与考古材料进行互证。修昔底德说："雅典人是最早放弃携带武器的习俗，采用比较安逸和奢侈的生活方式的，他们不再穿亚麻布内衣，不再把头发盘成一个鬏，而是用一个金蚱蜢别着。这种风俗也传到了他们的爱奥尼亚宗族中，在那里的人们中间长期流行。"[⑦]这里特别提到了发型样式。在后面的章节里修昔底德描述公元前5世纪雅典人到提洛岛（即德洛斯岛）去举行

---

① H. A. Thompson, "Buildings on the West Side of the Athenian Agora", p. 107.

② Charles W. Hedrick, Jr. "The Temple and Cult of Apollo Patroos in Athens", p. 198.

③ Charles W. Hedrick, Jr. "The Temple and Cult of Apollo Patroos in Athens", p. 198.

④ H. A. Thompson, "Buildings on the West Side of the Athenian Agora", p. 107.

⑤ H. A. Thompson, "Buildings on the West Side of the Athenian Agora", p. 107.

⑥ Charles W. Hedrick, Jr. "The Temple and Cult of Apollo Patroos in Athens", p. 198.

⑦ Thucydides, *History of the Peloponnesian War*, i. 6.

净化仪式的时候，他引用了荷马颂歌来说明关于在此举办的赛会的情况："福玻斯啊，无论你走到哪里，提洛岛永远是你心中最喜欢的地方。在那里，身穿长袍的爱奥尼亚人在圣道上行走，携带妻子儿女庆祝你的圣日，每一种勇武刚毅的竞技，都让你欢喜，他们在唱歌跳舞的时候，高呼着你的名字。"[①]这里又强调了长袍，也强调了唱歌跳舞的重要性。

上述所提到的发式、长袍、音乐，都与阿波罗有着特别的关系。雅典人在提洛岛举行庆祝仪式，就是为了表达对阿波罗的崇拜，而其中的七弦琴比赛，甚至服装展示，都离不开这个主题。因此，笔者认为修昔底德的记载可以用来解释这座塑像就是阿波罗，并且来自阿波罗·帕特洛斯神庙。

以上所述即是阿波罗·帕特洛斯神庙的历史发展概况，我们可以看到，阿波罗·帕特洛斯神庙的主要建筑都在公元前 4 世纪形成。公元前 4 世纪的雅典，正处在一个对过往"光荣属于希腊"[②]的无限怀念时期，这一点在历史学家和演说家那里表现得尤其突出。这种思想也不可避免地影响到其他领域，包括宗教领域。可以这么说，雅典市政广场的阿波罗·帕特洛斯神庙正是这一现象最生动的表达。传说中雅典人和全部爱奥尼亚人的祖先——阿波罗·帕特洛斯的神庙正是城邦传统荣耀的一座纪念碑。

第二节　祈祷、献祭与净化

一、祈祷

祈祷是用语言道出人们的心愿，请求神灵降福给自己或降灾给敌人。希腊语的"祈祷"有好几个词，每个词所表达的具体含义又略有不

① Thucydides, *History of the Peloponnesian War*, iii. 104.

② 这是美国诗人爱伦·坡的诗歌《致海伦》中的一句话，在此借用过来，表示这个时期的雅典人对他们的先祖的光辉业绩的怀念。

同。第一个动词是 ἐυχόμαι，这个词演化出两个名词，一个是 ἐυχωλή，一般特指祈求降恶于某人，另一个是 ἐυχή，通常指所祈求、祈祷或诅咒的东西。第二个动词是 ἀρά，表示祈求降祸于祈祷者的敌人。[①]

希腊人的祈祷一般有三个主要程序：首先摆好一定的姿势，呼唤神的名称；然后通过诉说各种理由，表达自己的愿望和要求；最后是发誓或许愿，保证在愿望实现后对神做出报答。在希腊人的祈祷中，呼喊神的名字，恳求神的注意是很重要的事情，但是在称呼上又表现出很大的随意性，各位神灵并无确定的称号和头衔，人们可以按照自己喜爱的方式去呼唤神灵。[②]

具体到人们向阿波罗的祈祷，我们可以分成两个阶段来讨论。第一个阶段是荷马时代，第二个阶段是荷马时代之后。就目前掌握的资料来看，我们对荷马时代以前阿波罗崇拜的所有情况都很难有定论，至于人们向阿波罗祈祷的情况，则几乎不可能进行讨论，原因在于祈祷一般来说都是口头进行的，很少有实物史料能够佐证。当然，我们讨论荷马时代的这一问题，也基本是在《荷马史诗》的相关记载基础上进行分析，至于能有多少真实性，也不能给出一个定性定量的标准。写于《荷马史诗》之后的文学作品，尤其是古典时代的一些戏剧，其故事所发生的时代可能还在荷马时代以前。但是，这些作品中所反映的宗教崇拜仪式和人们对宗教崇拜的认识水平，基本都是属于作者所处时代的内容。因此，这里在论述荷马时代以后阿波罗崇拜的情况时所使用的基本材料是学术界公认可靠的史学记载和能够确认的考古材料，同时将文学作品作为辅助材料。在史学记载和考古材料比较缺乏的情况下，则将文学作品作为主要材料。

在荷马时代，单独向阿波罗祈祷的个人或群体主要是那些将阿波罗当作保护神的地区的人，或者是与阿波罗有着特殊关系的人。如克

---

① Simon Hornblower and Antony Spawforth, *The Oxford Classical Dictionary*, third edition, Oxford: Oxford university Press, 1996, p. 1242.

② Walter Burkert, *Greek Religion: Archaic and Classical*, p. 74.

律塞斯，他是阿波罗在克律塞的祭司，阿喀琉斯劫走了他的女儿克律塞伊斯(Chryseis)，她成为联军领袖阿伽门农分得的战利品。克律塞斯向阿伽门农提出赎回自己女儿的请求，遭到阿伽门农粗暴拒绝。于是老人默默地沿大海的岸边走去，他走了很远，便向美发的勒托的儿子阿波罗祈祷，嘴里念念有词："银弓之神，克律塞和神圣的基拉(Cilla)的保卫者，统治着特涅多斯(Tenedos)，灭鼠神，请听我祈祷，如果我曾经盖庙顶，讨得你的欢心，或是为你焚烧牛羊的肥美大腿，请听我祈祷，使我的愿望成为现实，让达那奥斯人(Danaans)在你的箭下偿还我的眼泪。"①阿波罗也以实际行动回应了他的祈祷。"他这样向神祈祷，福玻斯·阿波罗听见了，他心里发怒，从奥林帕斯山上下来，他的肩上挂着弯弓和盖着的箭袋。神气愤地走着，肩头的箭矢琅琅响，天神的降临有如黑夜覆盖大地。他随即坐在远离船舶的地方射箭，银弓发出令人心惊胆战的弦声。他首先射向骡子和那些健跑的狗群，然后把利箭对准人群不断放射。焚化尸首的柴薪烧了一层又一层。天神一连九天把箭矢射向军队。"②

当然，阿波罗不仅仅回应祈祷者降祸于敌人的祈求，也会回应消除灾难的祈求。但是这种回应不是对所有人都有效，而是他所喜爱或所保护的人才能得到，或者说要通过他的祭司(比如克律塞斯)来进行这种人神交流。就在阿波罗向达那奥斯人降临灾难以后，奥德修斯带着神圣的百牲祭将克律塞斯的女儿送了回来。我们注意到这里的一个细节，奥德修斯说："阿伽门农派遣我把你的女儿带到这里来还你，为达那奥斯人向福玻斯献上神圣的百牲祭，祈求天神息怒。"③但是他自己并不能直接向阿波罗献祭和祈祷，而是要克律塞斯来主持献祭仪式，并且由他向神祈祷消灾。在摆好祭品举行祭祀之前，克律塞斯举手为他们大声祈祷："银弓之神，克律塞和神圣的基拉的保卫者，用强力统治着特

① Homer, *Iliad*, i. 33—42.
② Homer, *Iliad*, i. 43—54.
③ Homer, *Iliad*, i. 441—444.

涅多斯，请听我祈祷：你从前曾经听我祷告，赐我荣誉，严重地伤害阿开奥斯人的将领和士兵；你现在也满足我的心愿，为达那奥斯人消除这一场十分悲惨的、流行的疫难。”[①]随后他们向阿波罗举行了神圣而又隆重的百牲祭。“阿开奥斯人的儿子们整天唱着悦耳的颂歌，赞美远射的神，祈求他平息愤怒，天神听见歌声和祈祷，心里很喜悦。”[②]在奥德修斯他们返航的时候，“远射的阿波罗神给他们送来温和的风”[③]。

《荷马史诗》还提到，占卜师在向人们发布神示之前，也会向阿波罗进行祈祷。如阿喀琉斯与鸟卜师卡尔卡斯(Calchas)对话的时候就说：“你放大胆量，把你知道的预言讲出来，我凭阿波罗起誓，他是宙斯所喜爱的，卡尔卡斯，你总是向他祈祷，对我们发出神示。”[④]

荷马时代的人们在演讲、争执或者发誓的时候，尤其是涉及自己的某种愿望，但是这种愿望又不需要某位神灵的具体帮助时，往往会将宙斯、雅典娜和阿波罗放在一起。如阿伽门农在说到涅斯托尔(Nestor)的足智多谋时，就说：“父宙斯、雅典娜、阿波罗在上，但愿我在阿开奥斯人中有十个这样的军师，那时普里阿摩斯(Priams)的都城很快就会被我们攻占。”[⑤]在他看到两个英勇的埃阿斯(Aiantes)的时候，同样说：“父亲宙斯、雅典娜女神、阿波罗在上，但愿这种精神在全军的胸中呈现，普里阿摩斯的都城很快会低头，在我们长枪下陷落，夷为平地。”[⑥]涅斯托尔看到同伴在战场厮杀，他希望自己能回到年轻时代，好去参加战斗，这时也是向宙斯、雅典娜、阿波罗祈祷。[⑦] 阿尔诺奥斯(Alcinous)希望奥德修斯成为他的女婿时，他“请天父宙斯、雅典娜、阿波罗为我作证，我真希望有一个像你这样的秉性、意气与我相投的人娶我的女

---

① Homer, *Iliad*, i. 451—456.
② Homer, *Iliad*, i. 472—474.
③ Homer, *Iliad*, i. 479.
④ Homer, *Iliad*, i. 85—87.
⑤ Homer, *Iliad*, ii. 371—373.
⑥ Homer, *Iliad*, iv. 288—290.
⑦ Homer, *Iliad*, vii. 130—133.

儿”[①]。奥德修斯的父亲拉埃尔特斯(Laertes)也曾向天父宙斯、雅典娜、阿波罗祈求,但愿他能帮助奥德修斯和忒勒马科斯一起回击那些求婚人。[②]

荷马时代以后,向阿波罗祈祷的主要群体仍然是祭司。如埃斯库罗斯的《欧墨尼德斯》(*Eumenides*),[③]虽然作者将其故事时间界定为英雄时代,但是其所反映的宗教崇拜习俗等内容应该属于作者所处的时代。戏剧的开场就是阿波罗神庙的女祭司的祈祷词。在这一长段祈祷词中,女祭司用了大量篇幅来描绘阿波罗取得预言术的过程。[④] 在说完这个过程以后,女祭司说:“我祈祷时首先向这些神灵祈求。”[⑤]这表明,女祭司在尊崇阿波罗的时候,并没有将他与其他神灵割裂开来,而是将阿波罗放在整个神灵序列。这是向阿波罗祈祷的一个显著特点,也是希腊多神教的一个重要特色。

这一时期人们向阿波罗祈祷的另一个特点就是用大量篇幅来追溯神的经历和某种特殊职能。这一特点也反映在同一时期或相近时期的其他文学作品中。这种祈祷往往混合在献给神的颂歌之中,如卡利马库斯的颂歌《致阿波罗》,其中有一大段颂扬阿波罗的各种美好品质,追溯阿波罗来到德洛斯的经过。[⑥] 欧里庇得斯的《伊翁》开场歌中,阿波罗神庙的神仆、阿波罗的儿子伊翁也说了一大段类似的内容。[⑦] 俄耳甫斯教祷歌中的《致阿波罗》也用了同样的表达方式。[⑧]

二、献祭

献祭是用物质性的供品来换取神灵的帮助和恩赐,这是古代宗教

---

① Homer, *Odyssey*, vii. 311—313.

② Homer, *Odyssey*, xxiv. 376.

③ 本章第六节“戏剧中的阿波罗”将《欧墨尼德斯》作为一个典型例证来论述。

④ Aeschylus, *Eumenides*, 1—19.

⑤ Aeschylus, *Eumenides*, 20.

⑥ Callimachus, *Hymn to Apollo*, 17—104.

⑦ Euripides, *Ion*, 85—155.

⑧ 吴雅凌编译:《俄耳甫斯教辑语》,北京:华夏出版社,2006 年,第 69—71 页。

中普遍存在的一种活动。信仰者通过献祭与他所信仰的神圣对象交流，求得神灵的庇佑，以实现自己的需求。在希腊语中，并没有一个能完整表达中文“献祭”的单独词汇，因为希腊人生活中的各种行为都可能包含了献祭的意义，如“杀死”、“破坏”、“烧”、“砍”、“举行神圣的活动”、“给予”等，但是这些活动又不一定完全表达了“为他举行的重大献祭”(it was a great sacrifice for him)的含义。[1] 狄奥弗拉斯图斯(Theophrastus)在这些行为中区分出来献祭的要素是“尊崇”、“感谢”和“需要”。[2] 希罗多德将对神的献祭和对英雄的献祭做了区分，对神的献祭叫做 *Θύειν*，对英雄的献祭叫做 *ἐναγίζειν*。[3]

据目前掌握的史料来看，向阿波罗献祭的记载可能是所有希腊神灵中最多的，这主要归功于阿波罗神谕，尤其是德尔斐神谕。其原因在于，请求神谕的人基本上都会向阿波罗献祭，而神谕无论在公共生活还是私人生活中都具有非常重要的意义，所以这些请求神谕和献祭的情况往往受到历史学家或者诗人的特别关注。本小节内容主要论述献祭的发展历程、献祭的主要程序、祭品的组成情况，以及献祭这种人神交流形式所反映的社会生活状况和人们的思想意识状况。至于与献祭联系非常密切的神谕，则在后面的章节具体论述。和前面所述祈祷的内容一样，我们同样可以将向阿波罗献祭的情况分成两个阶段来讨论。第一个阶段是荷马时代，第二个阶段是荷马时代之后。限于史料的匮乏，对荷马时代以前向阿波罗献祭的情况也没有办法进行讨论。

在整个古希腊历史上，无论是早期还是晚期，无论是在私人性质还是官方性质的宗教活动中，用动物献祭都是很重要的宗教礼仪。在荷马时代，用动物向阿波罗献祭则占据了绝对主流地位。最为隆重的则

---

① Simon Hornblower and Antony Spawforth, *The Oxford Classical Dictionary*, p. 1344.

② Porphyry, Abst. ii. 24. 转引自 Simon Hornblower and Antony Spawforth, *The Oxford Classical Dictionary*, p. 1344。

③ Herodotus, *Histories*, ii. 44.

数百牲祭,《荷马史诗》详细记述了这一献祭的程序。前面提到奥德修斯代表阿伽门农和达那奥斯人送回克律塞斯的女儿时,就为阿波罗举行了百牲祭。“他们很快为天神把神圣的百牲祭品,绕着那整齐美观的祭坛摆成一圈,然后举行净手礼,抓起一把粗磨的大麦粉。克律塞斯举手为他们大声祈祷。”[①]祈祷完毕以后,“撒上了粗磨的大麦粉,先把牺牲的头往后扳,割断喉咙,剥去牺牲的皮,把牺牲的大腿砍下来,用双层油网覆盖,在上面放上生肉。老祭司在柴薪上焚烧祭品,奠下晶莹的酒液,年轻人拿着五股叉围着他。他们在大腿烧化、品尝了内脏以后,再把其余的肉切成小块叉起来,细心烧烤,把肉全部从叉上取下来。他们做完事,备好肉食,就吃起来,他们心里不觉得缺少相等的一份。在他们满足了饮酒吃肉的欲望后,年轻人将调缸盛满酒,他们先用杯子举行奠酒仪式,再把酒分给众人。”[②]

我们看到,这个时代用动物牺牲献祭,往往是宰杀牲畜奉献给神,然后参与者共享一餐肉食和美酒。这一现象表面看起来似乎偏离了向神献祭的初衷,但这却是希腊宗教仪式中的一个重要特点。当然也与这个时代的社会经济发展水平有着直接的关系。在生活资料并不是很充裕的情况下,经常性地敬献大量牺牲毕竟难以支持。出于现实的考虑,希腊人在向神献祭以后,自己享用了作为祭品的肉食。从另一个角度讲,这样也能吸引更多的人来参与献祭仪式。

为了解决上述敬献大量牺牲难以支持的问题,希腊人想出了另一个办法,就是向神献上牺牲的部分即可,当然是最好的那部分,不过最终还是所有部分都归入献祭者的口腹了。如《奥德赛》最后部分,众求婚人被要求给奥德修斯的弯弓安上弓弦,但是众人都没有能耐完成任务,这时安提诺奥斯(Antinous)提议:“我们向神灵酢酒祭奠,把弯弓收起。明晨你们再吩咐牧羊奴赶来群羊,从所有群羊中遴选出最上等的

① Homer, *Iliad*, i. 448—451.

② Homer, *Iliad*, i. 457—472.

来，我们向著名的弓箭神阿波罗献最上等的羊腿肉，然后再尝试这弯弓，把这场竞赛完成。”[1]安提诺奥斯的话博得大家的赞赏，侍者把净水倒在他们手上把手洗净，侍童们把各个调缸装满酒，分斟各个酒杯，首先斟些做祭奠。人们祭过灵后，尽情地开怀畅饮。

荷马时代以后，虽然也有像在克律塞那样在室外举行的献祭仪式，但是已经不占主流了。这一时期的献祭主要集中在向阿波罗的神庙献祭。对一般的希腊人来说，请求阿波罗帮助或者请求神谕的时候，都会向神庙献祭，祭品一般也是动物，有时候甚至一个饼也可以。如伊翁就向复仇女神的歌队说过：“如果你有什么要问福玻斯，在庙前献一个饼，你就可以进去，但是不献宰一头羊，你不能进到内殿去。”[2]

古典时期还出现了向神庙大规模献祭的情况。希罗多德记载了吕底亚国王克洛伊索斯向德尔斐神庙献祭的宏大排场。

> 在验证德尔斐神谕的真实性以后，克洛伊索斯便决定举行大规模的奉献以取悦于德尔斐的神。他奉献了各种适于做牺牲的牲畜三千头，又烧掉了堆积如山的包着金银的卧床、黄金杯和紫色的长袍和内衣。他焚烧这些东西就是为了使神对他更加眷顾。他还下令给所有的吕底亚人，要他们按照他们自己的财力来向神奉献。在牺牲奉献仪式结束的时候，国王熔化了大量黄金，把它铸成金条，每条长六帕尔姆(palm)[3]、宽三帕尔姆、高一帕尔姆。金条的总数是一百一十七个，其中的四条是纯金铸成的，每条的重量为两个半塔兰特；其余则是金与银的合金，每条重两个塔兰特。他还下令造一座纯金的狮像，重十塔兰特。当德尔斐神庙被烧掉之时，这个金狮子就从金条上掉了下来(因为它是放在金条上面的)。此时它被火烧掉了三个半塔兰特，剩下的只有六个半塔兰特了。现在它放置在科林斯人的宝库里。
>
> 在要献纳的这些东西都准备停当以后，克洛伊索斯便把它们

---

① Homer, *Odyssey*, xxi. 268—273.

② Euripides, *Ion*, 227—229.

③ 掌尺，即一个手掌的长度。

送到德尔斐去，与这些东西同时送去的还有下列诸色礼品，金的和银的大混酒钵各一个，先前在人们进入神庙的时候就可以看到金钵放在入口的右首边，银钵在左首边。但这两个钵在失火之际移开了；重有八个半塔兰特又十二米那的金钵，现在藏在克拉佐梅纳伊人(Clazomenians)的宝库里；银钵则是放置在神庙前庭的一个角落里，它的容量有六百安佛列伊欧斯(amphorios)[①]。我们知道这件事是因为，在铁奥帕尼亚祭(Theophania)的日子里，德尔斐人就是用这个钵来混酒的。德尔斐人说这是萨摩斯人狄奥多罗斯制造的，我认为他们的话是对的，因为我看这个混酒钵确是出自非凡的匠师之手。此外，克洛伊索斯还送了现在在科林斯人的宝库之内的四只银制酒瓮，还有金的和银的净水瓶各一只，金的净水瓶上面刻着“拉凯戴梦人奉献”的字样，他们硬说这是他们奉献的礼物，然而他们的这种说法是不对的，真正的奉献者是克洛伊索斯。这上面的铭文是一个想取悦于拉凯戴梦人的德尔斐人刻上去的。这个人是谁我是知道的，但我还是不必讲他的名字了。手里有水流出来的那个少年像确是拉凯戴梦人奉献的，然而他们根本就没有奉献任何一个净水瓶。在这一切的奉献物以外，克洛伊索斯还把许多没有题词的不大重要的礼品奉献到德尔斐去，其中有一些银制的圆盘。他还奉献了一座三佩巨斯[②]高的金制妇女像，而根据德尔斐人的说法，这好像是为克洛伊索斯烤面包的女郎的雕像。此外，他把他妻子的那些项链和腰带也都献纳了。[③]

除了向德尔斐的阿波罗神庙献祭，希罗多德还记载了人们向其他地方的阿波罗神庙献祭的情况。比如在波奥提亚(Boeotia)地区底比斯的阿波罗·伊斯梅尼俄斯(Apollon Ismenios)神庙，他自己就曾看

---

① 每个安佛列伊欧斯约合 9 加仑，这样其总容量约 5000 加仑，合 22730 升。

② 希腊容量单位 πήχηs，英译为 cubit，中译为腕尺，相当于从中指指尖到肘的前臂长度，1 佩巨斯约合 46.2 厘米。

③ Herodotus, *Histories*, i. 50—51. 中文译文参阅〔古希腊〕希罗多德《历史》，王以铸译，第 22—23 页，引用时略有改动，重量单位和容量单位参照了徐松岩新译本的注释。

到过卡德摩斯人(Cadmean)的字母。这种文字刻在某些三脚架上面,它们大部分和爱奥尼亚的字母相似。在一个三脚架上面刻着:"近邻同盟(Amphitryon)从铁列波阿伊人(Teleboae)的地方来奉献了我。"在另一个三脚架上刻着六步格的诗句:"拳击家斯卡伊欧斯(Scaeus)在博得胜利之后把我作为一件十分优美的奉纳品,献给了你,一箭千里的阿波罗神。"在第三个三脚架上,仍然是六步格的诗句:"身为国王的拉欧达玛斯(Laodamas)把我作为一个十分优美的奉纳品,献给一望千里的阿波罗神。"[①]

向阿波罗敬献的供品主要是以上所列的动物牺牲、金银财宝、各种器物。但是某个特定的地方也有其他的内容。修昔底德就记载了这样的事情。在冈比西斯统治时期,萨摩斯的僭主波利克拉特斯(Polycrates)利用海军征服了许多岛屿,其中包括莱尼亚岛(Rhenia),他把这个岛献给了德洛斯的阿波罗神。[②] 后来在说到这个岛的时候,修昔底德又追溯了这个事情,并且说波利克拉特斯用铁索把这个岛与德洛斯岛连接起来。[③]

虽然我们将祈祷和献祭分开论述,但是应该看到,祈祷与献祭是密不可分的,几乎没有什么献祭是没有祈祷的,也几乎没有什么重要的祈祷没有伴随献祭。[④] 如前文说到奥德修斯送回克律塞斯的女儿以后,就向阿波罗举行了百牲祭和正式的祈祷。当然,有些时候,比如情势紧急,身边没有祭品或者没有时间举行献祭仪式,可以只有祈祷没有献祭。但是一般都会在祈祷的时候向神灵许以将来的献祭,事后进行弥补。当雅典娜鼓励潘达罗斯(Pandarus)放胆向墨涅拉奥斯(Menelaus)射箭时,让他向阿波罗许愿:"你朝光荣的墨涅拉奥斯射出一箭,向那出生自吕西亚的阿波罗许愿,在你回到家乡、神圣的泽勒亚

---

① Herodotus, *Histories*, v. 59—61.

② Thucydides, *History of the Peloponnesian War*, i. 13.

③ Thucydides, *History of the Peloponnesian War*, iii. 104.

④ Walter Burkert, *Greek religion: Archaic and Classical*, p. 73.

城市时，将献上用头生的羔羊做成的美好的百牲祭。”[①]潘达罗斯听从了雅典娜的话，向阿波罗许愿，然后将他的箭射向墨涅拉奥斯。[②] 但是墨涅拉奥斯在宙斯的保佑下，并没有被射死，史诗也没有说到潘达罗斯最后是否兑现了自己的许诺。

三、净化

净化仪式是希腊宗教礼仪中很重要的一类。净化起源于日常生活中的清扫活动，在希腊语中写作καθῖρω，[③]原意是清洗、清扫，用作宗教含义就是清洗罪孽、净化。[④] 净化主要有两层含义，一是在人与神灵互动的过程中保持自身洁净，包括人的身体和相关物质载体，甚至整个城邦；二是某些犯了罪过的个人或群体，通过某种物质性的力量来消除罪孽，求得神灵的谅解和宽恕。

在宗教活动中，净化不仅仅是一种单一的物化过程，而且成为一种精神性的内化过程。柏拉图说：“善人向神献祭，通过祈祷、献祭等方式与神交流，这是一切事务中最高尚最优秀的，也能导致非常适宜的幸福生活。但对恶人来说，情况正相反，因为恶人有一颗不洁的灵魂，而神是纯洁的，无论是善良的人还是神都不能从一个被污染的人那里不适当地接受礼物。无论在何地，不虔诚的人向神献祭都只是浪费时间，而若是由虔诚的人献祭，那么神是乐于接受的。”[⑤]

从柏拉图的话语我们可以看出，净化和献祭是密不可分的。《荷马史诗》记载阿波罗向雅典军营降下瘟疫以后，阿伽门农向阿波罗献祭的

---

① Homer, *Iliad*, iv. 100—103.

② Homer, *Iliad*, iv. 119.

③ 在一些中文著作中，这一词有时候翻译为“涤罪”。但从古希腊人的宗教实践来看，“净化”比“涤罪”的外延要广，“涤罪”只表达了上述“净化”一词的第二层含义。当然，就整个古希腊社会的宗教活动来看，净化仪式中最主要的内容确实是涤罪。因此，本书在论述的时候采用二分法，在提到因犯了罪过而特别举行仪式以消除罪孽的时候，用“涤罪”一词，在其他场合则通用“净化”。

④ 王晓朝：《希腊宗教概论》，第 161 页。

⑤ Plato, *Laws*, 716e—717a.

时候就先举行了这样的净化仪式。[①]

阿提卡的塔格里亚节是献给阿波罗的一个重要节日，这个节日分成两天，前一天整个城市举行净化仪式，后一天才是向阿波罗献祭。[②]另一个节日——德里亚节，也是献给阿波罗的节日，雅典人每年在这个节日中将一种圣器送到德洛斯去，在圣器离开雅典的三十天里，整个雅典城都要净化，不准宰杀任何牲畜，也不准执行死刑。[③]

公元前430年雅典遭受瘟疫袭击，当时的一些希腊人认为这是整个城邦招致了神灵的怨恨，因此要举行净化仪式来为城邦赎罪消灾。在这个过程中，阿波罗在德尔斐的祭司皮提亚起了重要作用。"女祭司皮提亚吩咐雅典人清洁城邦。他们派了一艘船，由尼希拉图斯(Niceratus)的儿子尼西阿斯(Nicias)率领，来到克里特向厄庇梅尼德斯(Epimendies)求助。他在第46届奥林匹克赛会时来到雅典，教会人们如何清洁城邦，阻止了瘟疫的流行。他的方法是这样，先找一些白羊和黑羊送到阿瑞斯山，然后放走它们任由其自由游走，在此期间派人跟踪这些羊群，看到羊群在某个地方躺下来，就在这个地点向神灵举行献祭仪式。这样，瘟疫终于被止住了。"[④]

公元前426年，雅典人似乎依照某种神谕的指示，在德洛斯岛举行过净化仪式。据修昔底德记载："以前的僭主庇西特拉图曾在这个岛上举行过净化仪式，但是范围不是整个岛屿，只是在神庙所能看到的地方。可是，这次依照下面的方式在全岛范围内举行：把过去所有在德洛斯岛上死亡的人的坟墓一律发掘出来，宣布以后在德洛斯岛上不得再有死亡和出生的事情，凡是那些要生产和死亡的人，都要送到莱尼亚

---

① Homer, *Iliad*, i. 313—315.

② 关于这个节日以及下文所提及的德里亚节的详情，请参阅本章第五节"阿波罗的节日"。

③ Plato, *Phaedon*, 58a; Xenophon, *Memorabila*, iv. 8.

④ Diogenes Laërtius, *Lives of Eminent Philosophers*, i. 110. 参阅 Diogenes Laërtius, *Lives of Eminent Philosophers*, The Loeb Classical Library, Cambridge: Harvard University Press, reprinted, 1972。

岛，它是离德洛斯岛很近的一个岛屿。"①

阿波罗与具体的个人的净化仪式的联系，主要体现在"涤罪"仪式中。如前文所讲，涤罪仪式其实是净化仪式的一种。据神话传说，阿波罗出生不久就杀死了奉赫拉之命追杀他母亲勒托的大蛇皮同。尽管阿波罗是为母亲报仇而杀死皮同，但是他还是需要进行涤罪，才能得到赦免，脱去凶手的罪过。于是宙斯命阿波罗来到埃吉莱亚（Aigialea），变成为一位牧羊人，为国王阿德墨托斯（Admetus）放牧羊群，九年以后才回到希腊。② 但是这个故事与后来希腊人举行涤罪仪式中阿波罗所起的作用联系并不是很紧密。人们之所以将阿波罗与净化、涤罪联系起来，并不是因为这个神话传说，而是因为在希腊人眼中，阿波罗具有独特的"纯洁"和"圣洁"（purity and holiness）属性。③

关于阿波罗与涤罪仪式的联系，以下几段文字是最好的说明：

1. *εἶσ σοι καθαρμός. Λοξίας δὲ προσθιγὼν*
*ἐλεύθερόν σε τῶνδε πημάτων κτίσει.*④

这是一个专为你举行的涤罪仪式：洛克西阿斯会将手放在你的身上，让你从这罪孽中解脱。

2. *βρίζει γὰρ αἷμα καὶ μαραίνεται χερός,*
μητροκτόνον μίασμα δ' ἔκπλυτον πέλει.
ποταίνιξν γὰρ ὂν πρὸςέστιαι θεοῦ
*Φοίβου καθαρμοῖς ἠλάθη χοιροκτόνοις.*⑤

我手上的血污已经沉寂、干涸，杀害母亲的血污也已被涤净，

① Thucydides, *History of the Peloponnesian War*, iii. 104.

② Pausanias, *Description of Greece*, ii. 7; x. 16.; Pindar, *Pythian Odes*, iv. 90ff; Hyginus, *Fabulae*, 140.

③ 阿波罗的别号"福玻斯"的意思就是"纯净"、"圣洁"的意思。普鲁塔克、埃斯库罗斯以及其他作家都是如此理解这一词的内涵。他们也用这一词来指称太阳光和水的特性。在《荷马史诗》中，对阿波罗的称呼不仅有"阿波罗·福玻斯"，而且在有的地方还独称其为"福玻斯"。参见本书第三章第三节"阿波罗与阿尔忒弥斯"。

④ Aeschylus, *Choephoroe*, 1059－1060.

⑤ Aeschylus, *Eumenides*, 282－283.

罪孽初犯，我曾在福玻斯的祭坛前，用猪做牺牲，请求清恕罪孽。

3. ἄφθογγον εἶναι τὸν παλαμναῖον νόμος,
ἔστ' ἄν πρὸς ἀνδρὸς καθαρσίου
σφαγαὶ κθαιμάξωσι νεοθήλου βοτοῦ.
πάλαι πρὸς ἄλλοις ταῦτ' ἀφιερώμεθα
οἴκοισι, καἴ βοτοῖσι καὶ ῥύτοῖς πόροις.①

依照法律，身有血污的人禁止发言，直至一个能主持净化仪式的人用新生的牺牲为他洗去罪孽。我之前已经用牺牲和纯净的溪水进行了净化。因此，我认为自己是洁净的，未玷污庙堂。

4. ἄλλως τε καὶ σὺ μὲν κατηρτυκὼς ἐμοῖς
ἱκέτης προσῆλθεῇ καταρὸς ἀβαβὴς δόμοις.
οὕτως δ' ἄμομφον ὄντα σ' αἰδοῦμαι πόλει.②

你按习俗净了罪，洁净地前来请求，未玷污庙堂，我也宽恕你未冒犯我的城邦。

第一段是埃斯库罗斯的《奠酒人》中歌队给俄瑞斯忒斯的唱词。后面几段是埃斯库罗斯的《欧墨尼德斯》中俄瑞斯忒斯向雅典娜解释他已经通过涤罪仪式洗去了弑母带来的血污，雅典娜也对他的洁净表示认可。

这几段文字所表达的内涵并不完全一致。在《奠酒人》中，阿波罗的作用非常突出。我们可以看到，阿波罗不但亲自主持涤罪仪式，而且似乎还和俄瑞斯忒斯有着实质上的身体接触。当然，我们知道阿波罗并不是物质性的存在，只是一个观念中的神，προσθιγὼν（“放”）在这里是一个象征意义的动作，但是在希腊人的眼中，阿波罗似乎也可以和凡人有实质性的身体接触，这种象征意义似乎已经变成现实了。《欧墨尼德斯》第 282 行中所说的 ἑστιαι 无疑指的就是德尔斐的祭坛。有学

① Aeschylus, *Eumenides*, 448—452.

② Aeschylus, *Eumenides*, 473—475.

者认为这里的字里行间暗示用作牺牲的猪就是阿波罗亲手宰杀的。[1]但这种解释还是略显牵强，不过其中所体现的阿波罗在涤罪仪式中的关键作用则是毋庸置疑的。《欧墨尼德斯》第449行的ἀνδρὸς应该是涤罪仪式中的主祭人。这个主祭人究竟是现实中存在的人（比如阿波罗的祭司）还是人们观念中的阿波罗神，这个问题并不重要，因为前面两段内容已经表明阿波罗在属于人类的这类事务中所起的作用得到了希腊人广泛认同。当然，这里涉及一个神和人之间的界限问题。在整个《欧墨尼德斯》中，神和人之间的界限已经不甚清晰，很多场合神灵直接干预和参加了人类的事务。尽管实际上是阿波罗的祭司在代行这项职能，但是在戏剧中还是阿波罗自己宣称 φῦνου δὲ τῶιδ' ἐγὼ καθάρσιος（我亲自为他洗净了血污）。[2] 我们不知道埃斯库罗斯是否刻意引导他的观众相信阿波罗自己亲自用猪做牺牲为俄瑞斯忒斯举行了涤罪仪式。吉贝特（John Gibert）认为埃斯库罗在这里不但没有引导这种意识，反而在弱化涤罪仪式的作用，其目的是为了突出另一种因素在戏剧中的重要作用，即雅典娜的审判。[3]

笔者对吉贝特的观点深表赞同。因为随着古典时代人本主义思潮的兴起，神在人类事物中的作用已经逐渐从人们思维中淡化。传统的宗教习俗已经开始让位于带有人治思想的法律程序。虽然雅典娜主持的审判看起来也是神在起作用，并且最终雅典娜的一票起了关键性的作用。但是我们应该看到审判庭的法官成员还是现实中的人，俄瑞斯忒斯虽然通过涤罪仪式洗去了他手上的弑母血污，因而这只能是宗教意义上的洁净，要想真正免除他所犯的罪过，还需要世俗法律意义上的赦免。

---

① John Gibert, "Apollo's Sacrifice: The Limits of a Metaphor in Greek Tragedy", *Harvard Studies in Classical Philology*, vol. 101 (2003), p. 185.

② Aeschylus, *Eumenides*, 578.

③ John Gibert, "Apollo's Sacrifice: The Limits of a Metaphor in Greek Tragedy", p. 185.

第三节 阿波罗神谕[1]

一、神谕的历史

神谕一词在希腊语中有多种形式，如χρησμός、χρησμῳδία、χρηστήριον等，其中常用的是χρηστήριον，既指“神谕”本身，也指发布神谕的地方——神谕所。[2]

在古代社会中，人们认为神比人拥有更多的知识和能力，所以很多神灵都被认为有发布神谕的职能。希罗多德在记载克洛伊索斯想要验证哪个神谕所的预言最为准确的时候，就提到了五个希腊大地上的神谕所——德尔斐、阿巴伊(Abae)、安菲亚拉欧斯(Amphiaraus)、多铎那、特洛丰尼乌斯(Trophonius)；一个小亚细亚的——米利都的布朗奇达伊(Branchidae)，一个非洲的——利比亚的阿蒙神。[3] 其中多铎那的宙斯神谕所是希腊最古老的神谕所，[4]这一点也得到了现代学者的认同。[5]

在古代希腊，阿波罗神谕是影响力最大最持久的神谕。最著名的阿波罗神谕当然是享誉古今的德尔斐神谕。[6] 除了德尔斐神谕，在泛

① 本节部分内容修改以后曾以“德尔斐神谕探析”为标题发表于《世界宗教研究》2011年第5期。

② Simon Hornblower and Antony Spawforth, *The Oxford Classical Dictionary*, p.1071.

③ Herodotus, *Histories*, i. 46.

④ Herodotus, *Histories*, ii. 52.

⑤ Walter Burkert, *Greek Religion: Archaic and Classical*, p. 114.

⑥ 关于德尔斐神谕的研究成果主要有：H. W. Parke, D. E. W. Wormell, *The Delphic Oracle*, Oxford: Basil Blackwell, 1939; Joseph Fontenrose, *The Delphic Oracle: Its Response and Operations with a Catalogue of Responses*, Los Angeles: University of California Press, 1978; Hugh Bowden, *Classical Athens and the Delphic Oracle: Divination and Democracy*. Cambridge: Cambridge University Press, 2005; Arthur Stanley Pease, “Notes on the Delphic Oracle and Greek Colonization”, in *Classical Philology*, vol. 12, no. 1. (Jan., 1917); Hugh Lloyd-Jones, “The Delphic Oracle”, in *Greece&Rome*, 2nd Ser., vol.

希腊地区[1]还有其他名气稍逊的神谕。根据古典材料的记载，[2]主要有以下几个其他地区的阿波罗神谕：

(1)阿波罗·伊斯梅尼俄斯(Apollon Ismenios)神谕，波奥提亚的底比斯(希腊)。

(2)阿波罗·普托伊俄斯(Apollon Ptoios)神谕，波奥提亚的普托山(希腊)。

(3)阿波罗神谕，福喀斯(Phokis)的阿巴伊(希腊)。

(4)阿波罗·迪迪米俄斯(Apollon Didymios)神谕，米利都和卡利亚附近的迪迪玛(小亚细亚)。

(5)阿波罗·克拉里俄斯(Apollon Klarios)神谕，克洛丰附近的克拉诺斯(小亚细亚)。

(6)阿波罗神谕，铁乌特拉尼亚(Teuthrania)的帕伽玛(Pergamon)(小亚细亚)。

(7)其他地方名气稍逊的阿波罗神谕。

以上所列神谕，不管是在作用还是影响方面，都无法与德尔斐的阿波罗神谕相比，因此所存留下来的相关资料也相对较少，我们很难逐一追溯每个神谕的起源和历史，弄清每个神谕的发布过程。因此，本节内容以德尔斐神谕为例，从神谕的历史、神谕的程序、神谕的内容、神谕与科学几个方面进行探析，以期能管窥一斑。由于本章主要介绍阿波罗崇拜的内容与形式，因此，关于神谕的实质和影响，则在本书第四章"阿波罗崇拜在希腊世界的作用与影响"中再行分析。

23, no.1. (Apr., 1976); H. W. Parke, "A note on the Delphic Priesthood", in *The Classical Quarterly*, vol. 34, no.1/2. (Jan. - Apr., 1940); 刘婧:《德尔斐神谕与古希腊城邦》，复旦大学博士学位论文，2009年。于琳:《试论德尔斐神谕对希腊城邦政治活动的影响》，华东师范大学硕士学位论文，2008年。

① 国内有的学者将 Greater Greece(*Μεγάλη Ἑλλάς*)一词翻译成"泛希腊地区"或者"大希腊"，实际上这一词主要指的是希腊人在南意大利和西西里以及小亚细亚建立的殖民地。本书所用"泛希腊地区"指的是包括希腊本土和殖民地在内的地区。

② Herodotus, *Histories* i. 46; Pausanias, *Description of Greece*, iv. 32; vii. 5. etc.

据传说，德尔斐最早的预言神是大地女神盖亚和她的女儿忒弥斯。① 在埃斯库罗斯的戏剧《欧墨尼德斯》中，一开场出现的是德尔斐神庙的女祭司。女祭司一上场就有如下一段独白："关于预言术，诸神中我首先敬重第一预言神盖亚；然后是忒弥斯，按照传闻，她在母亲的神谕所占据第二席，按照女神的意愿，非靠任何神强制；另一位提坦神占据第三位，大地的女儿福柏，女神把祭坛作为生日礼物赠给了福玻斯，由福柏而有了这一别称。福玻斯离开德洛斯的湖水和山脊，抵达帕拉斯的适宜停泊的海岸，又来到这地方的帕尔那索斯祭坛。赫淮斯托斯的儿子们伴随着他前来，对他无比崇拜，为他劈路径，使荒芜的旷野变成可耕的农田。他来到这里，人们和这地方的国王德尔福斯对他很崇敬。宙斯赋予他的心智预言技能，使他在预言神中占据第四位，他成了洛克西阿斯，父宙斯的预言神。"②这一段话与该剧剧情本身的联系并不是很密切，只是一个普通的开场白而已。但是，就研究阿波罗崇拜而言，这里提供了一个重要的信息，那就是德尔斐的神祇崇拜的转换。按照这里的说法，这一转换过程是"盖亚—忒弥斯—福柏—福玻斯"。这也成为后世许多作家的立论基础。本书第一章曾提及哈里森就从这一过程推导出从大地女神到月亮女神再到太阳神的转换。③ 但是《欧墨尼德斯》中所描述的细节和其他古典材料的记载还是有不少出入。这里说"福玻斯"这个名字由他的祖母福柏的名字演化而来，其依据可能有二，一则 Φοίβος 是 Φοίβη 的阳性词性，二则古希腊的风俗，婴儿出生后亲友会赠送礼物。④ 而根据其他古典材料，阿波罗是杀死大蛇皮同而夺取了德尔斐神谕的权力。⑤ 当然，以上所述的神话很明显都是

---

① Aeschylus, *Eumenides*, 1—8.

② Aeschylus, *Eumenides*, 1—8. 中文译文参阅罗念生：《罗念生全集》（补卷），上海：上海人民出版社，2007 年，第 83 页；〔古希腊〕埃斯库罗斯等：《古希腊悲剧戏剧全集》，张竹明、王焕生译，南京：译林出版社，2007 年，第 451 页。

③ 参见 J. Harrison, *A Study of the Social Origins of Greek Religion*, p. 388。

④ 罗念生：《罗念生全集》（补卷），第 115 页。

⑤ Apollodoros, *The Library*, i. 4.2; *Homeric Hymns to Apollo*, 300—306.

公元前 6 世纪以后才创造出来，这些神话的目的都是为了给阿波罗神谕造势或者为阿波罗神谕寻找合法的依据。

从历史发展的角度讲，德尔斐的阿波罗神谕最早似乎可以追溯到青铜时代后期。在《奥德赛》中，阿伽门农就曾去皮托[①]请求过阿波罗神谕关于特洛伊战争的前景问题。[②] 虽然当今学界普遍认为荷马史诗反映了青铜时代希腊社会的某些真实状况，[③]但是关于阿波罗神谕的这一处记载并没有得到其他史料的佐证。从现存的瓶画、青铜制品和其他考古材料来看，历史上德尔斐的阿波罗神谕最早时间应该在公元前 8 世纪，甚至可以确定在公元前 750 年以后。[④] 前文介绍阿波罗神庙的时候提到，在德尔斐的传说中，这里曾经有三座早期的神庙，分别用月桂枝、蜂翅和青铜建成。虽然在传说中人们都认为这些神庙是属于阿波罗的，但是都没有确凿的证据。[⑤] 所以德尔斐的阿波罗神谕确切的起源时间已不可考，我们只能给出以上所述的大略时间。

从公元前 8 世纪开始，德尔斐神谕的影响力不断扩大。传说中斯巴达的立法者来库古(Lykurgos)从德尔斐神谕得到法律，[⑥]其时间是在公元前 7 世纪初期。到公元前 6 世纪时，德尔斐神谕已经在整个希腊世界获得了巨大的声誉。德尔斐最盛的时期大致从公元前 580—前 320 年。公元前 595—前 585 年的第一次神圣战争[⑦]提升了德尔斐的

---

① 皮托(*Πῦθώ*)是现在已知最早的德尔斐的名称，在《伊利亚特》中出现过这一称谓："多石的皮托"(*Πανοπῆα*)。参见 Homer，*Iliad*，ii. 520。

② Homer，*Odyssey*，viii，78—80.

③ 晏绍祥：《荷马社会研究》，上海：上海三联书店，2006 年，第 23—49 页。

④ Joseph Fontenrose，*The Delphic Oracle：Its Response and Operations with a Catalogue of Responses*，p. 4.

⑤ 详情参见本章第一节"阿波罗神庙"。

⑥ Herodotus，*Histories*，i. 65；Plato，*Laws*，i. 624a.

⑦ 第一次神圣战争对阵双方是德尔斐的近邻同盟(Amphictyonic League)和科日拉(Kirrha)城邦。战争的起因是因为科日拉控制了通往德尔斐的交通要道，利用其有利的地理条件，经常骚扰、劫掠朝圣者，还向途经的朝圣者征以重税。并且他们还公然亵渎德尔斐的神谕所，侵吞朝圣者敬献的供品，侵占本属于阿波罗的德尔斐的土地。这些行径引起了近邻同盟的强烈不满，他们派出军队围困科日拉长达十年之久。最后，科日拉于公元前 585 年被摧毁。

声誉，也加强了德尔斐作为希腊世界精神中心的地位。我们从以下事例即可见一斑。当时雅典正是梭伦当政，他敏锐地看到参与这次战争对扩张雅典的势力，提升雅典的影响力是一个天赐良机，所以他决定派遣军队参与近邻同盟对科日拉的讨伐。当然，其理由是“他认为雅典人必须去援助那座神庙，不许科日拉人践踏神谕所，应当帮助德尔斐人维护神的光荣，使他更加受到希腊世界的羡慕和颂扬”①。在希波战争期间，德尔斐神谕曾经预示了薛西斯的入侵会给雅典人带来巨大的不幸，神谕让雅典人忍受悲苦，不战而逃，②因而被认为是“里通波斯”(Medism)。但是方廷罗斯(Joseph Fontenrose)认为这种说法是基于希罗多德的记载的一种现代重构，没有任何证据表明德尔斐的声誉因为这件事情而下降。③ 德尔斐神谕的衰落是从公元前356—前346年第三次神圣战争④开始的，这次战争过程中，阿波罗神庙的财富被消耗殆尽，阿波罗神谕的影响力也日渐式微。

从亚历山大时代到希腊化时代再到罗马时代，德尔斐神谕的地位一步一步下降，但是还有一些关于城市和个人请求神谕的零星记载。公元391年，狄奥多西一世下令关闭所有的神谕所，也不准有任何形式的神谕。⑤ 可能这以后德尔斐神谕还以某种隐蔽的形式存在了一段时间。

二、神谕的程序

要弄清德尔斐神谕的程序，一个关键因素是德尔斐的女祭司——

---

① Plutarch, *Solon*, 11.

② Herodotus, *Histories*, vii. 140—142.

③ Joseph Fontenrose, *The Delphic Oracle: Its Response and Operations with a Catalogue of Responses*, p. 5.

④ 第三次神圣战争对阵双方主要是底比斯和弗奇斯(Phocis)。在战争中，弗奇斯人动用阿波罗神庙的财产支付军费，并且将阿波罗神庙的金属借品熔掉以铸造钱币。

⑤ Averil Cameron, Peter Garnsey, *The Cambridge Ancient History*, vol. viii, new edition, Cambridge: Harvard University Press, 2003, p. 108.

皮提亚(Pythia)。[1] 皮提亚是德尔斐神谕发布过程中最核心的人物,所有正式的神谕都由皮提亚来传达,因此她也被称为神的代言人,甚至有的学者称她是"毫无自主意识的神的工具"。[2] 在埃斯库罗斯的《欧墨尼德斯》中,皮提亚说自己是一个老年人;[3]流传至今关于这个戏剧场景的瓶画中,她被描绘成一位白发妇女。[4] 在一些德尔斐的铭文中,皮提亚也被称为"老祖母"。[5] 后来的文献解释了皮提亚为什么是老年妇女的原因。据说早期的皮提亚都由未婚少女担任,因为少女象征着纯洁。[6] 但是一位前来请求神谕的忒萨利人厄凯克拉特(Ethecrates)将向他传达神谕的美貌少女皮提亚诱拐而走。因此德尔斐人决定不再由少女来担任皮提亚的职务,而是要选择五十岁以上的妇女来担任,但是在节日庆典的时候,这位老年的皮提亚仍然穿着象征少女的服装。[7] 选择担任皮提亚职务的妇女并没有很特别的条件,既不需要丰富的学识,也不需要特别的天赋,最重要的就是纯洁,因此一般来说皮提亚都从德尔斐当地最具声望的家族中选出。但是在担任皮提亚职务期间,要居住在神谕所内,不能和丈夫生活在一起,也不能有性行为。[8] 在任职之外,这位妇女可以结婚生子,可以有正常的家庭生活。波桑尼阿斯

---

① 皮提亚(Pythia)之名来源于被阿波罗射杀的大蛇皮同(Python)。至于为何阿波罗神庙中会出现一位女祭司,并且地位如此重要,学者们提出了一些推测性意见。雷特(Kurt Latte)认为女祭司皮提亚是东方祭司的典型,人们把她想象成神的妻子。他认为阿波罗是从亚洲把皮提亚带过来的,这一点在吕西亚的阿波罗崇拜仪式和特洛伊女预言家的预言中都得到了证实。琼斯(Hugh Lloyd-Jones)反对这种说法,认为皮提亚是继承了大地女神的祭司职位,阿波罗接管德尔斐以后,并没有改变祭司的性别。参见 Hugh Lloyd-Jones, "The Delphic Oracle", pp. 65—66。

② H. W. Parke, D. E. W. Wormell, *The Delphic Oracle*, p. 34.

③ Aeschylus, *Eumenides*, 36—38.

④ 这个瓶画在一个双耳细颈椭圆土罐上,现存于那不勒斯博物馆。参见 Fritz Graf, *Apollo*, London: Routledge, 2009, p. 52。

⑤ Fritz Graf, *Apollo*, p. 52.

⑥ Plutarch, *Moralia*, 405c, 435d, 437d.

⑦ Diodorus Siculus, *Library of History*, xvi. 26; Pausanias; *Description of Greece*, 8.5.

⑧ Plutarch, *Moralia*, 405c.

说，担任德尔斐的第一任皮提亚的女性叫福摩诺伊（Phomonoe），她也是第一个用六步格诗体发布神谕的女祭司。[①]

据普鲁塔克说，早期担任皮提亚的只有一人。随着后来请求神谕的人数不断增多，皮提亚的人数也相应增加。曾经一度设置了三位皮提亚，其中两位轮流负责传达神谕，另一位作为备选皮提亚。[②] 如果两位皮提亚中有一位去世，那么就由备选皮提亚接替这个位置，有现代学者认为这是因为皮提亚必须有长期的工作经验，才能胜任此职。[③] 但是到了普鲁塔克的时代，就只有一位皮提亚了，备选皮提亚仍然存在，但已经不像三位皮提亚时代那样和正式的皮提亚处于同等的地位。[④]

在德尔斐神庙，除皮提亚外，还有其他人员，包括祭司、预言家和记录员，他们从德尔斐当地名门望族中选出。祭司主要负责修缮神庙建筑、组织宗教仪式和节日庆典、管理日常的收支账目等事务性工作。预言家主要是将皮提亚的言辞翻译成诗句，然后用预言式的曲调把它们唱出来；记录员则把这些诗句记录下来。以上这些人员必须严格遵守神庙的规则，以避免外界的玷污。另外一些负责神庙日常清理工作的人，被称为神仆，大多来自贫穷的公民、非公民和奴隶。[⑤]

据普鲁塔克说，最早的时候，德尔斐神谕是一年发布一次，时间是在传说中阿波罗的生日那天，也就是比西欧斯月（Bysios）的第七天。后来发展到除了冬季的三个月[⑥]以外每个月的第七天都会发布神谕，除此之外的时间，德尔斐不会发布正式的神谕。[⑦] 但是从历史记载德尔斐请求神谕者众多的情况来看，这样的时间安排显然不能满足人们的需求。因此有学者提出，除了以上时间发布的正式神谕以外，还有一

---

① Pausanias, *Description of Greece*, x. 5.

② Plutarch, *Moralia*, 414b.

③ H. W. Parke, "A note on the Delphic Priesthood", pp. 86—88.

④ Plutarch, *Moralia*, 414b.

⑤ Hugh Bowden, *Classical Athens and the Delphic Oracle: Divination and Democracy*, pp. 15—16.

⑥ 传说这三个月阿波罗会离开德尔斐。

⑦ Plutarch, *Moralia*, 292e.

种非正式的神谕发布形式——签谕(图四)。签谕通常是用两颗不同颜色的豆子来表示是与否的答案,有铭文显示这种签谕的形式在公元前4世纪已经比较完备了。[①]

正式的请求神谕程序首先是要举行献祭仪式,祭品没有什么严格的限制,一般来说是一只羊。如果只需要问一下简单的问题,献一个饼也可以,但不献一只羊就不能进入到内殿去。[②] 当然也有非常隆重的献祭仪式和非常贵重的祭品。如吕底亚国王克洛伊索斯在向德尔斐神庙请求神谕前就敬献了无数的金银财宝。[③] 在献祭仪式的同时,皮提亚和其他男祭司要用灵感之泉举行沐浴净化仪式,皮提亚还在神庙内焚烧月桂枝叶熏蒸自己。一切准备妥当以后,皮提亚进入内殿,坐到一个三脚架上,口中嚼着月桂叶。请求神谕者被带到内殿,可能有一道屏障将其与皮提亚隔开。[④] 一般来说,请求的问题是由男祭司代问,有时候是男祭司直接询问求神谕者想要问的问题,有时候是求神谕者将要问的问题写下来交给男祭司转问皮提亚。[⑤] 旁边的预言家将皮提亚的回答翻译成某种文体,一般是六步格诗句,有时候也会是谜语或散文,记录员则把这些诗句记录下来交给求神谕者。[⑥] 如果是代替别人请求神谕,那么祭司会交给请求者一个已经印好的封签。[⑦] 请求神谕者在整个过程中应该保持沉默,不允许提出任何问题。但是有时候也会有聆听者提出补充问题的记载,也有记载说求神谕者刚走进神庙,皮提亚就发出神谕。[⑧] 但是现代学者认为这些都是虚构或杜撰的事件,在真

---

① H. W. Parke, D. E. W. Wormell, *The Delphic Oracle*, p. 18.

② Euripides, *Ion*, 227—229.

③ Herodotus, *Histories*, i. 50—51.

④ Plutarch, *Moralia*, 397a.

⑤ Euripides, *Andromache*, 1104.

⑥ Euripides, *Ion*, 100, 369, 371.

⑦ Hugh Bowden, *Classical Athens and the Delphic oracle: Divination and Democracy*, p. 33.

⑧ Plutarch, *Moralia*, 512e; Herodotus, *Histories*, i. 65.

实的神谕请求中并没有出现过这种情况。①

图四 求取神谕图

器皿:阿提卡红陶双把浅酒杯

馆藏:德国柏林考古博物馆

时间:约公元前 430 年

图片来源:http://www.theoi.com/Gallery/T8.1.html

值得注意的是,在发布神谕过程中,皮提亚处于一种迷狂的状态。

① Hugh Bowden, *Classical Athens and the Delphic oracle: Divination and Democracy*, p. 33.

这一点至关重要，因为古希腊人尤为看重迷狂状态下的预言。苏格拉底说："迷狂确实是上苍的恩赐，德尔斐的女预言家和多铎那圣地的女祭司在迷狂的时候为希腊国家和个人获取了那么多福泽，我们要对她们感恩；但若她们要处于清醒状态，那么她们会所获甚少或者一无所获。然而，我要指出这样一个事实，那些为事物命名的古人并不把迷狂视为羞耻和丢脸，否则的话他们就不会把这种预见未来的伟大技艺与'迷狂'这个词联系在一起，并把这种技艺称为迷狂术了。"[①]为了强调他的观点，苏格拉底对这个词的词源进行了讨论。他认为："现在的人没有审美力，给迷狂术（*μανικὴν*）增加了一个字母，变成了预言术（*μαντικὴν*）。用鸟和其他征兆来测知未来的那种技艺的名称也是这么得来的，鸟卜术这个名称最初是*οἰωνοιστικῆς*，起先是个复合词，指的是通过纯粹的思想活动来做出或理解预言，这种活动属于人的理智本身，后人称之为*οἰονιστικῆς*，并把其中的*ο*这个元音拉长，使之发音更加响亮。所以，你看到古代的证据了。从名称和事物两方面来看，神灵附身做出的预言比依据征兆做出的预言要完善得多，前者具有更高的价值，上苍恩赐的迷狂也远胜于人为的神志清醒。"[②]这是古希腊人对这一问题的典型看法，本书将在后面"神谕与科学"的内容里详细解读皮提亚出现这种迷狂状态的原因和影响。

三、神谕的内容

关于德尔斐神谕的具体内容，国外学者进行了非常深入的研究。帕克和沃梅尔从希腊拉丁文献和铭文中归纳出了六百一十五条德尔斐发布的神谕，包括可信的、伪造的、传说的和不确定的几类。在《德尔斐神谕》[③]一书中，他们将德尔斐神谕按照时间顺序分成九个阶段，外加

---

① Plato, *Phaedrus*, 244a, b.

② Plato, *Phaedrus*, 244c, d.

③ 参见 H. W. Parke, D. E. W. Wormell, *The Delphic Oracle*, Oxford: Basil Blackwell, 1939。

一部分“不能确定时间的神谕”，每一个阶段的神谕都分成两类：历史的和非历史的。但是他们并不认为“历史的”神谕就一定是真实的，而非历史的神谕则包括传说的、伪造的和杜撰的。但是他们判断神谕真实性的标准似乎有些主观。

方廷罗斯的《德尔斐神谕》[①]则将所有的神谕分成“历史的”、“准历史的”、“传说的”和“杜撰的”。“历史的神谕”指的是出现在当时的记载中的神谕，也就是说出现在能够证明神谕确实存在的作者所生活的时代；如果有多位作者证实过同一神谕，则最早的作者所生活的时代与神谕出现的时代相吻合；或者记载某一神谕的铭文在神谕出现以后不久完成。该书列出了七十五条这类“历史的神谕”。“准历史的神谕”指的是神谕发布的时间是在能够证实的历史年代，也就是说在传说的时代以后，但是最早证实这一神谕的作家所生活的年代要晚于神谕出现的时间。该书列出了二百六十八条这类“准历史的神谕”。“传说的神谕”指的是神谕出现的时间是公认的属于无法证实的传说时代，他认为公元前8世纪及以前的神谕基本属于这一类。该书列出了一百七十六条这类“传说的神谕”。“杜撰的神谕”指的是诗人、戏剧家或者政治家为了自己的某种目的而人为创造的神谕。该书列出了十六条这类“杜撰的神谕”。

这里按照神谕所涉及的社会生活领域，将德尔斐神谕的内容分成以下六个方面，并各举一例加以说明：

1.关于自然现象的神谕

Ἀνάγνωθι δέ μοι τὰ ἐκ τῆς μαντείας τῆς ἐκ Δελφῶν κομισθείσης παρὰ τοῦ θεοῦ, ἵνα αἴσθησθε ὅτι ταὐτὰ λέγει περὶ τῶν προσηκόντων τοῖς νόμοις τοῖς τοῦ Σόλωνος.

Ἀγαθῇ τύχῃ. ἐπερωτᾷ ὁ δῆμος ὁ Ἀθηναίων περὶ τοῦ σημείου τοῦ ἐν τῷ οὐρανῷ γενομένου, ὅ τι ἂν δρῶσιν Ἀθηναίο-

① 参见 Joseph Fontenrose, *The Delphic Oracle: Its Response and Operations with a Catalogue of Responses*, Los Angeles: University of California Press, 1978。

*ις ἤ ὅτῳ θεῷ θύουσιν ἤ εὐχομένοις εἴη ἐπὶ τὸ ἄμεινον ἀπὸ τοῦ σημείου. συμφέρει Ἀθηναίοις περὶ τοῦ σημείου τοῦ ἐν τῷ οὐρανῷ γενομένου θύοντας καλλιερεῖν Διὶ ὑπάτῳ, Ἀθηνᾷ ὑπάτῃ, Ἡρακλεῖ, Ἀπόλλωνι σωτῆρι, καὶ ἀποπέμπειν Ἀμφιόνεσσι. περὶ τύχας ἀγαθᾶς Ἀπόλλωνι ἀγυιεῖ, Λατοῖ, Ἀρτέμιδι, καὶ τὰς ἀγυιὰς κνισῆν, καὶ κρατῆρας ἱστάμεν καὶ χορούς, καὶ στεφαναφορεῖν καττὰ πάτρια. θεοῖς Ὀλυμπίοις καὶ Ὀλυμπίαις πάντεσσι καὶ πάσαις, διξιὰς καὶ ἀριστερὰς ἀνίσχοντας, μνασιδωρεῖν καττὰ πάτρια. ἥρῳ ἀρχαγέτᾳ, οὗ ἐπώνυμοί ἐστε, θύειν καὶ δωροτελεῖν καττὰ πάτρια. τοῖς ἀποφθιμένοις ἐν ἱκνουμένᾳ ἁμέρᾳ τελεῖν τοὺς ποθίκοντας καττὰ ἀγημένα.*①

我宣读从德尔斐得来的神谕，依据阿波罗神，你们就应该知道梭伦立法中也有同样的内容：

“关于运势。雅典民众询问关于天空出现的异象，以及他们该如何做，或者该向哪位神祇祈祷和献祭，以从这异象中获得最大的好处。对这种异象来说，要想获得好的征兆，就要向宙斯、雅典娜、赫拉克勒斯、阿波罗献祭，并且敬献贡品到安菲翁的神庙；要想获得好的运势，就要向阿波罗·阿癸伊欧斯、勒托、阿尔忒弥斯献祭，并且让献祭的烟火充满整个街道。按照古老的风俗，还要准备祭祀的酒碗，戴上花环，用舞蹈向奥林帕斯诸神致敬；举起你们的双手，按照古老的风俗向诸神感恩；向你们借以命名的先辈英雄敬献牺牲；在特定的日子向你们逝去的亲人敬献牺牲。”

这是德摩斯提尼面向雅典民众演讲时所提到的一个神谕。但是他并没有介绍请求神谕的具体情形，因为他的目的是借用神谕来支持自己的论点。我们也无从知道这则神谕产生的具体背景，但是很明显，应该是天空出现了某种异常现象，如彗星或者日食等。神谕的回答也是

① Demosthenes, *Orations*, xliii. 66.

程式化的，从中我们并没有看到对天空出现异象的解释，而是罗列了几乎所有能够列出来的神祇和英雄，让雅典人去举行献祭。其实这也是德尔斐神谕的一个重要特点：尽管某些时候神谕的回答具有很强的针对性，但是一般情况下，神谕的回答是笼统而含糊的。

2.关于城邦事务的神谕

*Ταῖς δὲ φυλαῖς ἐποίησεν ἐπωνύμους ἐκ τῶν προ κριθέντων ἑκατὸν ἀρχηγετῶν, οὓς ἀνεῖλεν ἡ Πυθία δέκα.*①

(克里斯提尼)为他所设的行政部落选出了十个保境英雄，这十个英雄是由皮提亚从一百多个候选的英雄中选出来的。

克里斯提尼的改革被认为是雅典民主政治改革中的里程碑，在他的各项改革措施中，重新划分雅典的行政部落尤其具有特殊意义。用十个地域性的行政部落取代传统的四个血缘部落，显然削弱了氏族贵族利用血缘关系影响政治的力量，解除了实施民主政治的传统障碍。为什么克里斯提尼要将他的改革归于德尔斐神谕呢？福瑞斯特认为，这是因为德尔斐神谕在政治领域的影响不可忽视，“阿波罗总是站在新势力一边”。②但是我们很难想象德尔斐的女祭司皮提亚能够对雅典的政治体制改革施加实质性的影响。因此，克里斯提尼的目的主要还是为自己的改革寻找一种合法的依据，因为在当时大多数人看来，出自德尔斐的神谕就是合法的依据。

3.关于战争的神谕

Αἰγινῆταί τε δὴ ἐδηίουν τῆς Ἀττικῆς τὰ παραθαλάσσια, καὶ Ἀθηναίοισι ὁρμημένοισι ἐπ' Αἰγινήτας στρατεύεσθαι ἦλθε μαντήιον ἐκ Δελφῶν, ἐπισχόντας ἀπὸ τοῦ Αἰγινητέων ἀδικίου τριήκοντα ἔτεα, τῷ ἑνὶ καὶ τριηκοστῷ Αἰακῷ τέμενος ἀποδέξ-

① Aristotle, *The Athenian Constitution*, vii. 1.

② J. Broadman, N. G. L. Hammond, D. M. Lewis, and M. Ostwald, *The Cambridge Ancient History*, vol II. 1, second edition, Cambridge: Cambridge University Press, 1982, p. 311.

αντας ἄρχεσθαι τοῦ πρὸς Αἰγινήτας πολέμου, καί σφι χωρήσειν τὰ βούλονται. ἢν δὲ αὐτίκα ἐπιστρατεύωνται, πολλὰ μὲν σφέας ἐν τῷ μεταξὺ τοῦ χρόνου πείσεσθαι πολλὰ δὲ καὶ ποιήσειν, τέλος μέντοι καταστρέψεσθαι.[①]

埃吉纳人蹂躏了阿提卡的沿海地带，雅典人于是立刻开始着手对他们派出讨伐的军队。但是却从德尔斐来了一个神谕，命令他们在埃吉纳人的这次蹂躏之后三十年中间不要轻举妄动，而在第三十一年里，则给埃阿科斯划出一个圣域来，再对埃吉纳人发动战争。这样他们便可以顺利地达到他们的目的；但如果他们立刻派出一支军队攻打他们的敌人的话，诚然最后也可以制服他们的敌人，但是在这期间他们要受很多的苦，而且还要付出极大的气力。

这则神谕发生的时间可能就在希罗多德所生活的年代。埃吉纳人和雅典人的纷争持续时间很长，离希罗多德生活的年代最近的一次则是公元前456年，雅典人打败埃吉纳人并使之臣服，这个时间在希罗多德第一次到达雅典之前不久。希罗多德接着说，雅典人虽然遵从神谕隐忍了一段时间，但还是忍无可忍，不到三十年就发动了对埃吉纳人的战争，[②]结果导致他们陷入与埃吉纳人长期纠结的困境。[③] 但是这并不能说明神谕真实发生过，也许正是为了给后来的这种困境寻找一个自圆其说的理由，才有了神谕预先注定的说法。

4.关于宗教事务的神谕

ἴστε γὰρ δήπου τοῦθ' ὅτι τοὺς χοροὺς ὑμεῖς ἅπαντας τούτους καὶ τοὺς ὕμνους τῷ θεῷ ποιεῖτε, οὐ μόνον κατὰ τοὺς νόμους τοὺς περὶ τῶν Διονυσίων, ἀλλὰ καὶ κατὰ τὰς μαντείας, ἐν αἷς ἁπάσαις ἀνῃρημένον εὑρήσετε τῇ πόλει, ὁμοίως ἐκ

---

① Herodotus, *Histories*, v. 89.

② Herodotus, *Histories*, v. 89.

③ 具体情况参见 Herodotus, *Histories*, vi. 49—51, 73, 85—94。

Δελφῶν καὶ ἐκ Δωδώνης, χοροὺς ἱστάναι κατὰ τὰ πάτρια καὶ κνισᾶν ἀγυιὰς καὶ στεφανηφορεῖν. ἀνάγνωθι δέ μοι λαβὼν αὐτὰς τὰς μαντείας.

Αὐδῶ Ἐρεχθείδῃσιν, ὅσοι Πανδίονος ἄστυ
ναίετε καὶ πατρίοισι νόμοις ἰθύνεθ' ἑορτάς,
μεμνῆσθαι Βάκχοιο, καὶ εὐρυχόρους κατ' ἀγυιὰς
ἱστάναι ὡραίων Βρομίῳ χάριν ἄμμιγα πάντας,
καὶ κνισᾶν βωμοῖσι κάρη στεφάνοις πυκάσαντας.[1]

你们应该明白，所有你们献给神的歌队和颂歌都得到了批准，不仅是来自狄奥尼西亚的法律，而且来自神谕——或者来自德尔斐或者来自多铎那。我向你们宣读神谕的内容：

"厄瑞克提乌斯的孩子们，你们居住在潘提翁，我吩咐你们，
按照古老的习俗制定节日，在整个街道上舞蹈以纪念巴库斯，
向波罗米乌斯感恩，感谢他每个季节带来的礼物，
你们要头戴花环，让献祭的烟火萦绕祭坛。"

关于宗教事务的神谕是德尔斐神谕中最多的一类。这类神谕虽然在历史文献记载中相对较少，却是流传下来的希腊历史铭文中记载最多的神谕。宗教事务在古希腊人的生活中占据着重要的地位，很多宗教习俗和宗教法规都成为政治家借以规范和约束民众的重要手段。德摩斯提尼在这里所引用的神谕要求民众崇拜神灵，向神灵感恩，一方面是因为古代人认为春播秋种都有神灵的护佑，另一方面是作为政治家的德摩斯提尼需要借用神谕和宗教的力量来加强教化，达到让民众对其信服和遵从的目的。

5. 关于殖民活动的神谕

κτησαμένου τὴν ἀρχὴν ταύτην πρότερον Μιλτιάδεω τοῦ Κυψέλου τρόπῳ τοιῷδε. εἶχον Δόλογκοι Θρήικες τὴν Χερσόνη-

---

① Demosthenes, *Orations*, xxi. 51.

*σον ταύτην. οὗτοι ὦν οἱ Δόλογκοι πιεσθέντες πολέμῳ ὑπὸ Ἀψινθίων ἐς Δελφοὺς ἔπεμψαν τοὺς βασιλέας περὶ τοῦ πολέμου χρησομένους. ἡ δὲ Πυθίη σφι ἀνεῖλε οἰκιστὴν ἐπάγεσθαι ἐπὶ τὴν χώρην τοῦτον ὃς ἄν σφέας ἀπιόντας ἐκ τοῦ ἱροῦ πρῶτος ἐπὶ ξείνια καλέσῃ. ἰόντες δὲ οἱ Δόλογκοι τὴν ἱρὴν ὁδὸν διὰ Φωκέων τε καὶ Βοιωτῶν ἤισαν: καί σφεας ὡς οὐδεὶς ἐκάλεε, ἐκτρέπονται ἐπ' Ἀθηνέων.*①

这个统治权先前是库普塞洛斯的儿子米太亚德用下面的办法争得的。领有这个凯尔索涅索斯的是多隆科伊人,他们原本是色雷斯人,而当时由于他们在战争中受到阿普欣提欧伊人的迫害,因此派遣他们的王公们到德尔斐去请示关于战争的神谕。皮提亚在她回答时嘱告他们,把在他俩离开神庙时第一个款待他们的人带回去建立他们的国家。于是多隆科伊人便循着圣路行进并通过了波奇司和波奥提亚。由于没有一个人招待他们,他们便转向雅典去了。

这个神谕发布时雅典正是庇西特拉图僭主统治时期。这里所说的米太亚德就是在奥林匹亚竞技会上赢得驷马战车比赛胜利的库普塞洛斯的儿子,当时也是雅典颇有权势的人物,他对庇西特拉图的统治感到厌烦。多隆科伊人来到雅典的时候,第一个遇到的人正是米太亚德,他设宴招待了他们,多隆科伊人则将神谕的指示告诉了他,因此他就按照神谕的指示,来到凯尔索涅索斯建立了殖民地。希罗多德还说,米太亚德在去凯尔索涅索斯之前,也到德尔斐去询问神谕他是否可以按照多隆科伊人的请求去做,皮提亚女祭司也支持他这样做。②

6.关于个人及家庭的神谕

ἐκ δέ οἱ ταύτης τῆς γυναικὸς οὐδ' ἐξ ἄλλης παῖδες ἐγίνο-

---

① Herodotus, *Histories*, vi. 34.

② Herodotus, *Histories*, vi. 35.

ντο. ἐστάλη ὦν ἐς Δελφοὺς περὶ γόνου. ἐσιόντα δὲ αὐτὸν ἰθέως ἡ Πυθίη προσαγορεύει τοῖσιδε τοῖσι ἔπεσι.

"Ἠετίων, οὔτις σε τίει πολύτιτον ἐόντα.
Λάβδα κύει, τέξει δ' ὀλοοίτροχον: ἐν δὲ πεσεῖται
*ἀνδράσι μουνάρχοισι, δικαιώσει δὲ Κόρινθον."*①

(埃提昂)他娶的这个妻子(拉布达)和他的任何其他妻子都没有给他生儿子,于是他为了孩子的事情到德尔斐去问个究竟。而在他刚一进入圣堂的时候,皮提亚立刻向他说出了下列的诗句:

"埃提昂,虽然你没有受到任何人的尊敬,
但崇高的荣誉还是应当属于你的。
拉布达不久将要怀孕,她将要给你生下一块圆的石头,
这石头注定要落到王族的头上,而对科林斯执行正义。"

关于个人及家庭的神谕,流传下来的记载鲜有普通民众,一般都是传说中的英雄人物,或者是后来成为很有影响力的人物。这一方面是因为历史学家较少关注普通民众为个人和家庭请求神谕的行为,另一方面是为了突出传说中的英雄人物的某种特性而将其行为附会为神谕的指示,或者要为一些有影响力的人物发迹之前的行为寻找来自神谕的解释。这则神谕所说的埃提昂,在他回去后,他的妻子拉布达果然怀孕了。统治科林斯的巴克奇亚德人听到这个神谕后,结合之前得到的一个神谕,明白了埃提昂的儿子将会成为他们潜在的威胁。于是他们就想办法在孩子刚出生的时候去杀死他。但是拉布达将孩子藏在一个装粮食的柜子——"库普赛尔"(κυψέλης)中而逃过一劫,为了纪念这件事情,孩子长大以后就取名为库普塞洛斯(Κύψελος)。库普塞洛斯后来打败巴克奇亚德人,成为科林斯的僭主,应验了神谕的预言。

四、神谕与科学

前文提到,皮提亚发布神谕的时候处于一种迷狂状态,这一现象引

---

① Herodotus, *Histories*, v. 92.

起了古今学者的广泛关注。一直以来，人们都试图以各种方法来找到其中的科学解释。普鲁塔克将皮提亚的迷狂与灵感之泉的蒸汽联系起来。他认为皮提亚在召集人们听取神谕之前是在神庙的一间地下室通过一个裂缝吸取灵感之泉的蒸汽。[①] 由于普鲁塔克曾在较长一段时间里作为祭司主持德尔斐神谕，[②]所以他的话应该有一定可信度。人们据此认为这个泉水可能含有能引起幻觉的物质。

其实在普鲁塔克之前，已经有古典作家提到了裂缝和蒸汽。最早的记载见于狄奥多罗斯。他提到皮提亚坐在三脚架上发布神谕，并且记载了这种发布神谕形式的由来。相传在德尔斐还没有人定居的时候，有一位名叫克瑞塔斯（Coretas）的牧羊人发现一个奇怪的现象，就是山羊只要一接近一条裂缝，就会浑身颤抖并发出奇怪的叫声。克瑞塔斯去查看这条裂缝，发现自己也出现同样的症状。于是他在一种迷幻的状态下宣称自己拥有了预知未来的能力。人们听说以后，都到这条裂缝来向他询问未来之事，并逐渐形成了举行献祭请求神谕的传统。在克瑞塔斯之后，又有一个妇女专门来为人们发布神谕，为了保证这位妇女不要掉入裂缝之中，人们在裂缝上面安放了一个三脚架，这就是德尔斐的女祭司和三脚架的最初由来。[③] 波桑尼阿斯在说到德尔斐神庙的时候也曾经提到过裂缝，但是他没有说皮提亚就是从裂缝中出来的蒸汽获得灵感。[④] 以上这些古典作家并不是公元前4、5世纪德尔斐神谕声誉最隆之时的亲历者，他们生活的年代最早也在公元前1世纪。所以他们的记载还需要有其他实质性的证据才能证实。

现代学者从各种角度对古典作家的记载进行了考证和解释，其中主要是结合考古学、心理学和人类学的研究方法进行论证。

---

① Plutarch, *Moralia*, 432b—438d.

② 参见普鲁塔克《希腊罗马名人传》，上册，黄宏煦主编，陆永庭、吴彭鹏等译，商务印书馆，1990年，中译本序第4页。

③ Diodorus Siculus, *Library of History*, xvi. 26.

④ Pausanias, *Description of Greece*, x. 5.

近现代对德尔斐进行考古发掘的先驱是法兰西大学考古学家狄奥菲尔·霍摩尔(Theophile Homolle),他从1892年到1894年对德尔斐进行了发掘。1904年,一位英国的年轻古希腊学者欧佩(Adolphe Paul Oppé)到了德尔斐,参观法国考古学家挖掘出的遗址。他没有见到任何裂缝,也没有听到任何关于气体的说法,于是便发表了一篇深具影响力的论文"德尔斐的裂缝"("The Chasm at Delphic"),[①]其中他提出三项意见。首先,德尔斐的神庙中根本就没有裂缝,亦无气体逸出。其次,即使曾经有过,也没有任何天然气体可以造成类似灵魂附体的状态。最后,普鲁塔克对于皮提亚发狂而死的叙述,与一般所说皮提亚坐在三脚架上吟咏预言的景象并不相符。欧佩的结论是,所有古老的证词都可以用别的方法解释。其后的一些学者如方廷罗斯等人都持这一观点,认为这里既没有裂缝也没有蒸汽。[②]

近几年,法国考古学家又对德尔斐进行了重新发掘,其结果表明可能以上学者的观点都有偏颇之处。威廉·布罗德(William Broad)在2006年出版的一部著作里记载了2001年一支由多学科的专家组成的考古队伍对德尔斐的考察。这支考察队包括地理学家波尔(Jelle Zeilinga de Boer)、考古学家海尔(John R. Hale)、化学家查安顿(Jeffrey P. Chanton)、毒物学家斯皮尔(Henry R. Spiller)。考察队找到了神谕所下面存在聚乙烯气体的证据,这种气体可能就是一种潜在的迷幻剂。他们发现在灵感之泉的上方、神谕所的正下方聚乙烯的密度最高,尽管其绝对数量不多。现代的灵感之泉的泉水被引出到了德尔斐市镇附近,目的就是让其中的聚乙烯或者其他气体释放出来。[③]

布罗德还展示了一张考察队拍摄的神谕所西南角的照片,这里正

① Adolphe Paul Oppé:"The Chasm at Delphic", *The Journal of Hellenic Studies*, vol. 24. (1904), pp. 214—240.

② 参见 Joseph Fontenrose, *The Delphic Oracle: Its Response and Operations with a Catalogue of Responses*, p. 201。

③ William Broad, *The Oracle: the Lost Secrets and Hidden Message of Ancient Delphi*, Los Angeles: Penguin Press, 2006, p. 152.

是考察队进行发掘的地方，从中我们可以清晰地看到神谕所下面的泉水，还能看到不少裂缝，这就证明某些具有迷幻作用的气体有多种通道进入神谕所的地下室里面。[①]

布罗德还从地质学的角度对法国考察队的结果进行了论证，认为这里的聚乙烯气体是一种碳氢化合物——烃。德尔斐神谕所的位置正处在两个地质断层的交汇处，北边是科里纳断层，西南边是平行于科林斯湾的德尔斐断层。科林斯湾裂谷是世界上最著名的地质裂谷之一。这两个断层的交汇处主要是石灰石，其中又有约20%的岩层是沥青层，而沥青又富含烃。地质运动使得断层的张力扩大，从而使岩石的温度升高，释放出一些如烃一类较轻的气体。并且，德尔斐神庙的建筑与古希腊其他地区的建筑有一个明显的区别，那就是神庙下面的地下室。这个地下室可能就是利用地质断层的天然地形而建成，而流动的地下泉水可能将一些气体带动聚集到这个特殊的小空间里了。[②] 我们也能从普鲁塔克的记载中印证这种烃气体的存在。他说："尽管不是经常也不很频繁，但是也偶有幸运的求神谕者能够闻到一种微微的芬芳，就像房间里面有糖果一样，或者泉水中有名贵的香水。"[③]在所有的聚乙烯气体中，只有烃才有这种芬芳的气味。

劳德·琼斯(Hugh Lloyd-Jones)和毛瑞佐(Maurizio)还从心理学和人类学的角度对皮提亚发布神谕时的迷幻状态进行了解释。劳德·琼斯指出，现代心理学的研究表明，从宗教学的角度来看，所有信神的人都相信神是通过人传达他的旨意。而皮提亚作为阿波罗神的祭司，在传达神的旨意时通常会在潜意识里使自己进入一种迷幻和癫狂状

① William Broad, *The Oracle: the Lost Secrets and Hidden Message of Ancient Delphi*, pp. 146—147.

② William Broad, *The Oracle: the Lost Secrets and Hidden Message of Ancient Delphi*, p. 37.

③ Plutarch, *Moralia*, 437c.

态。[1] 毛瑞佐认为在宗教活动中存在某种迷幻状态有其必然的逻辑可能性。就德尔斐神谕的事例来讲，德尔斐的女性以能成为阿波罗的祭司皮提亚而引以为荣，所以当皮提亚坐上特别为她准备的三脚架时，除了自身的荣誉感和对神的敬畏之外，很可能在心里暗示自己将成为神的代言人，而后在发布神谕的过程中就表现出迷幻的状态。[2]

当然，所有的现代阐释和论证都不能完全复原当时的历史场景，也不能完全印证古典作家的记载。我们探讨德尔斐神谕与科学这个话题，实际上就是对宗教和科学的关系的一种揭示。在两千多年之前，普鲁塔克就对宗教与科学的整合感兴趣，身为阿波罗神庙的祭司，他必须对宗教界保守派的反对加以响应。他们认为神灵既然会使用不稳定的自然气体来显示神迹，何不直接进入女祭司的体内？但普鲁塔克相信，神灵必须依赖这些会朽坏的、短暂的俗世物质来完成他们的工作。阿波罗必须通过凡人来说出预言，也必须通过物质的刺激来启迪人类。普鲁塔克仔细观察、记录了德尔斐的各种自然现象和人事活动，显示了古代希腊人并不打算为了宗教上的领悟而排除科学的求知精神，这也给我们现代人在研究这些问题时提供了一定的启示。

第四节　献给阿波罗的颂歌

阿波罗的月桂树怎么在摇动？
整个神庙怎么在摇动，像油灯一样不停地摇啊摇？
一定是福玻斯在用他的光脚敲门。
你没有看到吗？德洛斯的棕榈叶在轻柔地点头。
天鹅突然在空中优美地歌唱，

---

① Hugh Lloyd-Jones, "The Delphic Oracle", *Greek & Rome*, second series, vol. 23, no.1 (Apr., 1976).

② L. Maurizio, "Anthropology and Spirit Pression: A Reconsideration of the Pythias's Role at Delphi", *Journal of Hellenic Studies*, vol. 115(1995), pp. 69—86.

门上的栓啊，插在你们自己的后面，
钥匙啊——请打开门，因为神已经不远了！

哦，年轻人啊，请准备好唱起歌来跳起舞吧！
阿波罗不会为所有人出现，他只为有福之人现身，
他以自己为大，他绝不会甘于低下，
我们会看见你，从远方来的人，永远不会低下。

请安静下来，听阿波罗的荣耀之歌！
连大海也安静了，因为游吟诗人在庆祝，
福玻斯的竖琴、犁头和武器都安静了。
妈妈忒提斯也不会为她的阿喀琉斯悲切地哭泣，
如果她听见了“Hie Paian Hie Paian”，
即使是哭泣的石头也会忘记它的悲痛，
啜泣的石头永远固定在弗里吉亚，
那是一块妇人在那里痛哭的大理石。
哭泣着争夺福佑是可耻的事情，
谁为福佑而争斗就是和我的国王争斗，
谁和我的国王争斗就是和阿波罗争斗。
歌队用心为阿波罗歌唱，
他是讲信誉的人，他有力量，他就坐在宙斯的右首边，
歌队永远不会只为阿波罗歌唱一天，
他值得拥有许多赞美诗，谁会没有准备为阿波罗歌唱呢？

阿波罗的披风是黄金做的，它的扣子也是黄金的，
七弦琴、弓和箭袋都是黄金做的，
连他的鞋也是黄金做的，因为阿波罗有用不完的黄金，
他有无尽的财富，这一点你从德尔斐就能知道。

永远公正，永远年轻！
在他的脸上永远找不到厚颜无耻，
他头发上芬芳的油滴到大地之上，
从阿波罗头上流下的溪流并不肥沃，但却是万能灵药，
滴到城里如甘露降临，
滴到大地万物得安宁。[①]

“颂歌”一词对应的希腊语是 ὕμνος。这个词实际上有三层含义，一是所有的歌，二是指所有献给某个神灵的歌，三是指献给某个神灵的一种特殊形式的歌。[②] 我们在这里讨论的主要是第三层含义的“颂歌”。献给阿波罗的颂歌有两种，一种称之为“派埃昂”（παιάν，Paieon），一种称之为“特洛帕里”（τροπάρι，Hymn）。“派埃昂”是专属于阿波罗的颂歌，主要在与阿波罗有关的祭祀仪式或者节日庆典中使用。“特洛帕里”是古希腊职业诗人献给他们所崇拜的神祇的颂歌，或者称为赞美诗，奥林帕斯神系中几乎所有神祇都有其相应的“特洛帕里”。其中献给阿波罗的颂歌最为重要的有《荷马颂歌·致阿波罗》[③]，品达的《阿波罗颂歌》[④]和卡利马库斯的《阿波罗颂歌》[⑤]。品达的《阿波罗颂歌》标题是 Paianes，意同“派埃昂”（Paieon），但是我们将其归为“特洛帕里”一类，因为虽然其标题为 Paianes，但是就其创作背景和内容风格来说，和其他的“特洛帕里”没有什么本质上的区别，反而和祭祀

① Callimachus, *Hymn to Apollo*, 1－40.原文是希腊文，中文由笔者从英文译出。

② Simon Hornblower and Antony Spawforth, *The Oxford Classical Dictionary*, p. 735.

③ 英译本参见 Hesiod, *Homeric Hymns*, *Epic Cycle*, *Homerica*, translated by Hugh G. Evelyn-White, The Loeb Classical Library, Cambridge: Harvard University Press, 1995。

④ 英译本参见 Pindar, *Nemean Odes*, *Isthmian Odes*, *Fragments*, translated by W. H. Race, The Loeb Classical Library, Cambridge: Harvard University Press, reprinted, 1997。

⑤ 英译本参见 Callimachus, *Hymns and Epigrams*, translated by A. W. Mair and G. R. Mair, The Loeb Classical Library, Cambridge: Harvard University Press, reprinted, 1989。

庆典专用的“派埃昂”有着不小的差异。

一、派埃昂

希腊语 *παιάν*在后世英语中有多种变体，如 paion、paieon、paean、paeon、paian 等。派埃昂最早是指一种赞美胜利和表达感激的歌曲，通常在庄严正式的祭祀庆典等场合演唱，也有少数时候由个人吟唱。[①]《荷马史诗》中最早出现这一词就是指的这一层意思，当亚该亚人祈祷神灵免除他们的灾难以后，人们就唱起了派埃昂。[②] 赫克托耳死后，阿喀琉斯也让歌队唱起派埃昂。[③] 这一词也专门用来指称希腊神话中的医神，在《荷马史诗》中，派埃昂即是医神，他曾用草药治好了哈德斯和阿瑞斯的伤口，[④]但是他不一定就是希腊本土的神祇，有可能来自埃及。《奥德赛》中说到宙斯的女儿海伦从埃及的波吕达姆娜(Polydamna)那里得到一种能使人立即忘掉悲愁的药水时，说：“在埃及肥沃的大地上，生长着各种各样的草药，有的对人类有利，有的却有剧毒，那里的居民个个精通药理，为其他地方的居民所难及，因为他们是神医派埃昂的后代。”[⑤]再后来这一词则主要指代献给阿波罗的颂歌，偶尔也作为阿波罗的一个别号使用。人们在称呼阿波罗的这个别号时，主要是因为他能带来瘟疫，也能够免除瘟疫并能治好创伤，这时候他就是医药之神。[⑥] 伯克特认为这种神和颂歌之间的隐秘联系似乎源自米诺斯传统，最早是作为疗伤的歌舞，在公元前 7 世纪时从克里特传到斯巴达。[⑦]

当代一些学者注意到了这个词的两个变体，paean 和 paeon。有的学者认为 paean 的含义是“治疗”，而 paeon 的含义则是“圣歌”，二

---

① Henry George Liddell and Robert Scott, *A Greek-English Lexicon*, p. 1286, “*παιάν*”.

② Homer, *Iliad*, i. 473.

③ Homer, *Iliad*, x. 391.

④ Homer, *Iliad*, v. 401, 809.

⑤ Homer, *Odyssey*, iv. 228—232.

⑥ Virgil, *Aeneid*, vii. 769.

⑦ Walter Burkert, *Greek Religion: Archaic and Classical*, p. 145.

者的联系就是祭仪中的颂歌和一般祭司所拥有的疗伤技术。持这种观点的主要是尼尔森，他认为："在古代社会中，受伤是随时随处都会发生的事情，而疗伤则主要依靠巫师或者祭司的双手。在早期的希腊社会，就有着这样一个专门的祭司阶层，他们的主要功能就是预言和净化，其实质作用和疗伤是同一问题的不同层面。他们被称为 paean，荷马所说的医神 paeon 就来自这个名称。"[①]我们看到，尼尔森的论述在词义上显得比较混乱，他虽然厘清了"受伤—祭司疗伤—医神"这样一条线索，但是没能清楚地解释本意为"医神"的 paeon 为何具有"圣歌"的含义，也没有阐释这种转变的过程及其理由。所以这种分析还值得商榷，姑且作为一家之言予以介绍。

《荷马颂歌·致阿波罗》描述了阿波罗是如何将"派埃昂"这种颂歌传到德尔斐的，当阿波罗抓住一些克里特人以后，带领他们走上德尔斐的山道。[②]"阿波罗神，宙斯的儿子，走在他们前面，手里拿着七弦琴，拉出美妙的音乐，喜悦地跨着大步前进，这些克里特人紧跟着他走向德尔斐，唱着一种颂歌 *ἰέ παιέονα*，类似于克里特人的 *παιέονες*，也就是缪斯神放入他们心中的甜蜜的歌。"[③]在这里，颂歌也用了两个相近的词。格拉夫(Fritz Graf)也对其做了和尼尔森相似的解释。他认为前者要么是一种独立存在的特殊呼喊，从这种呼喊中又产生了一种宗教仪式中独特的呼喊；要么是对颂歌 *παιάν*的重复；后者是 *παιάν*在《荷马颂歌》中一种特殊的写法。因为在《荷马史诗》中，*παιέον*是奥林帕斯的医神，因此人们将 *παιέονες*理解为"治疗"。[④] 我们认为，格拉夫的解释也不够严密，他没有注意到《荷马颂歌·致阿波罗》，认为这两种颂歌只是类似，并不完全相同。不过他的解释比尼尔森的分析要更具说服力，

---

① Martin P. Nilsson, *A History of Greek Religion*, p. 130.

② 关于此处情节，本节第二部分介绍《荷马颂歌·致阿波罗》时将详细描述，此处恕不赘述。

③ *Homeric Hymns to Apollo*, 514—518.

④ Fritz Graf, *Apollo*, p. 35. 该段原文为英文中夹用希腊词汇，为了更好地表达原文意思，在此处并没有将希腊词翻译成汉语，而是保持原样。

因为他提出了“特殊写法”。

格拉夫的这种解释似有道理，παιάν这一词出现众多变体的原因可能是不同的方言和不同的作家写作习惯所致。古代社会的书写本身就没有统一规范，παιάν的各种变体和这个词作为“颂歌”、“医神”、“专门献给阿波罗的颂歌”以及“阿波罗的别号”的含义并没有一一对应的关系，其间的联系纽带也不是很严密。古代作家在写作时，并不一定刻意去追寻这些不同写法和不同称谓之间的内在联系，也许只是按照自己的方言和写作习惯写下来，因此就出现了上述混乱情况。当然，后世学者从这种混乱中找出内在联系和逻辑的努力是值得尊重的。这里只讨论 παιάν作为“专门献给阿波罗的颂歌”的情况。

随着时间的推移，德尔斐声誉日隆，于是他们不满足于将这种颂歌当作从外面引入的，而是要将其来源本土化，因此他们讲了另外几个版本的故事。一说当阿波罗追杀大蛇皮同的时候，旁观者为他呼喊加油：“射杀它，派埃昂！”（ἰέ παιάν）[①]另一说则是他的母亲勒托为他呼喊加油：“射杀它，儿子，用箭！”（ἰέ παί ἰόν）[②]后一种传说有一定的可信性。但是这个故事的起源可能比颂歌的起源要晚一些，因为这个传说不会早于《荷马史诗》的创作时间，而《伊利亚特》已经有了 παιάν作为颂歌含义的记载。[③] 所以并不是 παιάν来自于 ἰέ παί ἰόν，而是二者在故事的流传过程中逐渐混合了，而其中的关键则在于射杀大蛇的故事。在古代神话中，射死大蛇是一种非常重要的隐喻，在一些近东和印欧神话

---

① Fritz Graf, *Apollo*, p. 35. 格拉夫将这里的παιάν解释为阿波罗的别号，这种说法在逻辑上不能自圆其说，如果在παιάν成为专门献给阿波罗的颂歌之前，阿波罗就有了这个别号，那又不能解释阿波罗是如何得到这个别号的。当然，格拉夫的这种观点并不是他一人独创，据马库尔迪（Grace H. Macurdy）介绍，费尔班克斯（Fairbanks）在《希腊的派埃昂研究》（*A Study of the Greek Paean*, Cornell Studies in Classical Philology, 12; Ithaca, NY, 1900.）中也持相同的观点，认为παιάν是阿波罗的别号，并且将其作为讨论其他相关问题的前提。参阅 Grace H. Macurdy, “The Derivation of the Greek Word Paean”, *Language*, vol. 6, no. 4 (Dec., 1930), pp. 297—303。遗憾的是，笔者没能亲自看到费尔班克斯的文章，所以不能对此问题进行更深入的讨论。

② Fritz Graf, *Apollo*, p. 35.

③ Homer, *Iliad*, v. 401, 809; x. 391.

中，射死大蛇甚至与宇宙和创世有着密切联系。在德尔斐，杀死大蛇皮同不仅是阿波罗神谕所建立的基础事件，也是他的颂歌形成的关键事件。人们认为地球的中心就在德尔斐神谕所，[①]所以阿波罗的颂歌就是属于这个中心的歌舞仪式。

关于派埃昂颂歌的具体内容，目前没有得到任何相关资料。据柏拉图说，希腊人自己也许都不很清楚派埃昂的本义，他们吟唱的所谓派埃昂颂歌，其实也就是在祭仪过程中呼喊几声"*ἰέ, ἰέ, παιάν*"，然后就呼喊阿波罗的名字。[②] 因而在更广泛的意义上，派埃昂实际上是当作阿波罗的一个别号来使用。

二、《荷马颂歌·致阿波罗》

《荷马颂歌》(*Homeric Hymns*)[③]最初是古代希腊节日庆典中的颂歌汇编，之所以称之为"荷马颂歌"，是因为其语言风格继承了《荷马史诗》的传统。现在流传下来的荷马颂歌创作时间大约是公元前7世纪到前6世纪，也有一说是公元5世纪由普罗克鲁斯(Proclus)所收集整理。[④] 荷马颂歌共有33首，其中第3首和第21首名为《致阿波罗》(*Homeric Hymn to Apollo*)，第25首名为《致缪斯和阿波罗》(*Homeric Hymn to Muses and Apollo*)。致阿波罗的这几首颂歌主要是赞颂阿波罗以及他的妻子和孩子们的荣耀，也有一些对阿波罗献祭仪式的描述。这些颂歌是我们现在能够集中了解当时希腊人崇拜阿波罗的重要材料。但是，颂歌毕竟属于艺术创作范畴，所以在解读这些文本的时候，一定要结合其他实物和文献史料，才能得出比较准确的结论。

从创作方法、谋篇布局方面来看，现存的荷马颂歌都难言有什么科

---

① 参见本章第一节"阿波罗神庙"中关于翁法罗斯石的论述。

② Aeschylus, *Agamemnon*, 146.

③ 本书绪论的"文字史料"部分对《荷马颂歌》有过简略介绍，因为论述需要，这里再次概述。

④ Simon Price, *Religions of the Ancient Greeks*, p. 45.

学的计划性。30多首颂歌，有的只有四五行，有的长达500多行。有的长篇颂歌很明显能看得出来是由不同材料合并甚至拼凑起来的。《致阿波罗》是其中最长的颂歌之一，其拼凑的痕迹也最为明显。但是，我们不能因此而忽视其价值，因为这是关于阿波罗、阿波罗的神话以及阿波罗的两个主要崇拜中心最详细的文字资料。实际上，《致阿波罗》是由两部分不同的内容构成，其一是《致德洛斯的阿波罗》(*Delian*)，其二是《致德尔斐的阿波罗》(*Pythian*)。①

《荷马颂歌·致阿波罗》的主题就是赞颂阿波罗的荣耀。颂歌一开始就表示他的力量来自其他神灵，并对这种力量表达了敬畏之情，尤其对阿波罗的母亲勒托，诗人祝贺她有了两个孩子——阿波罗和阿尔忒弥斯。在许多关于阿波罗的出生神话中，诗人选择了德洛斯作为阿波罗的出生地，从那里他将自己的力量传遍整个世界，当然颂歌所说的"整个世界"其实主要是在爱琴海沿岸。颂歌详细描述了勒托在德洛斯生下阿波罗的所有细节。尽管阿波罗在各地都有神庙，但是他还是更喜欢德洛斯，喜欢爱奥尼亚民众为他庆祝的节日，颂歌对这里的节日进行了长篇夸张铺饰的描写。从第179行开始，接下来的内容都不是很连贯，先有三行内容说明阿波罗是吕西亚、迈奥尼亚和米利都的主人，当然也是德洛斯的主人。然后又约24行(第182—206行)的内容与前后文都没什么联系，但是非常清晰地描述了阿波罗在某些时候是如何到德尔斐和奥林帕斯去的。最后约340行，连贯地描述了阿波罗去寻找他的第一个神谕所之地，最后在帕尔那索斯山建立了这个神谕所的过程。

《荷马颂歌·致阿波罗》第一部分所体现的当时希腊宗教崇拜的观念是清晰明确的。这段内容应该是在德洛斯进行朗诵的内容，表现了

---

① 维拉尔(A. W. Verral)倾向于把这两个部分看成一个整体。他认为从原始手稿的角度来看，将《荷马颂歌·致阿波罗》作为一个整体来看，其历史价值和重要性比分别分析其中任何部分或者任何假设的部分都更有意义。参见 A. W. Verrall, "The Hymn to Apollo: An Essay in the Homeric Question", *The Journal of Hellenic Studies*, vol. 14. (1894), pp. 1—29。

德洛斯人的宗教思维和德洛斯人对阿波罗的地理范围和精神氛围的认识。当然，在整个颂歌活动中，文字只是其中较小的一部分，实际中的内容要丰富得多。但是，这段文字相对来说其艺术加工的程度不是很高，能够一定程度上弥补一般颂歌作为历史文献在史料价值上的不足。后面的几个部分在结构上和主题表达方面都比较混乱，行文方面更为夸张铺饰，所以我们最好将其看作是一些祭祀仪式中人们吟唱的不同颂歌的集合，对其史料价值也不应过高估计。

颂歌将阿波罗当作一个先驱，认为是他给荒芜的山岭带来了建筑和祭仪等文明力量。然而，事实上，不管是阿波罗的神庙还是阿波罗的预言职能，都有其历史发展轨迹。根据波桑尼阿斯的记载，德尔斐先后有五座神庙，其中前三次的神庙都属于史前时期，都早于荷马史诗时代，也在阿波罗和其他天神来到德尔斐之前。[①] 事实上，波桑尼阿斯还提到了更为神奇的神庙，甚至记载了传说中的第二座神庙是蜜蜂建成的，其材料是蜂蜡和蜂翅。[②] 然而，颂歌的作者丝毫没有提及以上故事。在作者看来，阿波罗的神力是如此强大，以至于在他之前不可能有别的神祇能够行使与他相同的职能。在作者看来，用石头建成的阿波罗神庙是一个不可思议的奇迹，如果说在此之前还有别的神庙，那就一定会削弱阿波罗神庙作为一座杰出建筑的成就和光耀。

根据埃斯库罗斯的说法，在阿波罗介入之前，预言神是福柏，而在此之前，还有盖亚和忒弥斯。[③] 阿波罗对皮同的胜利也不是最早的外来神与传说中当地怪物的战斗。在这之前，已经有宙斯与提丰(Typhon)的战斗。赫西俄德用了大量夸张铺陈的篇幅描述了提丰与宙斯对于宇宙权力的争夺和战斗。[④] 在这个故事的后来文本中，宙斯甚至

---

① Pausanias，*Description of Greece*，x. 5.参阅本书第二章第一节“阿波罗神庙”。

② Pausanias，*Description of Greece*，x. 5.

③ Aeschylus，*Eumenides*，1—8.

④ Hesiod，*Theogony*，820—867.

被他的敌人捉住并囚禁,后来是赫尔墨斯解救了他。[1] 相比这些战斗,阿波罗对皮同的战斗无论是规模还是激烈程度都大为逊色。在各地的神话传说中,神灵与蛇怪的战斗屡见不鲜,尤其是在一个旧时代向新时代转变的关键时期。在《荷马颂歌·致阿波罗》中,阿波罗打败皮同建立他的神谕所的过程,甚至成为一个宇宙范围内的壮举,标志着人们所知世界的开端。[2] 这里完全忽略了阿波罗和他的神庙已经有了前任,而作为特洛伊之后最强大和最具神秘性的城市底比斯,颂歌也认为其从来就不存在过。

战胜皮同并占据其盘踞之地后,阿波罗的神谕所还没有全部完成。他还需要祭司来为他进行献祭仪式和发布神谕。颂歌说阿波罗遥望大海,发现一艘从克里特开往伯罗奔尼撒的商船。他从这艘海豚状的船上拉下来所有商人,把他们带到科林斯湾的港口克里萨(Krisa),让他们在那里建了一座献给阿波罗·德尔斐尼俄斯(Apollo Delphinios)的祭坛,然后命令他们随着他从陡峭的山道走到德尔斐。这些商人看到荒无人烟的大山,并不愿意成为神的祭司,他们诘问阿波罗:“神啊,我们该如何生存下去?请回答这个问题,这个可爱的地方既没有港口也没有农田。”[3]阿波罗回答道:“你们每个人,都把刀拿在手中,会有宰杀不完的羊群的,人类会给我们敬献我们所需的任何牺牲。”[4]德尔斐神庙的经济既不需要海上的冒险也不需要农业的辛苦,因为每个请求神谕的人都会敬献牺牲和贡品。

当然,荷马颂歌的内容确实夸张失实,所描述的细节也显得杂乱无序,甚至前后矛盾。但是我们应该能够想到,早期的希腊宗教诗人也在试图用他所能理解的逻辑,将复杂纷繁的材料组织起来。虽然在细节上还远非完善,但是至少为我们呈现了一幅关于早期希腊宗教崇拜和

---

① Apollodorus, *Library*, i. 6.

② *Homeric Hymns to Apollo*, 278f.

③ *Homeric Hymns to Apollo*, 528f.

④ *Homeric Hymns to Apollo*, 535f.

祭祀仪式的画卷，使我们得以从中找到一些能够解读这个时代整个社会生活的钥匙。

三、卡利马库斯的《阿波罗颂歌》

卡利马库斯约生于公元前320年，他的家乡在昔兰尼，可能属于那里的贵族阶层。也许是有意识抬高自己或者仅仅只是一种文字游戏，他宣称自己是传说中的国王巴图斯的后裔。他的学习和写作生涯大部分是在亚历山大里亚托勒密王朝的宫廷之中，他曾担任亚历山大里亚图书馆编目人。他一生著作甚丰，可能达到800卷之多，但是现在流传下来的手稿只有六首颂歌和一些讽刺短诗，其他仅存片段。①

卡利马库斯的颂歌与荷马颂歌和古典时代诗人写的颂歌相比较，其目的和用途有较大区别。荷马颂歌和古典时代的其他颂歌是作为节日或祭祀仪式的一部分，而卡利马库斯的颂歌不但是仪式的一部分，而且用来在节日里进行朗诵。这种颂歌朗诵就是要在朗诵者和他的听众之间形成一种浓厚的笃信宗教的氛围，或者是一种对宗教传说的现实主义模仿，而不仅仅是一种形式主义的仪式。这一点最为明显地体现在他的颂歌的第二首《阿波罗颂歌》，颂歌一开始就提醒人们说月桂枝在摇动，说明阿波罗就要来到了，②然而事实上阿波罗是人们想象中的一个神灵，他并不会真正来到。即使如此，卡利马库斯的颂歌对我们研究当时人们对神灵的崇拜心理和崇拜实践还是具有重要意义。

颂歌首先描述了阿波罗祭仪的习俗和惯例（第1—16行），然后一大段是祭仪颂歌（第17—104行），最后展示了一个神圣的场景（第105—1113行）。颂歌的开头就是厄庇法尼亚节（Epiphany）的标志性言辞“βοῖον ἐςειςάτο”（怎么在摇动？），这不是简单地再现自然现象，摇动的不仅仅是月桂树丛，而且是“整个建筑”——整个神庙。③ 然后

---

① Alison Sharrock and Rhiannon Ash, *Fifty Key Classical Authors*, London & New York: Routledge, 2002, pp. 145－146.

② Callimachus, *Hymn to Apollo*, 1－3.

③ Karl Kerenyi, *Apollo: The Wind, The Spirit, and The God*, p. 28.

棕榈枝叶甜蜜地弯曲了。如果我们再考虑到颂歌中的另一个重要词汇“εὐφεμεῖτε”——请安静！（听阿波罗的荣耀之歌），就会看到这是节日集会时的一种聚众朗诵活动。在节日里，诗人被召唤去吟唱献给这位神祇的诗人自己创作的颂歌。他在颂歌里告诉合唱队的领唱应该去的地方的名称，这个地方就是德洛斯的棕榈树，这棵神圣的棕榈树就是女神勒托将阿波罗带到这个世界来的地方。① 在荷马史诗中，奥德修斯看到的这棵棕榈树还是一棵幼树，②但是在古典时代就成了非常有名的德洛斯棕榈树，因为它与阿波罗的出生联系起来了。如果阿波罗的出生之地没有一棵棕榈树，这是不可想象的。

颂歌中祭祀场景的前奏就是阿波罗的到来。这里应该有年轻人的合唱队准备唱歌跳舞，还伴随着七弦琴的乐声，迎接阿波罗的到来。但是，在这首颂歌中，阿波罗直接就来到了，在他来到的同时才有了以上的场景。这是因为人们认为他从叙佩尔波列亚来到德洛斯，并且定期回到叙佩尔波列亚去，然后再回来。歌队为他的每次到来做好了准备，并见证了他的出现。③

在颂扬了阿波罗的各种美好特性以后，颂歌接下来记述了阿波罗的诞生，勒托将阿波罗诞生在德洛斯，由于他的诞生，这个小岛成为圣地。④ 据说由于德洛斯岛的根基扎在大海最深处，所以它比希腊其他海岛遭到地震的可能性要小得多。⑤ 但是，卡利马库斯不称其为德洛斯，而称之为阿波罗的“不可摇动的岛”。据说当阿波罗在这里落脚的时候，不会引起地震，因为阿波罗不是地震之神，而是一阵表面的颤动，从月桂树和德洛斯的棕榈树枝头掠过一阵颤动。因为德洛斯见证了他

① Apollodoros, *The Library*, i. 4.1; *Homeric Hymns to Apollo*, 40—45.

② Homer, *Odyssey*, vi. 163.

③ Callimachus, *Hymn to Apollo*, 1—6.

④ 这种说法亦见 Hesiod, *Theogony*, 918; *Homeric Hymns to Apollo*, 14; Apollodoros, *The Library*, i. 4。

⑤ Herodotus, *Histories*, vi. 78; Thucydides, *History of the Peloponnesian War*, ii. 8; Pliny, *Natural History*, iv. 12.

的出生，见证了阿波罗的第一次出现，所以它会成为不朽的圣地。①

值得一提的是，颂歌还颂扬了阿波罗对建立城市的指导作用。“那些建立城市的人民都遵从福玻斯的指导，因为福玻斯乐意人民建立新的城市，他自己也建立城市。”②作者还特意提到福玻斯指导巴图斯建立了作者所在的富饶的城市。这个城市就是希腊人的殖民城市昔兰尼。③

在最后的神圣场景中，诗人展示了自己新的智慧。这个神圣场景，和荷马史诗中的场景是同一类型，作者对这类场景的观点也与荷马一致，而绝不同于当时一般人的看法，一般人只是把神圣看成的“神”的影响。卡尔·克莱伊说，荷马的观点是一种智慧形态，一种可以清楚感知的形态，而卡利马库斯的智慧又是另一种形态，他的智慧来源于艺术的要求，来源于更精练的标准，来源于一种特殊的、智慧的文化。④ 因为有着这种智慧，诗人将自己与阿波罗紧密联系起来。阿波罗教他什么是恰当的艺术标准。诗人以他对希腊世界大大小小的宗教节日的丰富知识和高超的诗歌技艺，再现了阿波罗祭司庆典中最壮观和最重要的场景，也表达了对阿波罗最尊崇的致意。

第五节　阿波罗的节日

在古代希腊，“节日”的含义就是各城邦为崇拜各个神祇而留出来的特殊日子。古代希腊没有纯粹的世俗节日，所有的节日都是献给某个特别的神祇。⑤ 节日与其他在不确定时间举行的仪式（如婚礼仪式）

---

① Karl Kerenyi, *Apollo*: *The Wind*, *The Spirit*, *and The God*, p. 30.

② Callimachus, *Hymn to Apollo*, 55—57.

③ 关于阿波罗以及德尔斐神谕在昔兰尼殖民城市建立中的重要作用，本书将在第四章第一节第四部分“阿波罗崇拜与殖民活动”中详细论述。

④ Karl Kerenyi, *Apollo*: *The Wind*, *The Spirit*, *and The God*, p. 27.

⑤ H. W. Parke, *Festivals of the Athenians*, London: Thames and Huson Ltd., 1977, p. 13.

有着重要的区别。一般来说，节日是有意识地定期保持或更新人们与神灵的崇奉关系。在古典时期，人们相信这种崇奉关系的保持是通过在恰当的时间以恰当的方式来表达对神灵的尊崇。[①] 同时，希腊人对节日中的宗教祭祀和世俗庆祝活动没有严格的区分，所以，节日不仅是举行崇拜和祭祀神灵活动的日子，也是举行运动会和戏剧演出的日子。作为一个在希腊城邦受到广泛崇拜的主要神祇，阿波罗也有着不少专属于自己的节日。[②] 这些节日有的出现在整个希腊地区，有的只出现在局部地区，有的只出现在某一个或几个城邦。

与阿波罗有关的节日有一个很重要的特点，那就是没有任何一个已知的节日出现在冬季，我们现在已知的属于阿波罗的节日都在春季、夏季和秋季。[③] 厄庇法尼亚节（Ἐπιφάνειαι）[④]，即庆祝阿波罗来到的节日，通常在春季或者夏初举行。厄庇法尼亚节当月的一些日子也特别献给阿波罗，如第一天、第七天、第十四天，以及第二十天，这些都是太阴月中月亮不同相位的标志时间。在这些日子中，第七天又有着尤其特殊的意义，这是阿波罗出生的日子。在这个节日里，阿波罗被称为“赫庇多玛格特斯”（Ἑβδομαγέτης）[⑤]，后来很多阿波罗的节日都源自

---

① Simon Hornblower and Antony Spawforth, *The Oxford Classical Dictionary*, p. 593.

② 关于希腊节日的主要研究成果有：J. Harrison, *Prolegomena to the Study of Greek Religion*, 1903; H. W. Parke, *Festivals of the Athenians*; Lewis Richard Farnell, *The Cults of the Greek States*; Martin P. Nilsson, “Fire-Festivals in Ancient Greece”, *The Journal of Hellenic Studies*, vol. 43, Part 2 (1923); Irene Ringwood, “Local Festivals at Delos”, *American Journal of Archaeology*. 37(3), July 1933; 王晓朝：《希腊宗教概论》，上海：上海人民出版社，1997 年；吴晓群：《古代希腊仪式文化研究》，上海：上海社会科学院出版社，2000 年。

③ 个中原委可能已经很难探讨清楚了，也未见有学者去探讨这一现象出现的原因。就笔者个人看法，可能与阿波罗崇拜起源阶段的相关传说有关。“当地的人们相信阿波罗每年冬天都会离开德尔斐，这段时间他就在叙佩尔波列亚人那里。”参阅 Himerius, *Orations*, xiv. 10; W. K. C. Guthrie, *The Greeks and Their Gods*, p. 74; 王晓朝：《希腊宗教概论》，第 75 页。

④ Ἐπιφάνειαι英译为 Epiphany，在基督教语境下，意为“主显节”，但是在古希腊，Ἐπιφάνειαι一词的内涵与基督教的“主显节”完全不同，所以本书将其音译为“厄庇法尼亚节”。

⑤ 此词出自 ἕβδομος，意为“第七”，但是 Ἑβδομαγέτης很难翻译成恰当的中文名称，因此直接从希腊语原文音译为“伊庇多玛格特斯”。古典材料对此节日的记载见 Aeschylus, *Seven Against Thebes*, 800; Herodotus, *Histories*, vi. 57 等。

这一称呼。法奈尔认为，这种在第七天举行祭仪的活动是早期希腊宗教中的一种普遍现象，有关赫利俄斯的传说就证实了这一点，众多希腊宗教组织在他们崇拜阿波罗的节日中也承认这个说法。[①] 在上述其他特别的日子里，人们也会向阿波罗献祭，阿波罗也因此得到了另一些称呼，如"涅奥梅尼俄斯"（*Νεομήνιος*）[②]和"厄卡狄俄斯"（*Εἰκάδιος*）[③]等。这一点是阿波罗最为独特的地方，没有任何一个其他希腊的神祇像他这样从祭祀的日期中得到一些各个相异的称呼，并且我们迄今没有就这一现象的原因得出令人满意的答案。

我们必须把那些相对纯粹与大地有关的节日和那些有着浓厚艺术特征的节日区别开来。前者主要是关于开耕仪式或者庆祝丰产的节日，现代学者通过将其特征与欧洲其他地区的农业节日相比较，对这类节日做了很好的归类和总结。这类节日中较为重要的有：塔格里亚节（*θάργηλια*）、皮亚诺皮西亚节（*Πυανόψια*）、卡耳涅亚节（*Κάρνεια*）和雅辛提亚节（*Ὑάκινθια*）。后者主要是出自与阿波罗有关的神话传说或者艺术形象的节日。这类节日中，较为重要的有德里亚节（*Δήλια*）和达芙妮弗里亚节（*δαφνηφορία*）等。由于雅辛提亚节涉及阿波罗崇拜的转换与延伸，因而将在下一章中详细介绍。本节主要介绍上述其余的几个节日。

一、塔格里亚节

在献给阿波罗或者以他的名义举行的早期节日中，阿波罗一般都是作为丰产或者催熟之神。因为在古代社会，早春时节最重要的活动就是播种生产。在这些节日中，最重要也最复杂的无疑是阿提卡的塔

---

① Lewis Richard Farnell, *The Cults of the Greek States*, vol. 4, p. 259.

② 意为"在新月日举行祭祀"。见 Henry George Liddell and Robert Scott, *A Greek-English Lexicon*, p. 1168。

③ 意为"在1月的第二十天（εἰκάς）举行祭祀"。见 Henry George Liddell and Robert Scott, *A Greek-English Lexicon*, p. 484.

格里亚节。

塔格里亚节是在塔格里翁月（Thargelion）的第七天举行，大致相当于现代公历的5月20日。实际操作过程中，人们往往将塔格里翁月的第六天和第七天合起来算作塔格里亚节。按照阿提卡人和德洛斯人的传说，他们认为第六天是阿尔忒弥斯的诞生日，第七天是她的孪生兄弟阿波罗的诞生日。[①] 但是在这个节日里崇奉的神祇主要是阿波罗，与阿尔忒弥斯并没有多大的关系。*θάργηλια*一词有多种解释。首先是一种祭品，即新做的面包或者新出的水果和蔬菜，也指代装盛这种祭品的容器。[②] 赫赛齐乌斯的解释是 *θάργηλια· Ἀπόλλωνος ἑορτή. θάργηλος· ἡ ἱκετηρία.* [③]“赫克特里亚”（*ἱκετηρία*）是一种“祈愿枝”，这种“祈愿枝”源自一个与忒修斯有关的故事，据说忒修斯在远征前用挂满了各种果子的橄榄枝向神祈祷，这种仪式保存下来，逐渐形成了祈愿枝的传统。[④]

在塔格里亚节的两天时间里，要进行两种不同的庆典仪式。前一天主要是净化仪式，后一天主要是献祭仪式。这种模式最早的起源可能来自向神献祭之前的净化仪式，甚至与阿波罗有着直接的联系。《荷马史诗》记载阿波罗向雅典军营降下瘟疫以后，阿伽门农向阿波罗献祭的时候就先举行了这样的净化仪式。“阿特柔斯的儿子命令将士沐浴洁身，他们就沐浴洁身，把脏水倒在海里，然后向阿波罗敬献隆重的百牲大祭。”[⑤]

在塔格里翁月的第六天，整个城市居民列队受净。关于这种传统的最早记载见于公元前3世纪的伊斯多斯（Istros）。他说雅典人有一

---

① 在很多神话传说中，阿尔忒弥斯和阿波罗是孪生，至于谁先出生谁后出生，则说法不一。参见 Hesiod, *Theogony*, 920; Apollodoros, *The Library*, i. 4.; *Homeric Hymns to Apollo*, 45。

② Athenaeus, *The Deipnosophists*, 114a.

③ 转引自 Lewis Richard Farnell, *The Cults of the Greek States*, vol. 4, p. 268。

④ Plutarch, *Theseus*, 22.

⑤ Homer, *Iliad*, i. 313—315.

习俗，“在塔格里亚节，整个城市居民列队受净，会有两个男人被逐出队伍，甚至执行死刑，作为一种净化城市的模式。这两个男人被称作‘法尔马科伊’（φαρμακοί）[1]，一个代表所有的男人，一个代表所有的女人。”[2]他还说这种习俗来自一个传说，一个名叫法尔马科斯的人从阿波罗神庙中偷走了一些奠酒祭神仪式用的酒杯，被抓住以后阿喀琉斯的同伴用石头把他砸死了。他认为在塔格里亚节上所做的事情就是对这件事的模仿。从这个传说中推断，在雅典的两个替罪人可能真的被石头砸死了，或者假装被砸死了。间接提到这两个替罪人的结局的是里西阿斯（Lysias），他说得比较含糊，他认为城市可能“通过这种特殊的仪式净化自己，庄严地将他们作为替罪人逐出城门，并将他们藏起来”[3]。

讽刺诗人希波纳科斯（Hipponax）也记载了以弗所（Ephesus）举行的同样的仪式。他说人们对待这两个替罪人的方式是用无花果枝条抽打他们，向他们投掷虾蛄。[4] 这种仪式的目的显然是用相对温和的方式取代了先前将替罪人真正打死的残酷方式，而选用虾蛄的原因则是这种动物经常用来举行净化仪式。

在塔格里翁月的第七天，许多谷类的果实将敬献给阿波罗，其敬献的方式也许就是所谓的“埃瑞西俄涅”（εἰρεσιώνη），εἰρεσιώνη又称为祈愿枝，一般认为这一词起源于ἔριον（wool），即毛线做的捆束物。但

---

① 单数为“法尔马科斯”（φαρμάκος），意即“替罪羊”。弗雷泽对这种“公众的替罪者”有非常精辟的论述，其中对古希腊人的替罪人也做了专门介绍。参见詹姆斯·弗雷泽《金枝》，徐育新、汪培基、张泽石译，北京：新世界出版社，2006 年，第 545—548 页。哈里森在她的《希腊宗教研究导论》中对替罪人及其与此有关的仪式也做了非常详尽而深入的讨论。参见简·艾伦·赫丽生《希腊宗教研究导论》，谢世坚译，桂林：广西师范大学出版社，2006 年，第 87—103 页。该书中文译者将 Harrison 翻译成赫丽生，似乎费解，因而在正文中采用通用译法为“哈里森”，但是在引用中译本书名时如实遵录。

② 转引自 Lewis Richard Farnell，*The Cults of the Greek States*，vol. 4，p. 270。

③ Lysias vi. 53. 转引自 Lewis Richard Farnell，*The Cults of the Greek States*，vol. 4，p. 270。

④ H. W. Parke，*Festivals of the Athenians*，p. 147.

是也可能起源于词根 εἰρ-或 ἐρ-(speak)，源自发声祈祷的人。[①] 从赫赛齐乌斯的解释中，我们可以找到塔格里亚与埃瑞西俄涅的联系。埃瑞西俄涅是一束橄榄枝或月桂枝，用紫色或白色的毛线捆起来，周围挂着这个季节出产的各种各样果实，还有面粉糕饼、小罐蜂蜜、油和酒。这和前面所述赫克特里亚的形式和作用都极其相似。赫赛齐乌斯还说，整个塔格里翁月都是献给神的，并且在塔格里亚节日里，"所有新出的第一茬果实都要装在容器里敬献给神。"[②]不过这种埃瑞西俄涅似乎主要出现在皮亚诺皮西亚节的仪式中。但是阿里斯托芬的注释者说，埃瑞西俄涅与皮亚诺皮西亚节和塔格里亚节都有联系，并且认为后者是献给赫利俄斯的节日，不过希腊人在这个节日里似乎将赫利俄斯等同于阿波罗。[③] 弗雷泽在《金枝》中也提到塔格里亚这个节日，他认为这不是一个春天的节日，而是一个庆祝早收的节日，因为这时一些谷类和水果已经成熟了。[④]

从以上分析我们可以看出，在塔格里亚节中，阿波罗是作为能催熟所有植物的神灵而受到崇拜的。这一点与希腊文学和艺术尤其是阿提卡艺术中通常出现的阿波罗形象大有区别。一般神话认为，阿波罗曾经为国王阿德墨托斯放牧牛群，[⑤]他能成为牧群的保护神是自然而然的事情。由于他自己出生以后生长迅速，[⑥]所以他与年轻人的成长有着特殊的关系也可以理解。但是，他与农业和植物的培育并没有多少关系。这一功能最初属于德墨忒尔，至少在阿提卡地区，德墨忒尔是最早作为丰产和催熟植物的神灵受到崇拜的。[⑦] 在雅典娜来到雅典之

---

① Lewis Richard Farnell, *The Cults of the Greek States*, vol. 4, p. 268.

② 转引自 Lewis Richard Farnell, *The Cults of the Greek States*, vol. 4, p. 268。

③ Lewis Richard Farnell, *The Cults of the Greek States*, vol. 4, p. 270.

④ 〔英〕詹姆斯·弗雷泽:《金枝》,徐育新、汪培基、张泽石译,第 545、547 页。

⑤ Pausanias, *Description of Greece*, ii. 7; x. 16; Pindar, *Pythian Odes*, iv. 90ff; Hyginus, *Fabulae*, 140.

⑥ Apollodoros, *The Library*, i. 4; *Homeric Hymns to Apollo*, 300—306.

⑦ H. W. Parke, *Festivals of the Athenians*, p. 148.

前，可能也有为其所在地区人民保证食物的功能。[1] 然而，这并不妨碍阿波罗也取得同样的功能，这就是多神宗教的一个重要特点。同德墨忒尔和雅典娜相比，阿波罗来到阿提卡地区的时间相对晚近。在小亚细亚的某些地区，他是一个主要的神灵，所以人们生活的很多方面都与他相关。塔格里亚节除了在阿提卡举行以外，在爱奥尼亚的其他地方也比较盛行，其庆典形式也基本相同。因此有学者认为这个节日代表了古希腊世界人们崇拜阿波罗的基本特点，而不仅仅是一个阿提卡的地区性节日。[2] 但是笔者认为，阿提卡地区的塔格里亚节所举行的农事性仪式，可能还是来自爱奥尼亚，而爱奥尼亚的仪式最初可能又来自小亚细亚地区。也就是说，小亚细亚地区的阿波罗保持了众多重要的功能，而在阿波罗崇拜的传播过程中，其他一些功能逐渐减少，到了阿提卡地区，基本只保留了少数与人们生活密切相关的功能，而丰产和催熟则是其中最为基本的功能。

虽然塔格里亚这个节日最初的要旨是农事性的，但是，随着时间的推移，塔格里亚节也逐渐具有一些复杂的社会属性，在雅典的庆典活动中已经有了一些艺术性的内容，反映了更高级的社会生活状况。据亚里士多德的《雅典政制》记载，公元前 5 世纪时，雅典的执政官就是狄奥尼索斯节和塔格里亚节竞赛和游行的管理人。上任以后，"他要接见各部落所任命的狄奥尼索斯节日成年人竞赛和儿童竞赛的喜剧合唱队以及塔格里亚节日成年人和儿童竞赛的合唱队长（狄奥尼索斯节每部落一人，塔格里亚节每两部落一人，两部落轮流供应他们），处理他们以交换财产取得替代的要求。"[3]古代雅典有一种习俗，当一个公民被指定担负一些花钱的公职时，如果他不愿意担任此职，都可以请求说另有人更有能力胜任此职，但是这个请求人只有用与被要求者交换财产的办

---

① H. W. Parke, *Festivals of the Athenians*, p. 148.

② H. W. Parke, *Festivals of the Athenians*, p. 146.

③ Aristotle, *The Athenian Constitution*, lvi. 3. 中译文参阅〔古希腊〕亚里士多德《雅典政制》，日知、力野译，北京：商务印书馆，1999 年，第 59 页。

法，才能免于担任此职。这里说担任塔格里亚节合唱队长的人可以请求替换，说明这一职位已经需要较大的花费，也纳入了城邦政治生活的范畴。

亚里士多德在《尼各马可伦理学》中说："他们举行献祭及相关的集会，举办崇拜众神的各种仪式，其目的表面上是祭祀神灵，而实际上是为自己过一个欢娱的节日。祭祀和庆典往往在谷物收成之后举行，实际上是一个丰收节，人们在收获过后用初果作为祭品。因为只有在这个季节里，群众才有最多的闲暇。"①

哈里森从仪式文化演进的角度对这段话进行了深入分析。她认为亚里士多德提到的献祭与初果的联系有着更深层的含义，而这是亚里士多德自己所没有明确说明的。哈里森说："既然初果被当成一种祭品，那必然存在这样一个前提：这种祭品是献给某个神灵的，而且这个神有着人的感情。但是，我们必须记住，我们在这种观念上做了一个很大的假设，即假设这种神的存在。能够给我们带来启发的是其他原始民族所举行的一些仪式，这些仪式显然不是针对某个神灵的，然而它们似乎包含着某种献祭观念的萌芽。"②哈里森的观点与她对塔格里亚节起源的看法是一致的，她认为这个节日与阿波罗和阿尔忒弥斯的联系并不紧密，而且出现较晚。③

笔者赞同哈里森对献祭观念萌芽的论述，但是对她关于塔格里亚节起源的看法持保留意见。我们在前面已经论述过，在赫赛齐乌斯的解释中，塔格里亚一词与阿波罗显然有着密切的关系，至少希腊的这个节日是专属于阿波罗的。如果说与其他神祇还有些关系的话，最多也就是与阿尔忒弥斯有些关系，这并不奇怪，因为阿波罗与阿尔忒弥斯是兄妹关系。

关于这个塔格里亚节的意义，王晓朝教授在《希腊宗教概论》中做

---

① Aristotle, *Nicomachean Ethics*, 1160a.

② 〔英〕简·艾伦·赫丽生：《希腊宗教研究导论》，谢世坚译，第 74 页。

③ 〔英〕简·艾伦·赫丽生：《希腊宗教研究导论》，谢世坚译，第 73 页。

了论述。他认为亚里士多德道出了这个节日庆典的世俗意义，但实际上还有更深层的宗教信念在起作用。收获节的奉献物表明，希腊人认为神也像他的崇拜者一样生活，他们把祭祀和庆典视作与神沟通和得到神的认同的重要手段。收获节的庆典也意味着某种农业禁忌的解除，牲畜在庆典后方可宰杀，庄稼在庆典后方可收割。这些庆典仪式体现了希腊人保持社会安定，防止出现灾荒的愿望。[①]

二、皮亚诺皮西亚节

皮亚诺皮西亚节主要在雅典皮亚诺皮西翁月（*Πυανόψια*）[②]的第7天举行。*Πυανόψια*的字面意思是“蒸豆”(bean-stewing)，是节日期间供奉的一种圣物，来源于希腊词汇 *πύανος*(bean)和 *ἕψειν*(to boil)，由于 *ἕψειν*的词根发生变位（*ὀπ*-和 *ἑπ*-），所以出现两种写法。在初次秋收的时候，人们将一大锅杂烩豆类奉献给阿波罗和时序女神(Horae)，献给阿波罗是因为人们认为阿波罗作为太阳神，有催熟果实的功能。[③]

在这个节日，一种重要的供品是前文提到的塔格里亚节中出现的祈愿枝“埃瑞西俄涅”。祈愿枝必须由一个父母都健在的男孩拿着，在庆典队伍的簇拥下来到阿波罗神庙，将其挂在神庙的大门口。公民个人家里的大门也允许有相似的装饰。祈愿枝可以挂一年，直到下一年被新的所取代，因为有了新的就可以认为旧的祈愿枝已经失去了功效。[④] 这种祈愿枝代表了树的灵魂，这是一般希腊人相信所有植物都有灵魂的一种具体体现。祈愿枝能带来生命和成熟的力量，从而影响农作物的生长。人们给神敬献供品意味着对神惠丰产的感恩，也意味着对来年丰产的祈祷，以及祈求神灵驱除邪恶，保护农作物的愿望。

---

① 王晓朝：《希腊宗教概论》，第144—145页。

② 约相当于现代公历的10月。皮亚诺皮西亚节是唯一有记载的在晚秋举行的阿波罗的节日。参见 Lewis Richard Farnell, *The Cults of the Greek States*, vol. 4, p. 286。

③ H. W. Parke, *Festivals of the Athenians*, p. 75.

④ Lewis Richard Farnell, *The Cults of the Greek States*, vol. 4, p. 286.

在庆典过程中，人们所唱的颂歌也被称为“埃瑞西俄涅”。其歌词在普鲁塔克的作品中被保存下来。“埃瑞西俄涅带来无花果，带来丰硕的面包；带给我们一罐罐蜂蜜，带给我们擦身的油膏，还有一大杯烈酒，送给大家快快乐乐去睡觉。”①

普鲁塔克将这两种圣物与忒修斯的远征联系起来，说他航行到德洛斯的时候，向阿波罗请愿，如果他能如愿杀死米诺斯的人身牛头怪，一定向阿波罗敬献供品，这就是之后的“皮亚诺皮西亚”和“埃瑞西俄涅”。② 至于一锅大杂烩的由来，普鲁塔克将其解释为忒修斯的同伴们在阿提卡登陆以后，将他们敬献供品的剩余物煮成一锅大杂烩自己吃下了。③ 这些传说表明，此类风俗起源的时间是比较早的，直到后来才与阿波罗有着特殊的联系。其他一些古代作家也注意到这个问题，他们认为这些习俗与阿波罗的联系需要更进一步的解释才能让人理解。索福克勒斯就曾含糊地将埃瑞西俄涅的起源解释为人们为了避免瘟疫而敬献给神灵的供品。他认为这种祈愿枝和底比斯人所创造的祈愿枝是同一类型。④ 笔者认为这两种相似装饰的祈愿枝可能有着特殊的目的，但应该不是其中一种直接来源于另一种，因为与阿波罗有关的祈愿枝是为了表示对阿波罗的尊崇而专门献给他的。所以，更大的可能性是，两种装饰相似但功用不同的祈愿枝在流传的过程中逐渐融为一体了。

在皮亚诺皮西亚节中，还要举行一种参与者众多的大型宴会。宴会之后会举行更加复杂和隆重的庆典仪式。这种仪式被称为“霍斯格俄菲亚”（Ὀσγηοφια）。霍斯格俄菲亚这种仪式的名称来自于仪式中所使用的道具——仍然长着葡萄的葡萄枝，这种葡萄枝被称作“霍斯格俄伊”（Ὀσγηοι），因而霍斯格俄菲亚仪式的含义即为“举着带葡萄的

① Plutarch, *Theseus*, 22.

② Plutarch, *Theseus*, 22.

③ Plutarch, *Theseus*, 22.

④ Sophocles, *Oedipus the King*, 319.

葡萄枝”。举着这种葡萄枝的人应该是“两个出生高贵、身体强健的青年”。[①] 他们被打扮成女孩子的模样，走在游行队伍的最前面，随后是歌队，歌队唱着所谓的“属于霍斯格俄菲亚”的颂歌。但是和埃瑞西俄涅颂歌不一样，这种颂歌的歌词并没有保存下来。这个仪式的主要特点是队伍超长的游行，从雅典的狄奥尼索斯圣域一直到帕勒隆(Phaleron)的雅典娜·斯基拉斯(Athena Skiras)圣所。古典材料没有说明狄奥尼索斯圣域具体是哪里，据帕克(Parke)分析，应该是里姆奈伊(Limnai)的狄奥尼索斯圣域而不是狄奥尼索斯·埃鲁特里乌斯(Dionysus Eleuthereus)剧院，因为后者直到公元前6世纪才建成，而这个仪式的传统无疑要早得多。[②]

我们注意到，霍斯格俄菲亚仪式与阿波罗并没有多大的关系，其起源可能还是来自与忒修斯有关的传说。据说忒修斯带着雅典的少女到米诺斯迷宫去的时候，他偷偷选了两个容貌颇似女孩但性格勇敢的男青年，然后刻意培养他们的女孩气质，混进送到米诺斯的少女队伍中，协助忒修斯完成了冒险任务。返回雅典时，忒修斯和那两个男青年走在庄严的游行队伍前列，这两个男青年衣着和霍斯格俄菲亚仪式中手持葡萄枝藤的人完全一样。[③]

皮亚诺皮西亚节中出现的这两种完全不同的宗教庆典仪式，反映了古代宗教节日中一种对立和继承的现象。无疑，与埃瑞西俄涅有关的节日反映的是最初的农业生产活动。在最早的时候也许并没有专门献给某个特别的神灵，这样一直流传了几个世纪，直到阿波罗来到以后，才将这种仪式专门献给阿波罗。至于后来的霍斯格俄菲亚仪式以及与忒修斯相关的传说，应该更晚近一些。因为霍斯格俄菲亚仪式显得更复杂，更具社会性。但是，现在二者出现在同一节日中，既说明了二者属于不同的神话传说体系，也说明了从低级宗教到高级宗教的演

---

① H. W. Parke, *Festivals of the Athenians*, p. 77.

② H. W. Parke, *Festivals of the Athenians*, p. 77.

③ Plutarch, *Theseus*, 23f.

进是一个渐进的过程，在这个过程中，二者会有较长的共存时间。由此，我们有理由相信，塔格里亚节和皮亚诺皮西亚节的农事庆典仪式，都是欧洲古老的农事宗教的一部分，属于等级比较低的宗教形式，其崇拜的神灵也是古老多神教众多神祇之中的某一个。随着社会经济尤其是农业生产的发展，从这些仪式中，逐渐发展出来一些更高等级的神灵，人们对这些高级神灵的崇拜逐渐发展到后来的高级宗教崇拜形式。

三、卡耳涅亚节

卡耳涅亚节主要出现在拉科尼亚地区，[①]最典型的则是在斯巴达。[②] 节日庆典从卡耳涅俄斯月(Karneios)[③]的第七天开始，持续九天。[④] *Κάρνεια*可能源自*Κάρνος*，赫赛齐乌斯的词典中保存了这一古老的词汇，他将其解释为牛或羊(*Κάρνος· βόσκημα, πρόβα-τον*)，这一词可能又源自词根*Κέρας*，特指有角的动物。[⑤] 作为这一推论的佐证，我们可以找到波桑尼阿斯的记载，与梅塞尼亚(Messenia)和阿卡迪亚(Arcadia)接壤的卡尔尼翁(Karnion)河岸的人们崇拜"有角"的神祇阿波罗·克勒阿塔斯(*'Απόλλων Κερεάτας*)，[⑥]献给阿波罗·克勒阿塔斯的牺牲也是有角的公羊或者山羊。[⑦]

根据古典文献的记载，我们看到，卡耳涅亚节的庆典既有部分农事性质，又有部分军事性质。其中一项重要仪式中，人们用花环装扮某个特定的官员，由他主持祈祷仪式，为城邦祈福。祈祷仪式结束后，他就开始奔跑，一群年轻人则在后面追赶他。追赶的年轻人必须是未婚青

---

① Callimachus, *Hymn to Apollo*, 72; Pausanias, *Description of Greece*, iii. 13.

② Athenaeus, *The Deipnosophists*, 141e, 635e, 678b; Euripides, *Alcestis*, 445; Pausanias, *Description of Greece*, iii. 11.

③ 大致相当于现代公历的 8 月。

④ Callimachus, *Hymn to Apollo*, 85; Thucydides, *History of the Peloponnesian War*, v. 54.

⑤ 转引自 Lewis Richard Farnell, *The Cults of the Greek States*, vol. 4, p. 363。

⑥ Pausanias, *Description of Greece*, vii. 20; viii. 34.

⑦ Pausanias, *Description of Greece*, iii. 13.

年，他们被称为“斯塔夫洛多罗摩伊”（σταφυλοδρόμοι），意即“葡萄串信使”（Grapecluster-runner）。如果他们抓住了那个官员，对城邦来说就是一个好的预兆，如果没能抓住他，则是一个坏的预兆。这是最古老的农事仪式，这种仪式的目的就是祈求庄稼和葡萄收成的丰产。这个被追赶的人，古典文献中没有记载他被称为“卡勒罗斯”（Κάρνος），即公羊或者牛；那些追赶他的年轻人也没有化装成作为牺牲的动物，他们只是被称为“卡勒尼亚塔伊”（Καρνεᾶται），这是一个没有什么特殊含义的词汇，[①]尽管在史前时代的希腊有着类似形象的“克里俄斯”（Κρῖος，即预言者），并且流行扮演作为牺牲的动物。无疑，这个被追赶的人并非必然是虚幻的卡勒罗斯，而是某个神灵的临时代表，这个神灵是一个起源于较为原始的宗教的植物神，因为他能较为容易地为这些农事仪式所吸引。这个戴着花环的奔跑者在仪式中代表着人们对这个神祇的普遍称呼，也扮演着这个神祇的部分功能，他可能被称为卡勒奈伊俄斯·俄伊克塔斯（Κάρνειος ἱκέτας）或者卡勒奈伊俄斯·斯特玛提斯（Κάρνειος Στεμματίς）。[②] 不管是作为主持仪式的祭司，还是作为“具有神人两性的动物”的替代者，他身上都有着神赋予的力量。

在另外一些仪式中，人们聚集在一起，按照三个氏族分成九个群体，每个群体占据一块地方，这样的地方被称为“斯基阿斯”（Σκιάς，意为“隐蔽之处”），其中还包括某种类似帐篷的事物。人们的每项活动都要听从指挥或者命令。间或还有裸体体操队参与其中，体操队中的歌队领唱者戴着棕榈叶做成的花冠，这花冠被称作“图勒阿伊科伊”（θυρεαικοί），是为了纪念提里亚（Thyrea）的胜利。歌队所吟唱的内容也包括先祖们的一些历史成就，如在忒摩皮莱伊（Thermopylae）的战斗。这些形式，都带着浓郁的军事性质。[③]

对希腊人，尤其是斯巴达人来说，卡耳涅亚节有着重要的精神意

---

① Athenaeus, *The Deipnosophists*, 678b; Pausanias, *Description of Greece*, iii. 11.

② Lewis Richard Farnell, *The Cults of the Greek States*, vol. 4, p. 364.

③ Lewis Richard Farnell, *The Cults of the Greek States*, vol. 4, p. 365.

义。这个节日不但培育了重农尚武精神，还促进了音乐和诗歌艺术的发展。像艾尔克曼(Alkman)①、特潘德尔(Terpander)②、萨拉塔斯(Thaletas)③等重要名字也与这一节日有着密切的联系。节日庆典中的很多内容都是以古喻今，通过对历史的追溯来刺激或鼓动当时的人和事。

四、德里亚节

德里亚节起源于德洛斯岛，后来流行于近邻同盟，也扩展到基克拉迪(Cyclades)和爱奥尼亚的沿海地区。

从《荷马颂歌》的记载来看，德里亚节起源的时间相当早。④ 德里亚节每四年举行一次，大概在雅典历法的赫伊俄斯月(Hieros)或者塔格里翁月。⑤ 这个每四年举行的大型节日庆典被称为"德里安·帕尼吉利斯"(Delian Panegyris)。每逢此时，近邻同盟的成员们身着长衣，带着妻小，聚集在德洛斯的"厄特俄隆"(ἐθεώρουν)，主要庆祝活动有体育和音乐比赛、合唱和舞蹈。雅典人每年进贡到德洛斯的圣器"特俄里斯"(θεωρίς)，据说就是忒修斯从克里特回来以后进贡的那种圣器。⑥ 在这样一本正经的节日气氛里，德洛斯人常常将一些官员扮成厨师，以取悦那些来到他们岛上的人们，这些官员被称为"厄勒俄多塔伊"(Ἐλεοδύται)。狄奥尼修斯说："狄奥根尼(Theognis)谈及声名远扬的赫卡特姆(Hekatombs)说，人们在早春时节向福玻斯敬献供品，这时这位神祇正沉浸于七弦琴、赞美诗以及歌队悠扬的歌声带来的喜悦中。"⑦

---

① 公元前7世纪斯巴达著名的诗人。

② 公元前6世纪斯巴达著名的音乐家和诗人。

③ 公元前6世纪克里特著名的音乐家，曾在斯巴达教授合唱音乐。

④ *Homeric Hymn Apollo*, 147.

⑤ Irene Ringwood, "Local Festivals at Delos", pp. 452—458.

⑥ Plutarch, *Theseus*, 23f.

⑦ Dionysius, *Periegetes*, 527.

随着时间的推移,德里亚节的庆祝活动逐渐停止了。直到伯罗奔尼撒战争的第六年,也就是第八十八届古代奥运会周期的第三年(公元前426年)才得以恢复。雅典人为了补偿德洛斯岛,将他们的所有墓穴都移到了莱尼亚,并且颁布法令,从此以后,不准许任何人生在那里或死在那里。[①] 雅典人不仅恢复了以前的活动内容,还增加了赛马,这是之前从来没有在德洛斯举行过的活动。[②] 从这以后,作为爱奥尼亚同盟的盟主,雅典在德里亚节的庆祝活动中就占据了主导地位。岛上居民也要像雅典一样提供歌队和供品。操作整个庆祝活动的总指挥称作"阿纳克特乌洛斯"(ἀρχιθέωρος),也是一个雅典人。[③]

除了大型的德里安·帕尼吉利斯以外,还有较为小型的德里亚节,人们称之为"德里安·阿波罗尼亚"(Delians Apollonia),[④]每年举行一次,时间可能是在塔格里翁月的第六天。据说小型的德里亚节由忒修斯在杀死米诺斯的人身牛头怪之后所创立,尽管在有些传说中,这一事件要早得多。[⑤] 雅典人每年在这个时候将圣器"特俄里斯"送到德洛斯去,阿波罗的祭司则用月桂枝来装饰圣器。护送圣器的使者被称为"特俄里亚"(θεωρία),护送圣器的船员则被称为"特俄罗伊"(θεωροί)。为了航行顺利,在他们起航之前,要在马拉松举行庄严的祭祀。在圣器离开雅典的三十天里,整个雅典城都要净化,不准宰杀任何牲畜,也不准执行死刑。[⑥]

五、达芙妮弗里亚节

达芙妮弗里亚节主要在底比斯举行,每九年举行一次,庆祝这个节日的主要目的是纪念阿波罗·伊斯梅尼俄斯(Apollon Ismenios)。其

---

① Thucydides, *History of the Peloponnesian War*, iii. 104.

② Thucydides, *History of the Peloponnesian War*, i. 50.

③ Plutarch, *Nicias*, 3.

④ Plato, *Phaedon*, 58a; Xenophon, *Memorabila*, iv. 8.

⑤ Plutarch, *Theseus*, 23.

⑥ Plato, *Phaedon*, 58a; Xenophon, *Memorabila*, iv. 8.

节日名称来自庆典活动中所用的月桂枝（δάφναι）。[①] 根据希腊神话传说，达芙妮是山泽女神，是派尼乌斯（Peneus）和克鲁撒（Creusa）在忒萨利所生的女儿，或者是在阿卡迪亚（Arcadia）的腊冬河（Ladon）所生。阿波罗爱上了达芙妮，但是达芙妮不能接受他的爱，于是两人展开了一场追逐。最后，无处可逃的达芙妮只好变成了一棵月桂树。[②] 因此，月桂树变成了阿波罗的圣物，在后来的皮提亚运动会上的获胜者就会得到一顶月桂枝编织的桂冠。[③]

从阿波罗崇拜到达芙妮弗里亚节的转变，或者更确切地说，从古老的植物崇拜到奥林帕斯神的崇拜再到希腊宗教节日的这一转变过程，是一个相当有意思的话题。这个节日更多反映了阿波罗自然属性方面的特性，而不是像其他节日那样主要关注阿波罗在精神方面的特性。波桑尼阿斯对这个节日的描述给我们的印象是这个节日仅仅只是一个“净化”的节日。他说在这个节日里，会从底比斯的上层家庭挑选一个最健壮最漂亮的男孩子来担任这一年中阿波罗·伊斯梅尼俄斯的祭司，人们称这个男孩为“戴桂冠者”，因为他戴着由月桂枝编织成的花冠。[④]

弗提乌斯（Photius）在他的著作里引述普罗克鲁斯（Proclus）的记载，对这个节日进行了非常详尽的描述：

> 每九年波奥提亚的祭司都带着月桂枝来到阿波罗神庙，少女组成的歌队唱着圣歌伴随着祭司，他们来到这里就是为了庆祝达芙妮弗里亚节。他们首先用月桂枝和许多不同的花朵装扮一段橄榄木，在橄榄木的顶端固定着一个青铜圆球，在这个青铜圆球周围又有更多的金属小球；在橄榄木的中间是紫色的花环，周围也一圈

---

① 希腊语后缀-φορια意为“拿”、“戴”，δαφνηφορία字面意思即为“拿月桂枝”、“戴月桂枝”。

② Hyginus，*Fabulae*，203；Pausanias，*Description of Greece*，viii. 20.

③ Pausanias，*Description of Greece*，x. 7.

④ Pausanias，*Description of Greece*，ix. 10.

> 一圈地挂着小圆球；在橄榄木的底端则是金黄色的罩衣，还有一个比顶端的圆球小一些比其他小球大一些的青铜圆球。人们认为大圆球代表太阳，因而将其与阿波罗联系起来，底端的圆球代表月亮，其他的则代表星星。花环则标志着一年的光阴，因为花环共是三百六十五个。这段橄榄木被称为“科珀”（κωπώ）。达芙妮弗里亚节的庆典活动由一个父母都健在的男孩主持，这个男孩被称为“达芙妮弗洛斯”（δαφνηφορός）。他最亲近的亲属抬着这段被称为“科珀”的橄榄木，随后是这个“达芙妮弗洛斯”，他留着披肩长发，戴着金色桂冠，穿着金色及地长袍，手持月桂枝。在他之后是持着许愿枝的少女歌队，她们把树枝举在前面，以此来强调她们的赞歌的祈祷之意。①

通过以上记载，我们不难解释古希腊人举行达芙妮弗里亚节的目的。这个节日应该和庆祝五朔节（Maypole）有一定联系。五朔节是欧洲广泛流行的一个农业节日，其主要目的是为庄稼祈求肥力，一般在仲春或者初夏举行。弗提乌斯所记载的三百六十五个花环是理解这个问题的关键点，三百六十五这个数正好是一年的天数，随着人们对历法和季节的认识，一年里不同时间与农事的联系规律得到解答，仪式中出现的这个数字正好说明了人们的这种认识，也说明达芙妮弗里亚节是一个与农事有着密切联系的节日。

哈里森认为这个节日中的仪式体现了人们崇拜对象的演变顺序。她认为我们也许很难想象这种崇拜对象的转变对古人来说意义有多重大，他们原先关注的是大地上的果实和无序而又恐惧的气象，现在他们注视的是天上固定而又有序的天体。原始人把时间看成一种色彩缤纷的东西，紫色的丝带代表春天和收获的节日，但是随着阴历和阳历的出现，时间也就变成了一种周而复始的有规律的东西。②

---

① Photius, *Bibliotheca*, 321. 转引自 Lewis Richard Farnell, *The Cults of the Greek States*, vol. 4, pp. 284－285。

② J. Harrison, *A Study of the Social Origins of Greek Religion*, p. 439.

一个值得注意的现象是，达芙妮弗里亚节中的这棵橄榄树也是神人同形的一种形式，这种形式在狄奥尼索斯崇拜仪式中也经常出现，而狄奥尼索斯的最初本质特征就是植物神。[①] 但是这个节日仪式中的太阳崇拜并不能确证，至少不是很明显，尽管橄榄树上的圆球有着太阳和星星的外形，或者可能只是这个与人同形的橄榄树的一种装扮。如果非要与太阳扯上关系，我们最好谨慎地将之归为对太阳促进植物生长能力的一种敬畏。这种植物崇拜中的树状仪式和对太阳能力的敬畏，在古代希腊各地都有不同程度的体现，也没有归于某个具体的神祇，有时候是阿波罗，有时候是雅典娜。

第六节 戏剧中的阿波罗

尽管在许多古典作家和现代学者笔下，阿波罗一般都是以年轻、明智、理性的形象出现，但是在古希腊戏剧中，阿波罗有时候却呈现完全不同的性格特点。只有在有关祭仪的场景中，才有歌队赞颂阿波罗，以使得戏剧气氛显得生动逼真。在其他场合，不管是人们提到他还是人们的话语中对待他的态度，或者他亲自出现的时候，他经常是一个威严可怕、令人敬畏的神，或者是一个没有道德、不负责任的神，全然没有他在德尔斐"过犹未及"的那种节制和理性。由于神是站在人类之上俯视人类的行为，所以他不能理解人类的伦理范畴，结果神不但没能对人类有所帮助，反而在很多时候给人类带来威胁。就像所有的神在戏剧中的形象一样，至少阿波罗也是一个矛盾结合体。如同沃尔特·奥托所说的那样，由于阿波罗在很多方面拥有特殊的能力，所以他一旦参与某些行动，就会产生很严重的后果，即使他是一个"遥远的神灵"(God of Afar)。[②]

---

① 魏凤莲：《狄奥尼索斯崇拜研究》，复旦大学博士学位论文，2004 年，第 59 页。

② Walter F. Otto, *The Homeric Gods: The Spiritual Significance of Greek Religion*, translated by Moses Hadas, Boston: Beacon Press, 1964, p. 146.

如何解释戏剧中的阿波罗的这些消极方面的特征呢？西方学者一般将其与公元前5世纪的历史形势联系起来，认为这一时期雅典与斯巴达和德尔斐之间的紧张政治气氛是出现这种现象的主要原因。① 尽管我们也能从戏剧以外的资料找到证据来证实这一理论，但是这应该不是唯一的原因。并且，为什么相对短暂的历史形势就能有如此重大的影响，以至于一个神祇变成了与人们一直想象的形象的相反面。安顿·比埃尔(Anton Bierl)给出了另外一种解释，他认为阿波罗这种自相矛盾的形象可以部分地用戏剧作为一种文学类型本身的特点来解释。戏剧需要一种矛盾冲突，需要一种两个极端之间的转换。②

笔者认为，要想真正弄清楚这个问题，还需要结合具体的古典作品。我们将在这一节中通过分析两部与阿波罗联系最密切的希腊戏剧——埃斯库罗斯的《欧墨尼德斯》和欧里庇得斯《伊翁》来解读这位神祇在希腊戏剧中的这些特点，并深入分析其中所体现的宗教和文化理念，以及产生这种理念的思想和社会根源。

一、支持弑母行为的预言神——《欧墨尼德斯》中的阿波罗③

《欧墨尼德斯》④是埃斯库罗斯的系列悲剧《俄瑞斯忒亚》(*Orestes*)三部曲的第三部。戏剧的故事背景是阿伽门农在特洛伊战争之后返回家乡，被王后克吕泰墨斯特拉(Clytaemestra)和他的堂兄弟埃吉斯托斯(Aegisthus)合谋所杀。阿伽门农的儿子俄瑞斯忒斯回国，遵照阿波

---

① H. W. Parke, D. E. W. Wormell, *The Delphic Oracle*, p. 165f.

② Jon. Solomon, *Apollo*: *Origins and Influences*, p. 81.

③ 本部分内容修改以后曾以《从血亲复仇看古希腊伦理冲突——以〈欧墨尼德斯〉为中心的考察》的标题发表于《首都师范大学学报》(社会科学版)2012年第2期。

④ 该剧名中文还有《善好者》、《报仇神》、《复仇女神》等多种译法。希腊文和英文版本参阅 Aeschylus. *Aeschylus*, with an English translation by Herbert Weir Smyth, Ph. D. in two volumes. 2. *Eumenides*, Herbert Weir Smyth, Ph. D. Cambridge, MA. Harvard University Press. 1926。

罗的谕令，先后杀死了埃吉斯托斯和克吕泰墨斯特拉，为父亲报了仇。但是古老的复仇女神①因为他犯了杀害血亲的罪，追踪他要给他惩处，俄瑞斯忒斯无奈开始逃亡。《欧墨尼德斯》描写俄瑞斯忒斯按照阿波罗的指令前往雅典，求雅典娜帮助。当俄瑞斯忒斯被复仇女神指控后，经法庭审判，定罪票与赦罪票持平，雅典娜最终投票赦免被告从而使他得以免受惩罚。

阿波罗在该剧中是作为俄瑞斯忒斯的支持者出现的，他在之前发布神谕让俄瑞斯忒斯杀死自己的母亲为父亲报仇。② 在俄瑞斯忒斯遭到复仇女神追杀之时，阿波罗竭力保护他，"我不会抛弃你，我要保护你到底，靠近你的身边，即使我远去，我对你的仇人也是决不留情的。"③然后又指示他到雅典去寻求帮助，"你去到帕拉斯拥有的城市，你坐在那里，抱住古老的神像。我们会在那里找到本案的法官、安抚的话语和解救你的办法，使你永远摆脱现今这苦难。"④他还亲自为俄瑞斯忒斯举行涤罪仪式，让他洗去身上血亲凶杀的血污，因此他能够以洁净之身进入雅典娜神庙。最后在法庭上，阿波罗又作为宙斯的代言人为俄瑞斯忒斯辩护，直到俄瑞斯忒斯作为被告的凶杀行为得到赦免。⑤ 对于阿波罗的这些行动，我们需要重点关注的是两个方面的问题，一是神灵在古代希腊社会的血亲复仇和血缘凶杀中的作用，二是以阿波罗为代表的新神和以复仇女神为代表的旧神之间的矛盾及其所反映的社会形态转变过程。

---

① 传说复仇女神是从乌拉诺斯(Uranus)被阉割时溅在地上的血滴中诞生的，包括提西福涅(Tisiphone)、阿莱克托(Alecto)和墨伽俄拉(Megaera)，意思分别是报复(vengeance)、陌生者(strange one)和黑暗的记忆(dark memory)，她们彼此互称为提丝(Tiss)、阿莉(Allly)和墨格(Meg)。参阅 Bernard Evslin, *The Furies*, New York: Chelsea House Publishers, 1989, p. 12。

② 这一情节出现在前一部悲剧《奠酒人》中，参阅 Aeschylus, *Choephoroi*, 269f。在本剧中也多次提到这件事，如 Aeschylus. *Eumenides*, 84, 202, 465, 579, etc。

③ Aeschylus, *Eumenides*, 64—66.

④ Aeschylus, *Eumenides*, 78—83.

⑤ Aeschylus, *Eumenides*, 565f.

《欧墨尼德斯》的主题是血亲复仇。这也是古希腊神话和戏剧作品中出现最多的主题之一。复仇是人类社会法律成熟之前所奉行的解决仇恨的通行法则。复仇的历史演变往往要经历三个阶段，即最早的个体复仇，这完全是无组织的个人行为；之后是由氏族和胞族替个人进行复仇，这是法律草创时期的初步组织行为；最后产生了成熟的法律，此时便由城邦依照法律对犯罪行为进行干涉，复仇变成了惩处，从而在很大程度上废止了个人或其所在组织私下里进行扩大化血亲复仇的传统。[①] 血亲复仇，是指复仇主体因与自己有血缘关系的人被杀或被伤害或其财产受到侵害而进行的复仇。[②] 无论是在古希腊现实生活中，还是在希腊神话传说里，因为血亲被杀而进行的复仇都是复仇最主要的表现方式，其结果也最为惨烈。进行血亲复仇在当时被看作是神圣的至高义务。正因其如此，以血亲复仇为题材的悲剧便尤能显出冲突的剧烈。

阿伽门农被妻子克吕泰墨斯特拉伙同情夫埃吉斯托斯杀死了，从埃吉斯托斯的角度来说，这是珀罗普斯家族内部血亲复仇的继续。[③] 阿伽门农虽然死了，但"他的个体性、他的血缘将在他家里继续活下去；他的实体有着一个绵延不绝的现实"[④]。这种血缘关系在俄瑞斯忒斯身上获得了体现。俄瑞斯忒斯是为父亲阿伽门农之死而复仇，他杀死了埃吉斯托斯，这与埃吉斯托斯的复仇一样，也是珀罗普斯家族内部阿特柔斯和提埃斯托斯两兄弟间血亲复仇的延续。追本溯源，这是珀罗

① 杨德煜：《希腊神话传说中的复仇主题探究》，上海师范大学博士学位论文，2004 年，第 1 页。

② 杨德煜：《希腊神话传说中的复仇主题探究》，第 1 页。

③ 阿伽门农的父亲阿特柔斯和埃吉斯托斯的父亲提埃斯托斯是兄弟，为了争夺王位，阿特柔斯把提埃斯托斯赶出了自己的城邦。后来又把提埃斯托斯的孩子们的脚掌和手指砍下做成菜肴设宴款待提埃斯托斯。参见 Aeschylus, *Agamemnon*, 1583f。

④ 〔德〕黑格尔：《精神现象学》（下卷），贺麟、王玖兴译，北京：商务印书馆，1979 年，第 19 页。

普斯杀死了赫尔墨斯的儿子密耳提罗斯[①]之后引起了神祇复仇扩大化的最后部分。

俄瑞斯忒斯还杀死了自己的母亲克吕泰墨斯特拉，虽然克吕泰墨斯特拉是杀死阿伽门农的凶手，可是她和阿伽门农之间并没有血亲关系，而俄瑞斯忒斯和他的母亲却实在有着血亲关系，所以复仇女神因为俄瑞斯忒斯犯了血缘凶杀的罪而追杀他。然而阿波罗却处处回护着俄瑞斯忒斯。究其原因，第一是因为阿波罗和复仇女神本身是敌对的关系，认为她们“因罪恶而生，居住在地下，占据不祥的昏暗和塔尔塔罗斯(Tartarus)，[②]为凡人和奥林帕斯众神所憎恶”[③]。第二是因为阿波罗认为俄瑞斯忒斯向他乞援，他有义务保护他，“无论在神界或人间，背弃乞援者都会引起求援人可怕的愤怒。”[④]第三是因为阿波罗和俄瑞斯忒斯认为克吕泰墨斯特拉“被双重罪孽玷污”，[⑤]“她杀害了丈夫，杀害了我的父亲。”[⑥]这违背了“尊贵的赫拉和宙斯规定的婚盟”，[⑦]“也使库普里斯(Cypris)[⑧]失敬重，是她赋予人类最深挚的情爱。由命运注定的丈夫和妻子的婚床，比联誓更神圣，受正义神保护。”[⑨]阿波罗能够帮助和保护俄瑞斯忒斯的基础是因为他作为“法律的阐释者”(ἐξηγοῦ)的身

---

① 赫尔墨斯的儿子密耳提罗斯是国王俄诺玛俄斯的驭手。珀罗普斯跟国王打赌赛车，他如果取胜便能娶回国王的女儿希波达弥亚为妻。珀罗普斯贿赂密耳提罗斯，要他把国王车上的铜钉拔去换成蜡钉。国王俄诺玛诺斯赛车时车子因而翻倒，珀罗普斯取得了胜利，并赢得国王的女儿希波达弥亚。可是，当密耳提罗斯向他追讨许诺的酬金时，珀罗普斯竟把他推入大海，杀人灭口。珀罗普斯再三请求愤怒的神祇赫尔墨斯宽恕他，并为密耳提罗斯建造坟墓，为赫尔墨斯建立神庙，但赫尔墨斯仍不能息怒，并发誓要向珀罗普斯和他的子孙报复。Apollodorus, *Epitome*, ii. 3—9.

② 塔尔塔罗斯是希腊神话中“地狱”的代名词。

③ Aeschylus, *Eumenides*, 71—73.

④ Aeschylus, *Eumenides*, 231—233.

⑤ Aeschylus, *Eumenides*, 600.

⑥ Aeschylus, *Eumenides*, 602.

⑦ Aeschylus, *Eumenides*, 213.

⑧ 库普里斯是爱神阿弗洛狄忒(Aphrodite)的别称。

⑨ Aeschylus, *Eumenides*, 216—218.

份出现。[①] 相传雅典的“厄克瑟格塔伊”（ἐξηγήται）[②]就来自阿波罗。厄克瑟格塔伊的作用主要体现在两方面，他们在涉及谋杀的案件里给出建议如何判决（或复仇），[③]也在一些仪式中扮演重要角色，尤其是在涤罪仪式中。[④] 阿波罗作为厄克瑟格塔伊出现，表现在他给俄瑞斯忒斯复仇的神谕，[⑤]以及他在法庭上的一系列言语和行动。[⑥] 再加上“预言神说的都是真话和宙斯的意愿”和“神决定一切”这两条律则，阿波罗似乎自然而然有了能够出面保护俄瑞斯忒斯的充分理由。[⑦]

然而，事实上，埃斯库罗斯在这里的态度并不是这么明朗，甚至还不是站在阿波罗一边。对埃斯库罗斯之前的希腊人来说，几乎代代相传都将德尔斐神谕视为来自神的声音，对它的权威性深信不疑。然而，埃斯库罗斯在戏剧中并没有让阿波罗战胜古老的复仇女神，而是让法庭出现平等票数。[⑧] 也就是说，德尔斐的神谕再也不能代表一切，最多只能代表一半的审判力量。有学者分析出现这种结局的原因可能是因为阿波罗支持俄瑞斯忒斯的理由并不是那么充分，而更多的是依靠自己的强势来威胁复仇女神甚至法庭的陪审员。在这样的情形下，出现相等票数这种结局就是一个必然的结果，否则要是判决阿波罗和俄瑞斯忒斯直接获胜，就会引起以后类似事件中人们对妇女采取恐怖可怕的态度，毕竟弑母是任何人类社会伦理所不能完全心安理得地接受的行为。[⑨] 另一方面，这一结局也反映了作为公元前5世纪的希腊人，埃

---

① Aeschylus, *Eumenides*, 609.

② 意为“解释者”、“引导者”。后来在基督教的语境中引申为“圣经阐释者”。

③ 具体案例参见 Demosthenes, *Orations*, xlvii, 68。

④ Keith Sidwell, “Purification and Pollution in Aeschylus' Eumenides”, *The Classical Quarterly*, new series, vol. 46, no. 1 (1996), p. 53.

⑤ Aeschylus. *Choephoroi*, 269—296.

⑥ Aeschylus, *Eumenides*, 615, 625—639, 644—651, 657—666.

⑦ Keith Sidwell, “Purification and Pollution in Aeschylus' Eumenides”, 53.

⑧ Aeschylus, *Eumenides*, 753.

⑨ R. P. Winnington-Ingram, “The Rôle of Apollo in the Oresteia”, *The Classical Review*, vol. 47, no. 3 (Jul., 1933), p. 103.

斯库罗斯的意识中已经有了一定的人本主义思想，能够对神灵进行公平的评判，不再完全相信“预言神说的都是真话和宙斯的意愿”和“神决定一切”这样的律则。

从神祇体系的演进来看，《欧墨尼德斯》反映了以复仇女神为代表的旧神和以宙斯、阿波罗、雅典娜为代表的新神之间的冲突和斗争。前面已经提到了阿波罗认为复仇女神为凡人和奥林帕斯众神所憎恶。[①] 而复仇女神也对阿波罗进行指责，“年轻的神灵践踏衰老的神灵”，[②]“这些新神就这样行动，统治一切，践踏正义”，[③]“藐视神规和人间法律，损害古老的命运权限”，[④]“你们新神灵，把旧有的规章任意践踏，从我手里夺走了罪犯，不幸的我啊，遭受侮辱，我要把愤怒向这片土地发泄，我要把毒汁向这块土地喷吐，使它受害变荒芜。”[⑤]阿波罗也对复仇女神进行了凶狠的咒骂和威胁。[⑥] 在法庭上，雅典娜不仅接受了阿波罗的证词，[⑦]还用宙斯的雷霆来威胁复仇女神，要她们不要暴怒，[⑧]也同意阿波罗所说的“誓言也不如宙斯有力量”。[⑨] 宙斯与阿波罗和雅典娜的相同立场不仅体现在阿波罗和俄瑞斯忒斯的话语中，[⑩]也体现在雅典娜在判决结果出来以后对复仇女神说明她们不要危害雅典城邦，因为“有来自宙斯的明确旨意，善做预言的神灵亲自来做证，俄瑞斯忒斯不应为他的行为担罪责”[⑪]。斗争的结果是新神取得了胜利，但是旧神并没有被消灭，而是融合到新神的体系中来，复仇女神变成了欧墨尼德

---

① Aeschylus, *Eumenides*, 73.

② Aeschylus, *Eumenides*, 150.

③ Aeschylus, *Eumenides*, 162—163.

④ Aeschylus, *Eumenides*, 172—173.

⑤ Aeschylus, *Eumenides*, 778—782.

⑥ Aeschylus, *Eumenides*, 180f.

⑦ Aeschylus, *Eumenides*, 797—799.

⑧ Aeschylus, *Eumenides*, 826f.

⑨ Aeschylus, *Eumenides*, 217—218, 426—432, 621.

⑩ Aeschylus, *Eumenides*, 79—80, 92, 214, 224, 618f, 684—686, 757—761.

⑪ Aeschylus, *Eumenides*, 79—799.

斯，从此成为福佑雅典城的神灵。[①]

这种新旧神系之间的斗争实际上又是戏剧背景所处时代社会形态转变在文学艺术上的一种反映。这个时代，一方面是父权制社会已经建立，需要进一步清除母权制的剩余影响；另一方面是社会秩序的维护开始从人治走向法治。

关于母权制与父权制的斗争问题，恩格斯在《家庭、私有制和国家的起源》的序言中指出，最早提出这一观点的是德国史学家巴霍芬的《母权论》。“巴霍芬指出，埃斯库罗斯的《奥列斯特》（即《俄瑞斯忒亚》）三部曲是用戏剧的形式来描写没落的母权制跟发生于英雄时代并获得胜利的父权制之间的斗争。”[②]恩格斯认为，“对《奥列斯特》三部曲的这个新的但完全正确的解释，是巴霍芬全书中最精彩最好的地方之一。”[③]

从神话传说的演进角度来说，希腊神话中最早出现的有性别的神祇就是地母盖亚。[④] 如果对应人类社会，这可能就是最初的母权制社会体系的开始。然而，在希腊神话中，地母盖亚的统治时间并不长，也没有产生多么重大的影响。自盖亚以后，乌拉诺斯、克洛诺斯、宙斯，都是男性神祇，并且在他们身上，父权制的影子也是越来越浓厚。假如盖亚是母权制势力的影子的话，在宙斯再次打败了由盖亚发起的地狱中巨人们的反攻之后，宙斯就建立起了比较稳固的父权制的统治。“逐渐，母权制和父权制的斗争中，父权制取得了胜利，斗争中涌现了奥林帕斯的十二个神，奥林帕斯神话也就成了父权制获得胜利的报告。”[⑤]我们从克洛诺斯推翻乌拉诺斯、宙斯打败克洛诺斯并相继取代父位的现象中，可以看到原始部落中年轻人打败年老体衰的酋长并取而代之

① Aeschylus, *Eumenides*, 890f.

② 《马克思恩格斯选集》（第四卷），北京：人民出版社，1972 年，第 6 页。

③ 《马克思恩格斯选集》（第四卷），第 7 页。

④ Apollodorus, *Library*, i. 1; Hesiod, *Theogony*, 116.

⑤ 〔日〕上山安敏：《神话与理性》，孙传钊译，上海：上海人民出版，1992 年，第 221 页。

的新旧代谢过程，这一过程的斗争往往在父子血亲之间展开，是父权制内部的一种权力更迭的方式。[①]

从《欧墨尼德斯》来看，以宙斯、阿波罗和雅典娜为代表的奥林帕斯神已经完全建立了以宙斯为权威的父权制模式，而古老的复仇女神只能说是母权制最后的代表，并且这些代表已经势单力薄。在最后判决双方的票数持平的时候，投下最关键一票而使俄瑞斯忒斯得以赦免的正是雅典娜。她在投这一票时所说的话最具代表性，“我不会更重视一个杀死丈夫，杀死一家之主的女人，即使票数相等，俄瑞斯忒斯也将获得胜利。”[②]可见，她要维护“一家之主”的至上权威，所以她赞成“一家之主”的继承者俄瑞斯忒斯的弑母行为。正如汤姆逊所分析的那样，“雅典娜为什么投俄瑞斯忒斯一票？因为她认为男性比女性地位高，丈夫比妻子地位高。”[③]当然，父权制清除母权制剩余影响的方式并不是一方完全消灭另一方，而是最终将母权制的一些因素纳入父权制的体制之内，就如最后复仇女神变成了欧墨尼德斯，成为福佑雅典城的神灵一样。

在《欧墨尼德斯》一剧中，社会的发展变化还体现在维护社会秩序的方式方面。该剧将雅典陪审法庭的起源归于雅典娜在这一案件中规定的法规，“阿提卡人民，请听我的法规，你们这是第一次审判流血案。这个陪审法庭将永远存在，永远存在于埃勾斯的人民中间。”[④]“愿我创立的法庭不受利诱，虔敬、严格地成为这方土地的警觉守卫。”[⑤]这种用法庭审判的方式来解决凶杀复仇问题，是以较合理正义的复仇法则取代了以无限制的自相残杀威胁社会集体的血亲复仇法则的过程，是以民主审判的方式取代了个人复仇的过程，在一定程度上也可以说是文

① 杨德煜：《希腊神话传说中的复仇主题探究》，第55页。

② Aeschylus, *Eumenides*, 738－741.

③ 〔英〕汤姆逊：《埃斯库罗斯与雅典》，水建馥译，见陈洪文、水建馥选编《古希腊三大悲剧家研究》，北京：中国社会科学出版社，1986年，第287页。

④ Aeschylus, *Eumenides*, 681－684.

⑤ Aeschylus, *Eumenides*, 704－705.

明战胜了野蛮的过程。

二、悲剧中的“喜剧”角色——《伊翁》中的阿波罗

《伊翁》[①]是悲剧作家欧里庇得斯于公元前412年创作的一部悲剧。该剧的故事背景取材于一则传说。雅典的国王厄瑞克透斯(Erechtheus)的一个女儿名叫克瑞乌萨(Creusa),她被阿波罗强迫做了他的情妇,并为他生了一个儿子。由于害怕父亲生气,她把孩子遗弃在她跟阿波罗幽会的山洞里。阿波罗请赫尔墨斯把孩子送到德尔斐神庙前面。神庙的女祭司把孩子抚养长大,到了成人的时候,他成为神庙的神仆。克瑞乌萨后来嫁给克苏托斯(Xuthus),但是她一直没有生育,于是就去德尔斐神庙求子。在那里她遇见了自己的亲生儿子,虽然其中经历了误会和波折,但是最后在阿波罗的安排下,克瑞乌萨和伊翁得以母子相认。伊翁也在神的安排下成为爱奥尼亚人的祖先。

《伊翁》是一部悲剧。在古希腊,悲剧和喜剧是有严格区分的,悲剧作家基本不会去写喜剧,喜剧作家也基本不会去写悲剧,只偶有例外。[②] 亚里士多德在《诗学》中给悲剧下了一个定义:“悲剧是对一个严肃、完整、有一定长度的行动的摹仿;它的媒介是经过‘装饰’的语言,以不同的形式分别被用于剧的不同部分,它的摹仿方式是借助人物的行动,而不是叙述,通过引发怜悯和恐惧使这些情感得到疏泄。”[③]从这个定义我们可以看出,严肃性是悲剧的主要特色。亚里士多德对这个特色的细化阐释则是“喜剧总是摹仿比我们今天的人坏的人,悲剧总是摹仿比我们今天的人好的人”[④]。然而,我们仔细分析,就会发现《伊

① 参阅 Euripides, *The Complete Greek Drama*, edited by Whitney J. Oates and Eugene O'Neill, Jr. in two volumes. 1. *Ion*, translated by Robert Potter. New York: Random House, 1938。

② 《罗念生全集》(第八卷),上海:上海人民出版社,2007年,第6页。

③ Aristotle, *Poetics*, 1449b. 中文译文参阅〔古希腊〕亚里士多德《诗学》,陈中梅译注,北京:商务印书馆,1996年,第64页。

④ Aristotle, *Poetics*, 1448a.

翁》中的阿波罗——他的形象、他的所做所言——很多地方不符合悲剧的这些特点，倒是颇有几分喜剧中受到嘲讽和批评的意味。

《伊翁》的主题之一，就是要将爱奥尼亚人的血统追溯到神的身上。在古希腊的传统中，凡人和神的结合是一件非常重要的事情。作为一个高贵的家庭，一个王室家族，或者一个国家，一旦有了与神的结合，就意味着拥有了最高贵的身份，这对于他们确认的权力和威望有着非同一般的意义。克瑞乌萨对她家族的地位和其在雅典的统治非常看重。[①] 戏剧场景中，在不知道伊翁就是自己的儿子的时候，她曾想方设法试图谋杀他，其动机也即为此。[②] 她这种维护自己家族利益，不让外人侵占自己家族权力和财产的举动，也得到了雅典人的认可，歌队的唱和就表明对她的行动是持赞同态度。[③] 阿波罗选择她作为自己儿子的母亲，不但表明对她个人的喜欢，而且表明对她作为“地生人”[④]后代社会地位的肯定。欧里庇得斯对戏剧的这一安排似乎合情合理。

然而，这里的问题是，这件事情是否符合克瑞乌萨的本意。这里所用的一个词是 ἔζευζεν，其实就是强暴的意思。所以在剧中克瑞乌萨羞于说起这件事情，认为这是一件羞耻的事情（αἰσχῦνην）。[⑤] 当她来到阿波罗的神庙，勾起了她的伤心往事之时，她是这样说的：“啊，受苦的女人们！啊，神的荒唐呵！这有什么说的呢？我们向何处要求公道呢，若是我们为我们的主宰所毁灭了？”[⑥]

克瑞乌萨的受苦和不幸不仅仅在于这件事情，更多在于这件事情引发的一系列后续事件。首先是她对于不得不遗弃自己孩子的自责和难过，因为她后来到丢弃孩子的山洞寻找孩子却找不到了，以为被野兽

---

① Euripides, *Ion*, 1293f, 1463f.

② Euripides, *Ion*, 810f.

③ Euripides, *Ion*, 719f, 1048f.

④ 希腊各地人往往以“地生人”(Earthborn)自夸，本来只是土著的意思，但在神话上便说成是地(盖亚)所生的了。参阅《欧里庇得斯悲剧集》(上)，周作人译，北京：中国对外翻译出版公司，2002年，第475页。

⑤ Euripides, *Ion*, 288.

⑥ Euripides, *Ion*, 252f.

伤害了。[1] 对这件事她反复责怪阿波罗是“无耻的情人”、“狠心的神”、“无情的人”。[2] 其次是她和克苏托斯长期没有子嗣。她初次见到伊翁（此时伊翁还没有这个名字，只是一个叫“属于洛克西阿斯的”的神仆），说起这件事，抱怨阿波罗，“福玻斯知道我没有儿女吧！”[3]这里明显是一种反语，表面上是给伊翁说“福玻斯知道我没有儿女”，实际上是说“福玻斯心里清楚我到底有没有儿女”。剧情发展到后来，神谕让伊翁成为克苏托斯的儿子，这对于尚不知伊翁真实身份的克瑞乌萨来说，又是多重的不幸。其一，“她的配偶有了子息的福气，她自己还没有儿女，永远孤独。”[4]其二，“在你所有不幸的上面，你还将知道有最大的恶事到来，那便是你的丈夫带领一个没有母亲的，算不得数的，从什么女奴生出来的孩子，来到你的家里。这不幸还只是一个，假如他同你说好了，说因为你没有子女，让他从良家的母亲得来一个嗣子，或者这如不合你的意思，那么他应该从埃俄罗斯（Aiolos）家族中去寻找妻子来啊！”[5]其三，“你（指伊翁）要放火烧厄瑞克透斯的家堂，……你想要占有我的家，把属于我的强抢了去。”[6]

对阿波罗的指责尚不止对待克瑞乌萨这一件事。在对待伊翁和克苏托斯方面，阿波罗也做得不够地道。他虽然请赫尔墨斯把伊翁带回到德尔斐由祭司抚养，但是他不告知克瑞乌萨伊翁的下落，甚至导致了母子相煎。他给克苏托斯关于伊翁的神谕其实是不真实的，原因只是因为他要隐瞒自己的私情。所以，在剧情没有揭开真相之前，伊翁也说了不少对阿波罗的“不敬之词”。当克瑞乌萨要向阿波罗神庙祭司寻求神谕的时候，伊翁说：“没有人肯给你代说这件事的，因为福玻斯假如在自己的庙堂里被发现了是个恶棍，他将很正当地对给你传话的人加以

---

① Euripides, *Ion*, 345f.

② Euripides, *Ion*, 888, 905, 909.

③ Euripides, *Ion*, 306.

④ Euripides, *Ion*, 676f.

⑤ Euripides, *Ion*, 836f.

⑥ Euripides, *Ion*, 1293f.

报复了。”[①]在他知道阿波罗对克瑞乌萨始乱终弃的行为以后，他说：“我须得警告福玻斯，问他这是怎么的，强犯了闺女，把她弃掉了，偷偷地生了孩子，又不管他，让他死去。你别这样吧，因为你是强的，要走着正路。因为凡有人作了恶，神们要惩罚他。现在你给凡人定了律法，自己却被检举在做非法的事，这算得是正当么？说人们是恶，这是不公平的事，我们只是在模仿神们和好的事情，而作恶的原是教我们的人啊！”[②]

以上所举都是戏剧前三场的场景，是没有解开伊翁的真实身份之前的剧情。如果单从这些内容来看，我们当然能看出希腊悲剧中的本质因素，即引发怜悯并使之得到疏泄。但是阿波罗在其中所扮演的却是一个反面角色，他造成了克瑞乌萨和伊翁甚至克苏托斯的不幸，也受到了当事人的抱怨或指责。结合欧里庇得斯当时创作这部戏剧的背景，我们可以看到，这一安排并不是偶然为之。

这部戏剧要达到的一个政治目的就是要把伊翁的父亲追溯到神界的阿波罗，因此就不得不提到阿波罗和克瑞乌萨的结合。尽管其方式是强迫的，但是欧里庇得斯在这里并没有强调这一点，甚至是一笔带过。因为作者在这里的目的并不是要对神的道德水平进行评判，他的根本目的是要将雅典的荣耀归于他们的祖先有一个神界的父亲，就是要为“他将成为亚细亚土地的建设者，通行于希腊全部”[③]寻求一个正当理由，即来自神灵的意志，因为“伊翁”(Ἴων)[④]这个名字在那个时代的人看来，就是一个政治隐语。那么，为什么欧里庇得斯要将这个神界的父亲说成是一个道德上并不完美的形象呢？为什么要将爱奥尼亚人

---

① Euripides, *Ion*, 369f.

② Euripides, *Ion*, 435f.

③ Euripides, *Ion*, 75.

④ 根据该剧后面克苏托斯的说法，给他的儿子取名叫Ἴων是因为第一个在他从神庙出来的时候遇见的人(Euripides, *Ion*, 662)。Ἴων来源于“出来”这个动词的分词ἔξιων。周作人认为这种神话中人名的语源解释多不可信，这里只是欧里庇得斯个人的意思。参见《欧里庇得斯悲剧集》(上)，周作人译，第478页。

的血统追溯到一个多少有些耻辱的神界，而不是一个完美的人类英雄呢？

作为公元前5世纪初知识精英代表之一的欧里庇得斯，他所处时代正经历着一个复杂的思想变动时期。以前的希腊人是一个生活在神话国度的民族。那些在我们看来只是一堆故事的神话，希腊人却视为实在的事实。“神的历史虽然一部分是诗人的想象构成的，但是诗人也只是将一切人信以为真的传说使之成型。”[①]关于神的观念已经深入到希腊人的社会生活和政治生活中，成为维系风俗和法律的重要力量，人们的思维和思想框架早已融入了浓厚的神话观念。然而，到了欧里庇得斯的时代，已经有知识分子中的精英开始反思这种神话观念，并且努力将人类历史从神人合一的状态中分离出来。他们认为人皆可以期于道义，理性可以使人成为善良的公民。苏格拉底和他的门徒所反复问难的，也大都是关于人世的问题。

这种和传统神本思想日益违离的思想，同样体现在文学领域。欧里庇得斯笔下的克瑞乌萨和伊翁就典型地体现了公元前5世纪初期的这种思想潮流。作为个体的人，他们已经有了较强的自我意识，他们的遭遇引起了作者的感情共鸣。克瑞乌萨的个人命运和她的感情遭遇以及其后的反应，使得作者能够理解她的困境，并通过戏剧将这种同情心传达给观众，这就引起了人们对关于妇女地位的传统思想的重新思考。伊翁就像“柏拉图对话中的那些雅典年轻人的一个兄弟”，[②]在他的身上，我们看到了雅典年轻人对理性和辩论的偏爱。由于他在阿波罗的直接安排下被带到神庙来，因此他成为诚实和虔诚的模板。作为神的仆人是一种特殊的荣耀，习惯和天性使他在为神的服务中养成了正直

---

① 〔英〕狄金森：《希腊的生活观》，彭基相译，上海：华东师范大学出版社，2006年，第2页。

② Felix Martin Wassermann, “Divine Violence and Providence in Euripides’ Ion”, *Transactions and Proceedings of the American Philological Association*, vol. 71 (1940), p. 593.

的德性。当他遇到克瑞乌萨和克苏托斯这对高贵的来访者的时候，他的行为表现出了有教养的谦逊和作为神的仆人的高贵。在他身上体现了那些想为阿波罗服务的人的所有优点，甚至是“所有希腊年轻人的榜样，即使不是作为阿波罗的仆人”。[①] 因此，他自然而然成为作者关于生命和政治的看法的代言人，他所说的话其实就是作者要表达的观点。他和克苏托斯所讨论的关于当前时代的问题一定能够引起观众的共鸣。观众观看了这部戏剧以后，也许会回家和自己的儿子讨论相似的话题，即什么是荣耀，什么是幸福，我们该如何对待自己和别人的幸福。[②]

为了剧情的需要，作为戏剧冲突的另一面，阿波罗在某种程度上，至少在戏剧的前半部分，只能作为理想化的克瑞乌萨和伊翁的对立面出现。所以，这位神祇在这里的形象就显得比较尴尬，只能接受抱怨和指责了。当然，对神的这种态度在悲剧中是很少出现的，更多地出现在喜剧中。这也与欧里庇得斯的创作背景有一定关系。作为古希腊三大悲剧家最晚近的一位，古希腊悲剧到了他手中，就形式而言已经相当完美，而随着欧里庇得斯对悲剧内容的革新和创作方法的突破，古希腊悲剧无疑发展到了一个新阶段。作为悲剧诗人的欧里庇得斯，其创作是独特的，实际上其中已经包含有某些喜剧因素。

回到《伊翁》的最后，欧里庇得斯为阿波罗做了辩护。说他使得克瑞乌萨生产的时候没有病痛，让赫尔墨斯捡起那婴儿，没有让他丧了性命，在最后还安排了他们母子相认，也让克苏托斯有了子嗣。总之，“阿波罗一切都做得很好”，[③]戏剧在歌队对阿波罗的赞颂中落幕：“啊，宙斯和勒托的儿子，阿波罗！凡是家里为灾祸所困扰的人，都应该敬神，振作精神来呵！”[④]

---

① Karl Kerenyi, *Apollo: The Wind, The Spirit, and The God: Four Studies*, p. 6.

② Euripides, *Ion*, 589f.

③ Euripides, *Ion*, 1595.

④ Euripides, *Ion*, 1619f.

纵观《伊翁》全剧，阿波罗和雅典女王的结合，伊翁在德尔斐和雅典的生活经历，正反映了雅典和德尔斐的合作，以及德尔斐在泛希腊主义思想下对雅典—爱奥尼亚联盟的支持和肯定。阿波罗身上表现出来的多面性也反映出了作者所处时代雅典社会的两面性，一方面是部分观众所代表的这一时代的新思想，另一方面是古老部落遗风所代表的旧传统。[①] 一方面是雅典民主政治家建立殖民地的诉求，另一方面是保护众多爱奥尼亚城邦独立性的声音。《伊翁》的创作时间正是雅典人为了扩展殖民地而和爱奥尼亚人进行争夺之时，也正是雅典人在卫城建立雅典娜和厄瑞克透斯联合神庙的时候。在这种形势下，人们事实上是完全接受雅典娜和阿波罗的支配地位的。雅典娜最后的话语，强调了阿波罗的儿子伊翁作为厄瑞克透斯的后代对于爱奥尼亚的正当统治权。尽管《伊翁》一剧中对阿波罗的形象有各种说辞，但是归根结底，核心只有一句话——“阿波罗一切都做得很好”。[②]

---

① 关于阿波罗·帕特洛斯和伊翁的关系，参见 Lewis Richard Farnell, *The Cults of the Greek States*, vol. 4, 153f。

② Euripides, *Ion*, 1595.

第三章　阿波罗崇拜的转化与衍生

第一节　赫利俄斯与阿波罗

在古希腊神话中，赫利俄斯（Ἥλιος，Helios）是最早的拟人形象的太阳神。Ἥλιος是一个阳性名词，来自于ἥλιος，即古希腊语中的"太阳"。ἥλιος又来自原始印欧语* sóhwl，和拉丁语的sol、梵语的surva、德语的sunna等词同源。这一词还有一个阴性形式Ἡλία。[①]

荷马经常提到赫利俄斯，但是在其称呼和关系上颇为混乱。在《伊利亚特》中，单独提到他的时候要么是一个重要的神祇，但并没有将其特指，[②]要么直接指称太阳；[③]在提到太阳神的时候则称其为赫利俄斯·许珀里翁（Helios Hyperion）。[④] 而在《奥德赛》中，赫利俄斯则直接等同于太阳，也等同于太阳神，[⑤]作为太阳神的时候他有时候被称作赫利俄斯·许珀里翁，[⑥]有时候又是许珀里翁的儿子。[⑦] 赫西俄德认为他是提坦·许珀里翁和忒亚（Theia）的儿子，月亮女神塞勒涅（Selene）

---

① Simon Hornblower and Antony Spawforth, *The Oxford Classical Dictionary*, p. 676.

② Homer, *Iliad*, xiv. 344."我把一团浓浓的金云布在周围，即使赫利俄斯也看不透，尽管他能洞观一切，光线最敏锐"，虽然这里没有明确说他是太阳神，但是很明显具有太阳神的功能。

③ Homer, *Iliad*, iii. 104, 277; xiv. 344; xix. 197, 259.

④ Homer, *Iliad*, viii. 480.

⑤ Homer, *Odyssey*, i. 8; iii. 1; viii. 271, 302; ix. 59; x. 138; xi. 16, 19; xii. ff; ixx. 276, 433, 441; xxii. 388; xxiii. 329; xiv. 12.

⑥ Homer, *Odyssey*, i. 8, 24; xii. 133, 233, 346, 374.

⑦ Homer, *Odyssey*, xii. 176.

和曙光女神厄俄斯(Eos)的兄弟,[①]这三个名字实际上也是希腊人对太阳、月亮和黎明的最普遍称谓。

荷马史诗描述说赫利俄斯同时给予神灵和人类以光明。他从东边的海洋升起,而后升到天空,在中午时候达到最高点,然后徐徐降落,在傍晚时候来到西边夜色中的大海。[②] 但是后来的诗人们对这一简单的行程做了铺张夸饰的扩展。赫利俄斯在东边有了一座金碧辉煌的宫殿,里面有着这位神祇的王座,周围是拟人化的各个时间神;[③]荷马只说了赫利俄斯出发的东边有大门,而后来的诗人给他在西边也添加了一座宫殿;[④]荷马和赫西俄德都没有说夜晚的时候赫利俄斯是如何从西边的大海来到第二天升起时候的东边大海,后来的诗人则说他是乘坐一艘金色的船绕了半个地球回到东边的,这艘金色的船由赫淮斯托斯驾驶;[⑤]他白天在天空绕行的时候所驾的战车和拉车的马匹在荷马史诗中也没有提到,最早出现是在《荷马颂歌·致赫利俄斯》中,[⑥]后来的诗人们则根据这里的记载对战车和马匹进行了详尽的描述(图五)。[⑦]

荷马史诗说西西里的特里纳西亚(Thrinacia)海岛是赫利俄斯的圣地,"那里牧放着赫利俄斯肥壮的牛羊,共有壮牛七群和同样数量的美丽羊群,每群五十只,它们永远不会增加,也不会减少。由两位女神牧放它们,美发的神女法埃图撒(Phaetusa)和兰佩提亚(Lampetia),她们是赫利俄斯的女儿。"[⑧]后来的诗人认为他的牧群也出现在厄里忒伊

---

① Hesiod, *Theogony*. 371.

② Homer, *Iliad*, vii. 422. Homer, *Odyssey*, iii. 1, 335; iv. 400; x. 191; xi. 18; xii. 380.

③ Ovid, *Metamorphoses*, ii. 1.

④ Nonnus, *Dionysiaca*, xii. 1; Athenaeus, *The Deipnosophists*, 296a; Statius, *Thebaid*, iii. 407.

⑤ Athenaeus, *The Deipnosophists*, 469a; Apollodoros, *The Library*, ii. 5.

⑥ *Homeric Hymn to Helios*, 9, 15.

⑦ Ovid, *Metamorphoses*, ii. 106; Hyginus, *Fabulae*, 183.

⑧ Homer, *Odyssey*, xii. 128.

亚(Erytheia)。①

赫利俄斯的神庙似乎很早就出现在希腊了,奥德修斯的伙伴在历险之时就曾许愿为赫利俄斯建造宏伟的神庙。② 在希腊的很多地方都出现了对赫利俄斯的崇拜,如厄利斯、阿波罗尼亚、赫尔迷翁(Hermione)、科林斯卫城、阿尔戈斯等。③ 但是在这些地方他所受到的崇拜程度都不如在罗德岛。罗德岛的巨型太阳神雕像(The Colossus of Rhodes)被誉为世界七大奇迹之一,这座高达一百五十九英尺的太阳神雕像就是赫利俄斯。据说这个雕像只存在了五六十年就被地震毁坏,岛上的居民根据一个神谕而没有重建这座雕像。④ 在罗德岛上,有一种特别的赫利俄斯祭仪,一列由四匹马和一辆战车组成的祭仪队伍被投入大海,这种习俗可能来自于法厄同和太阳车坠毁的传说。这里每年一度举行的竞技比赛也是为了纪念赫利俄斯。⑤

但是,就整个希腊世界来看,赫利俄斯崇拜的流传时间和范围都较为有限。从时间上来看,就如法奈尔所说:“在前希腊文化中,太阳崇拜曾经有着强大的力量,甚至在人们的日常生活中占据绝对统治地位,但是在后来的历史时期,很少有人认为太阳崇拜是公众宗教中的有效因素。”⑥

除了以上所列几个地方以外,希腊的其他地区很少见到赫利俄斯崇拜。即使是上述地方,也似乎只有罗德岛一个地方才把赫利俄斯的祭仪放在重要的地位。就像布尔内特(J. Burnet)所说:“没有任何一个雅典人会崇拜赫利俄斯或者塞勒涅,但是他可能会认为他们是神,因

---

① Apollodoros, *The Library*, i. 6.

② Homer, *Odyssey*, xii. 346.

③ Pausanias, *Description of Greece*, ii. 4, 18, 34; vi. 25. Herodotus, *Histories*, ix. 93.

④ Strabo, *Geography*, xiv. 2; Pliny, *Natural History*, xxxiv. 7, 17.

⑤ Walter Burkert, *Greek Religion: Archaic and Classical*, p. 120.

⑥ Lewis Richard Farnell, *The Cults of the Greek States*, vol. 5, Oxford: Oxford University Press, 1909, p. 419f.

图五 驾太阳车的赫利俄斯

器皿：阿提卡红陶双耳喷口杯
馆藏：英国不列颠博物馆
时间：古典时期（具体不详）
图片来源：http://www.britishmuseum.org

为赫利俄斯是罗德岛的大神，塞勒涅在厄利斯和其他地方受到崇拜。"①

在奥林帕斯神系成为希腊世界的主流崇拜对象以后，赫利俄斯和塞勒涅这样的神祇就被认为是"小神"了，以区别于奥林帕斯的"主神"或"大神"。② 阿里斯多芬就将赫利俄斯和塞勒涅与奥林帕斯十二主神对立起来，他认为奥林帕斯神在本质上更具希腊性，而这二者却是阿基

① J. Burnet, *Plato: Euthyphro, Apology of Socrates, and Crito*, Oxford: Oxford University Press, 1924, p. 111.

② James A. Noutopolos, "Socrates and the Sun", p. 265.

美尼德波斯人的代表神。①

由于赫利俄斯和阿波罗都与太阳神有一定联系，所以人们往往将二者等同或者混淆起来。这种混同不但出现在古代希腊的神话传说中，也出现在希腊的文学作品中，甚至也出现在为数甚多的神话研究者的作品中。

神话传说中关于阿波罗取代赫利俄斯成为太阳神的说法主要有两种。一是在“提坦之战”后，天神宙斯封赏众神，光明神阿波罗索要太阳神之职，宙斯忘记了正在值日的赫利俄斯，便允应了阿波罗的要求。另一种说法是，因赫利俄斯之子法厄同驾太阳车造成灾难，宙斯把太阳神一职交由阿波罗。②

现存的文献中，最早明确将赫利俄斯和阿波罗等同起来的是欧里庇得斯的戏剧《法厄同》（*Phaethon*），临近结尾处，法厄同的母亲克吕墨涅（Clymene）在哀恸赫利俄斯毁掉她的儿子之时，就将这个赫利俄斯呼喊为阿波罗。③ 在这里，“阿波罗”这个名字的意思是“毁坏者阿波罗”。

但在欧里庇得斯之前，似乎也有人将阿波罗描述为太阳神，埃斯库罗斯在《七将攻忒拜》（*Seven Against Thebes*）中说：“冥界里不见阳光，什么也看不清，因为阿波罗从来不照见那里。”④但是没有任何将赫利俄斯与阿波罗联系起来的话语。

后来的斯特拉波则将阿波罗和阿尔忒弥斯与赫利俄斯和塞勒涅对应起来，“赫利俄斯和塞勒涅与这两个神（阿波罗和阿尔忒弥斯）有着密切的联系，因为他们都是空气温度变化的制造者，都能引起瘟疫和突然的死亡。”⑤

---

① Aristophanes, *Birds*, 220—225.

② Lucian, *Dialogues of the Gods*, 25; Hyginus, *Fabulae*, 152, 154; Virgil, *Eclogics*, vi. 62; Virgil, *Aeneid*, x. 190; Ovid, *Metamorphoses*, i. 755.

③ Euripides, *Frgments*, 781.

④ Aeschylus, *Seven Against Thebes*, 858ff.

⑤ Strabo, *Geography*, xiv. 1.

现代学者沃尔特·伯克特说:“就赫利俄斯和阿波罗而言,可能就是对同一存在的不同称谓,或者他们被人们有意识地等同起来。”[①]

一般认为,事实的真相就是伯克特所推测的第二种情况——赫利俄斯和阿波罗的这种等同,在很大程度上是一种人为制造的联系。

将阿波罗与赫利俄斯联系起来的一个希腊语词汇是 *Φοῖβος*,即阿波罗的别号“福玻斯”,意为“洁净”、“光明”,其词根是 *Φάος*(“光”)。在荷马史诗中,这个词频繁地以阿波罗的同义词出现,或者作为阿波罗的前缀名,后来的很多文学作品都继承了这个传统。但是这一词从来没有成为一个宗教意义上的祭仪别号,我们没有发现确定无疑属于福玻斯·阿波罗或者专属福玻斯的祭仪和崇拜。[②]

如果这个词只有“光明”的含义,那么就能有力证明早在前荷马时代或者迈锡尼时代,人们就普遍认为“福玻斯”这个神祇拥有了太阳的特征。但是我们不能确切地知道这个词是何时应用于阿波罗的,也找不到关于他的太阳特性方面的原初理论。我们能确定的是,虽然这个词与作为太阳的赫利俄斯有着密切的联系,在现存的古典文献中,也曾作为太阳的热量的别称出现,[③]但是,这个词从来没有用于与人同形的赫利俄斯。

除了神名和别称外,实际上,有关赫利俄斯的神话与有关阿波罗的神话之间几乎没有任何共同之处。从阿波罗被宙斯要求去涤罪到他来到叙佩尔波列亚,从他杀死皮同到定期来到德尔斐这些神话中,我们都不能看到他身上有任何太阳的特性。在荷马史诗中,阿波罗很明显与赫利俄斯不同,他是另外一个神,他是一个瘟疫制造者和消弭者,他带着银弓(而非金质的),没有太阳的特性。

阿波罗与太阳的联系主要是其象征意义,而非其物理形态。古代人观察到太阳东起西落,太阳给大地带来温暖,为万物带来生机,这是

---

① Walter Burkert, *Greek Religion: Archaic and Classical*, p. 120.

② Lewis Richard Farnell, *The Cults of the Greek States*, vol. 4, p. 140.

③ Aeschylus, *Prometheus Bound*, 22.

一种物理现象。随着人类思维能力的进步，这种物理现象也上升到一定的象征意义，与知识、真理、正义以及道德的完善紧密联系在一起。从这种意义上讲，赫利俄斯与阿波罗是截然不同的，前者是纯物理的现象，而后者则是精神的现象。

第二节　阿波罗与狄奥尼索斯

狄奥尼索斯（*Διόνυσος*或*Διώνυσος*，Dionysus 或 Dionysos）是希腊神话中的一个重要神祇，奥林帕斯十二主神之一。在古典神话中他一般被认为是酒神，也是农业和戏剧的掌管神。[①]

*Διόνυσος*这个名字并没有什么特别的意义，其中- *νυσος*可能并不是起源于希腊语，*Διο*-则与宙斯（*Ζέυς*，属格 *Διός*）有着明显的联系。[②]在迈锡尼发现的线形文字 B 泥版文书上也出现了这个名字，其形式是"DI-WO-NI-SO-JO"，[③]尼尔森将这个名字追溯到米诺斯—克里特时代，尽管他的米诺斯名字已经不可考，但是他的米诺斯特点还是可以辨认出来。[④]

关于狄奥尼索斯的出生，一般认为他是宙斯和底比斯的公主塞墨勒(Semele)所生的儿子。宙斯化身凡人与塞墨勒相爱，嫉妒的赫拉劝诱怀了孕的塞墨勒请求宙斯现出本相，以证明爱情的神圣性。在塞墨勒的请求下，宙斯现出自己作为天神的本身，但是他的威力太大，塞墨勒这个凡间女子无法承受，结果被雷霆击死。宙斯从塞墨勒的腹中取出未足月的胎儿，缝入自己的大腿。[⑤] 宙斯在这段时间里成了瘸腿，孩

---

① Simon Hornblower and Antony Spawforth, *The Oxford Classical Dictionary*, p. 482.

② Walter Burkert, *Greek Religion: Archaic and Classical*, p. 163.

③ Adams, John Paul. Professor of Classics, California State University, Northridge, 2005, *Dionysos*. http://www.csun.edu/~hcfll004/dionysos.html.

④ Martin P. Nilsson, *A History of Greek Religion*, p. 33.

⑤ 阿波罗尼乌斯说是赫尔墨斯救起了这个胎儿。参见 Apollonius Rhodius, *Argonautica*, iv. 1137。

子足月后出生，取名为“狄奥尼索斯”，意思是“宙斯瘸腿”。[①]

希罗多德记载：“希腊的故事说，宙斯刚把狄奥尼索斯缝在自己的股内并把他带到埃及之外的厄西欧佩亚(Ethiopia)的尼撒(Nysa)去的时候，狄奥尼索斯便降生了；至于潘神，则希腊人不知道他降生后的情况如何了。因此，在我看来，很清楚的是希腊人在诸神的名字当中是最后才知道了这两个神的名字，他们把两个神的起源一直回溯到他们知道它们的时候去。”[②]

狄奥多罗斯说：“古人对狄奥尼索斯有许多猜测，因此有着多种多样的传说，彼此之间也不能相一致，所以真正把狄奥尼索斯的传说统一起来很困难。”[③]他根据传说，指出狄奥尼索斯至少有三个不同的来源地：埃及、印度和底比斯。厄利斯、纳克索斯、厄琉特瑞亚(Eleutherae)和特俄斯(Teos)等地的人们也都宣称说，狄奥尼索斯是在本地诞生的。[④] 狄奥多罗斯认为“狄奥尼索斯是塞墨勒和宙斯的儿子”的传说，实质上是用自然现象为狄奥尼索斯崇拜所做的解释，因为塞墨勒死后进入神的行列，被称作“提俄涅”(Thyone)，而这个名字是古希腊人对大地的称呼。[⑤]

就狄奥尼索斯的神性和起源而言，在各种传统中他似乎都代表了大自然的某种力量，代表了大自然丰产、充盈、使人迷醉的性质，能使人远离一贯的平静和清醒的生活模式。葡萄酒是这种力量最自然的和最适当的象征，因此葡萄酒被称为“狄奥尼索斯的果实”(图六)。[⑥] 狄奥尼索斯也被认为是酒神，是酿酒工艺的发明者，是喜悦的使者，能驱散

---

① *Homeric Hymn to Dionysos*, vi. 56; Apollodoros, *The Library*, iii. 4; Nonnos, *Dionysiaca*, viii. 1ff.

② Herodotus, *Histories*, ii. 146.

③ Diodorus Siculus, *Library of History*, ii, 62.

④ 出现这么多所谓狄奥尼索斯的出生地的原因在于，可能在各地都有一个不同的神祇，这些神祇在某些职能方面具有相似性，后来逐渐融合到“狄奥尼索斯”名下，成为了一个神祇。

⑤ Diodorus Siculus, *Library of History*, ii, 63.

⑥ Pindar, *Fragments*, 89.

悲痛和忧伤。[①]

希腊人很早就认识到酒对人体所产生的某种激发或迷醉作用。在《伊利亚特》中，赫卡柏(Hecuba)对赫克托尔说："你且留下来，等我端来一杯蜜酒，你好向父亲宙斯和其他的天神祭奠，然后你自己享用，如果你心中想喝酒。一个人疲倦了，酒可以大大加强体力。"[②]在《奥德赛》中，奥德修斯说："酒能令人变糊涂，能使智慧者放声高歌，甜美地微笑，迫使他欢快地手舞足蹈，让他说那些本不该向人述说的话语。"[③]在其他作品中也出现了相关的记载，并且将酒与狄奥尼索斯联系起来。如欧里庇德斯的《独眼巨人》(*Cyclops*)中，奥德修斯对独眼巨人波吕斐摩斯(Polyphemus)说："噢，塞克罗普斯，海神之子，来看这种神圣的饮品，这是希腊人从狄奥尼索斯闪光的杯子葡萄中提炼出来的上品。"[④]后来，波吕斐摩斯问："这个狄奥尼索斯是谁？他被当作一个神来崇拜吗？"奥德修斯回答说："是的，他是人类生命中最好的快乐源泉。"[⑤]

作为神酒的狄奥尼索斯，也是一个能启发和鼓舞人心的神，也就是说，他能通过神谕来向人们预示未来，据说，他和阿波罗共享德尔斐神谕所。[⑥] 他自己在色雷斯也有一处单独的神谕所。[⑦] 与阿波罗一样，他的预言能力也与医疗能力相结合。在弗奇斯的安菲克雷亚(Amphicleia)的狄奥尼索斯神谕所，他通过在梦中向人们谕示治疗疾病的方法来展示其疗伤治病的职能。[⑧]

狄奥尼索斯作为葡萄的种植者和保护者的职能，很容易扩展到一

---

① Pindar, *Fragments*, 5; Euripides, *Bacchae*, 772.

② Homer, *Iliad*, vi. 258—262.

③ Homer, *Odyssey*, xiv. 463—464.

④ Euripides, *Cyclops*, 415—417.

⑤ Euripides, *Cyclops*, 521.

⑥ Euripides, *Bacchae*, 300.

⑦ Pausanias, *Description of Greece*, ix. 30.

⑧ Pausanias, *Description of Greece*, ix. 33.

般意义上的树木保护神，古代诗人赋予了他很多这方面的别号和称呼，[1]因此，他又和德墨忒尔有着密切联系。[2] 这种特性进一步发展，他又成了文明的推动者、法律的建立者，以及和平的爱好者。[3] 随着希腊戏剧艺术的发展，尤其是献给狄奥尼索斯的节日中歌队的狂热表演在希腊人中间得到广泛认同以后，狄奥尼索斯又被认为是悲剧艺术之神，是剧场的保护者。[4]

图六　狄奥尼索斯

器皿：阿提卡红陶细嘴提水罐
馆藏：美国哈佛大学美术馆
时间：约公元前 410—前 400 年
图片来源：http://www.artmuseums.harvard.edu

---

① Pausanias, *Description of Greece*, i. 31; vii. 21.

② Pausanias, *Description of Greece*, vii. 20; Diodorus Siculus, *Library of History*, iii. 64.

③ Euripides, *Bacchae*, 420; Diodorus Siculus, *Library of History*, iv. 4.

④ Pausanias, *Description of Greece*, viii. 37.

在古代世界，狄奥尼索斯的神庙和塑像非常多，人们也经常为他举行献祭仪式。有作家提到，最早的时候有活人被当作牺牲献给他，[①]后来这种野蛮习俗变通为一种象征性的鞭打，或者用动物取代活人作为牺牲。献给狄奥尼索斯的牺牲最常见的是公羊。[②] 除此之外，还有不少物品也成为他的圣物，如葡萄、常青藤、月桂、水仙、海豚、蛇、虎、猞猁、豹和驴等。[③]

作为日神的阿波罗和作为酒神的狄奥尼索斯，二者不管是从仪式层面还是精神层面，都表现出一种对立统一的关系。从古至今，这种对立统一关系都引起了学者们的极大兴趣。

阿波罗和狄奥尼索斯的对立首先体现在音乐上，他们的赞美诗分别是"派埃昂"（Paean）和"酒神赞歌"（Dithyramb），这二者不管是在节奏、韵律还是在精神上都显出截然相反的气质。[④] 这是弦乐和管乐的对立，清醒和迷醉的对立。这种对立的最佳表达就是森林之神玛西亚斯（Marsyas）的传说，玛西亚斯是希腊神话中著名的吹笛手，常和诸神竞赛吹笛。他向阿波罗挑战，被阿波罗用竖琴打败，然后活剥了他的皮。弗里吉亚人以公羊向米特尔（Meter）献祭的仪式就来自于这个传说。[⑤] 当然德尔斐的阿波罗并不完全排斥管状乐器，阿尔戈斯的萨卡达斯（Sakadas）就用笛子独奏赢得了第一届皮提亚竞技会的冠军，而这个竞技会正是为了纪念阿波罗杀死皮同而设立的。[⑥]

普鲁塔克对阿波罗和狄奥尼索斯、派埃昂颂歌和酒神颂歌进行了对比，这种对比给我们带来了极大的启发。

"狄奥尼索斯经历了多重变化——风、水、土地、星星、新生的

---

① Pausanias, *Description of Greece*, vii. 21.

② Virgil, *Eclogics*, ii. 380, 395.

③ Apollodoros, *The Library*, iii. 40; Pausanias, *Description of Greece*, viii. 39; Virgil, *Eclogics*, v. 30; Hyginus, *Poetica Astronomica*, ii.30.

④ Pindar, *Fragments*, 128c.

⑤ Diodorus Siculus, *Library of History*, iii. 59.

⑥ Walter Burkert, *Greek Religion: Archaic and Classical*, p. 224.

> 植物和动物。他们用两个神秘的术语来概括这些变化，即‘撕裂’和‘肢解’。他们把这个神祇称为狄奥尼索斯、扎格柔斯(Zagreus)、尼克特里俄斯(Nyktelios)和伊索代特斯(Isodaites)，还为这个神祇编造了关于他的毁灭与消失、复活与新生的神话，让这些神话与上述变形一一对应。他们为他歌唱酒神颂歌，内容和他的受难和变形有关。这种颂歌具有飘忽的特点，正如埃斯库罗斯所说：‘用变化不定的酒神颂歌歌唱狄奥尼索斯是很合适的，而歌颂阿波罗的应该是讲究秩序的派埃昂与缪斯。’雕塑家往往把阿波罗刻画成一个永远年轻的神，而把狄奥尼索斯刻画成各种形象。总之，他们赋予阿波罗统一、有秩序、简约的特点，而赋予狄奥尼索斯的特点是由混合带来的某种杂乱，这种混合的成分包括玩乐、过度、热切、疯狂。因此，他们是这样召唤他的：‘欧伊俄斯(Euios)，狄奥尼索斯，你那仪式上的火焰能让女人们疯狂。’”①

普鲁塔克还谈到了德尔斐人是如何把一年的时间分成两部分，分别用来祭祀阿波罗和狄奥尼索斯的。

> “由于这些变化的周期是不规则的，被他们称为‘饱足’的时段要长一些，而被他们称为‘渴望’的时段要短一些，因此在这件事上，他们按照某种合理的比例来行事。在每年一定的时间里，他们在祭祀仪式上使用的是派埃昂颂歌，但是在冬天到来的时候，他们启用酒神颂歌，而停止使用派埃昂颂歌。在此后的三个月时间里，他们召唤的神是狄奥尼索斯，而不是阿波罗，因而他们认为，就持续的时间而言，世界处于有序状态的时间与处于无序状态的时间这两者的比例是三比一。”②

到了近代，尼采把这种关系发展到哲学和美学的高度，阿波罗和狄奥尼索斯于是成为理性和非理性、梦境和现实的痛苦、维持生命之力量

---

① 转引自〔英〕简·艾伦·赫丽生：《希腊宗教研究导论》，谢世坚译，第405页。

② 转引自〔英〕简·艾伦·赫丽生：《希腊宗教研究导论》，谢世坚译，第405页。

和产生生命之力量的象征。

> “古希腊世界，阿波罗的雕刻艺术和狄奥尼索斯的非造型的音乐艺术之间，就其起源和目的来说，形成一种强烈的对照，这两种如此不同的倾向彼此并行，但多半是公开决裂。互相刺激而获得不断的新生，在斗争中使得这种矛盾永久存在，而‘艺术’这个共同名词不过是表面上为它们架桥梁；直到最后，凭借希腊‘意志’的玄妙奇迹，这两者又结合起来，终于产生既是狄奥尼索斯型又是阿波罗型的阿提卡悲剧艺术作品。为了更深体会这两种倾向，让我们首先把它们看作两个分歧的艺术境界，梦境与醉境，这两种生理现象显出一种对照，类似阿波罗型与狄奥尼索斯型的对照。”①

最能体现阿波罗和狄奥尼索斯相统一的地方是德尔斐。据普鲁塔克说，冬天四个月的德尔斐属于狄奥尼索斯，夏天的几个月属于阿波罗。阿波罗在春天的比斯俄斯月（Bysios）来到德尔斐圣域，成为那里的主人，只有他在德尔斐的这几个月，他才发布神谕。每隔两年的冬天，都要在德尔斐的山上举行一次以狄奥尼索斯名义庆祝的节日，当狄奥尼索斯的女祭司们唤醒里克奈兹（Liknites），也就是那个放在筛谷皮的簸箕里的狄奥尼索斯的儿子时，阿波罗的祭司们也会在同一时间在神庙里举行祭祀仪式。② 在传说中，狄奥尼索斯的死也与德尔斐有关，他的坟墓就在阿波罗的神庙内，在神圣的青铜三角祭坛旁。③ 在这里，狄奥尼索斯似乎成了阿波罗在冥府中的黑暗对应者。公元前 4 世纪的阿波罗神庙，东面三角墙上画着阿波罗和缪斯，西面的三角墙上画着狄奥尼索斯和他的女信徒梯伊阿德（Thyiades），西对东，日落对日出，显示了德尔斐具有阿波罗和狄奥尼索斯两个神的双重面貌。④

---

① 〔德〕尼采：《悲剧的诞生：尼采美学文选》，周国平译，北京：生活·读书·新知三联书店，1986 年，第 2—3 页。

② Plutarch, *Moralia*, 388e.

③ Callimachus, *Fragments*, 643.

④ Pausanias, *Description of Greece*, x. 19.

许多希腊瓶画也将阿波罗和狄奥尼索斯列在一起。西西里的纳克索斯将阿波罗和狄奥尼索斯的头像印在他们的硬币上。[①] 在底比斯，人们把狄奥尼索斯和阿波罗当作他们的主要神祇，向他们献祭的仪式最为隆重。[②] 在阿提卡关于菲勒亚(Phlya)的神话中，还出现了一个阿波罗·狄奥尼索多托斯(Apollo-Dionysodotos)的称号，这个称号似乎说阿波罗是出自狄奥尼索斯。[③] 一个属于公元前4世纪的瓶画中，阿波罗和狄奥尼索斯在德尔斐圣域握手。[④]

沃尔特认为，从宗教史的角度来看，是德尔斐的祭司使这两个神祇的对立统一起来的，她们使古典时期的狄奥尼索斯崇拜流行起来并使之合法化，同时又用阿波罗崇拜将其限定在一定范围内。[⑤]

种种迹象表明，在德尔斐，狄奥尼索斯是早于阿波罗的神，阿波罗是后来者，他在承袭了古老神的一些特点的同时，又规范了古老的传统，把狄奥尼索斯崇拜重新置于城邦的法律制度之下，以城邦代言人的身份统治了德尔斐。[⑥] 这种宗教上的变化是随着公元前7世纪城邦的兴起和发展而出现的。这时候，法律、秩序、理性等因素成为城邦所着意强调的意识形态，因此，阿波罗更多地承载了理性的成分，而古老的狄奥尼索斯则被边缘化，加入了更多非理性的因素。但是，二者原初所具有的联系和统一性却在神话传说和宗教仪式上得到了保留。

第三节　阿波罗与阿尔忒弥斯

阿尔忒弥斯(*Ἄρτεμις*, Artemis)是一个在古希腊受到广泛崇拜

---

① Walter Burkert, *Greek Religion: Archaic and Classical*, p. 224.

② Pausanias, *Description of Greece*, iv. 27.

③ Pausanias, *Description of Greece*, i. 31.

④ J. Harrison, *A Study of the Social Origins of Greek Religion*, p. 390.

⑤ Walter Burkert, *Greek Religion: Archaic and Classical*, p.225.

⑥ 魏凤莲:《狄奥尼索斯崇拜研究》,第39页。

的神祇，也是希腊最古老的神祇之一。[①] 她在奥林帕斯神系中是山林之神、生产之神、处女之神、丰产之神和狩猎之神。其中最重要的是狩猎之神。作为狩猎之神，她经常被描述为带着一张弓和一袋箭的狩猎者。她的圣物是鹿和柏树。[②]

阿尔忒弥斯神名的语源至今还是比较模糊，线形文字B中是否出现了她的名字仍然是一个有争议的问题。最有可能与之有关系的希腊单词是 *ἄρτεμης*，意为"安然无恙的"，其词根 *αρ* 意为"使……合适"。[③]

关于阿尔忒弥斯的起源，学术界一般认为她原来是居住在希腊大地上的非希腊语民族的神灵，随着希腊人的迁入，她转变为一个希腊人崇拜的神灵，但并未完全希腊化，仍然保留着许多原始宗教的成分。[④] 这种原始宗教成分主要表现在她与野生动物的密切联系方面。荷马史诗给她的称呼是 *Ποτνία θέρον*，[⑤] *Ποτνία*是对女神的通常称呼，*θέρον*一般指野兽，有时候也泛指野生动物。这个称呼包括了两个层次的含义。一方面她是一个狩猎之神；另一方面，她又是野生动物尤其是幼小的野生动物的保护之神。作为狩猎之神，"阿尔忒弥斯在山间游荡，沿着陶格托斯山脉（Taygetus），和雄伟挺拔的厄鲁门索斯山（Erymanthus），高兴地追赶野猪和迅跑的奔鹿，领着山地水泽边的仙女，提大盾的宙斯的女儿们，奔跑嬉耍在野地里，使勒托见后心花怒放。"[⑥]《荷马颂歌·致阿尔忒弥斯》说："她喜欢用弓箭射杀山中野兽。她喜欢七弦琴，舞蹈，胜利的狂呼，多荫的丛林。"[⑦]作为野生动物的保护神，"美丽

---

① Walter Burkert, *Greek Religion: Archaic and Classical*, p. 149.

② Simon Hornblower and Antony Spawforth, *The Oxford Classical Dictionary*, p. 184.

③ Walter Burkert, *Greek Religion: Archaic and Classical*, p. 149; see also note 2 and 3.

④ 王晓朝：《希腊宗教概论》，第 83 页。

⑤ Homer, *Iliad*, xxi. 470.

⑥ Homer, *Odyssey*, vi. 102—109.

⑦ *Homeric Hymns to Artemis*, 18—20.

的女神，你对那些猛狮的幼崽这样爱护，为那些野兽的乳儿所欢喜。”[①]“伊达里亚(Italian)的赫诺托伊(Henetoi)，那是阿尔忒弥斯的圣地，所以这里的动物都非常温驯，鹿和狼一起生活，猎狗也不再追赶它们，人们也容易接近它们，甚至能够抚摸它们。”[②]“过了小亚细亚的克勒丰，翻过科拉基俄斯(Kolakios)，就来到一个阿尔忒弥斯的圣地，这里有一个小岛，据说鹿群都游到这个小岛上来生育幼鹿。”[③]

表面看来，阿尔忒弥斯作为狩猎之神和野生动物的保护之神是一种对立，但实际上并不矛盾。在古代社会，猎人们在狩猎时并不把动物看作自己的敌人，人们也知道不能捕杀动物的幼崽。所以，阿尔忒弥斯身上的这两重性质，包括了古代社会狩猎活动中的一些禁忌。这其实是早期人类对人与自然相互依存关系的简单反映，只不过用一种宗教信仰的形式表达出来而已。

关于阿尔忒弥斯的具体形象，神话中的记载相当简略。在很多时候，她都因为那无情的弓箭而给人们带来恐惧，她曾和阿波罗一起杀死了尼俄柏(Niobe)的十四个儿女。[④]《伊利亚特》则淡化了她的弓箭给人们带来的恐惧，而是把她描述成一个少女形象的神。当她遭到天后赫拉的殴打之后，跑到宙斯那里，坐在宙斯的膝盖上痛哭流涕，宙斯不断笑着安慰她。[⑤]《奥德赛》中的阿尔忒弥斯则更多以美丽少女的形象出现。“阿尔忒弥斯的头脸，她的前额，昂现在众仙之上，显得非常瞩目，虽然她们个个艳美漂亮。”[⑥]奥德赛赞美瑙西卡亚(Nausikaa)说：“我看你与伟大的宙斯的女儿阿尔忒弥斯最为相似，无论容貌、无论身

---

① Aeschylus, *Agamemnon*, 140.

② Strabo, *Geography*, v. 1.

③ Strabo, *Geography*, xiv. 1.

④ Pausanias, *Description of Greece*, i. 21. 荷马史诗中说阿波罗和阿尔忒弥斯杀死尼俄柏的子女是十二个，六男六女。参见 Homer, *Iliad*, xxiv. 603—608。

⑤ Homer, *Iliad*, xxi. 490—513.

⑥ Homer, *Odyssey*, vi. 102—109.

材还是那气度。”[①]人们在对阿尔忒弥斯进行祭祀和崇拜的时候，又给她的形象加入了更多想象的内容。波桑尼阿斯曾描述了一个阿尔忒弥斯的雕像，“阿尔忒弥斯带着一只小鹿，肩上挎着箭袋，一只手拿着火把，另一只手挽着两条大蛇，旁边卧着一头母狼，适合捕猎的那种狼。”[②]

许多神话传说中说阿波罗和阿尔忒弥斯是孪生兄妹。[③] 但是这些神话记载在细节方面相互矛盾之处颇多，唯一的共同点是大多认为她是宙斯和勒托的女儿，是阿波罗的孪生姐姐或妹妹（图七）。[④] 根据希罗多德记载，在埃及人的传说中，阿尔忒弥斯和阿波罗都是狄奥尼索斯和伊西斯的女儿，而勒托只是他们的保姆和保护人。[⑤] 希罗多德还说，最早把阿尔忒弥斯视为德墨忒尔的女儿的人是悲剧诗人埃斯库罗斯，因为在埃及语中，德墨忒尔就是伊西斯。[⑥] 波桑尼阿斯也根据埃斯库罗斯的说法认为阿尔忒弥斯是德墨忒尔的女儿而不是勒托的女儿。[⑦] 这些说法都是将希腊的阿尔忒弥斯与各地的本地神祇或外来的某些神祇等同起来的结果。这里暂且不讨论阿尔忒弥斯的其他身份，只讨论与阿波罗是孪生兄妹（或姐弟）[⑧]关系的阿尔忒弥斯，以及这种关系所反映的社会宗教文化内涵。

作为阿波罗的妹妹，阿尔忒弥斯实际上是女性形象的阿波罗，她作为一个女性神祇所代表的内容和阿波罗作为男性神祇所代表的内容实际上有很多共同之处。和阿波罗一样，阿尔忒弥斯也带着弓、箭袋和箭

---

① Homer, *Odyssey*, vi. 150—151.

② Pausanias, *Description of Greece*, viii. 37.

③ Hesiod, *Theogony*, 920; Apollodoros, *The Library*, i. 4.1; *Homeric Hymns to Apollo*, 45.

④ 参见本书第一章“阿波罗崇拜起源考”。

⑤ Herodotus, *Histories*, ii. 156.

⑥ Herodotus, *Histories*, ii. 156.

⑦ Pausanias, *Description of Greece*, viii. 37.

⑧ 实际上，二者究竟是兄妹还是姐弟关系并不是一个关键问题，不管是兄妹还是姐弟关系，所反映的内涵都是一致的。所以本书以下部分将二者的关系简称为兄妹，而不再另加说明。

图七　阿波罗与阿尔忒弥斯

器皿：阿提卡红陶双耳喷口杯

馆藏：美国波士顿美术博物馆

时间：约公元前 470 年

图片来源：www.mfa.org

镞，也会给人们和动物带来瘟疫和死亡。在荷马史诗中，她和阿波罗一样，都站在特洛伊人一边，帮助特洛伊人进行战争。因此人们很多时候把突然死亡，尤其是女性的突然死亡归结于阿尔忒弥斯的箭镞，[①]有时候也归结为阿波罗和阿尔忒弥斯协力所为。[②] 当然，阿波罗不仅是一个有破坏力的神祇，也能够凭借自己的力量为人们驱灾避祸，阿尔忒弥斯有时候也有这样的功能，也能够帮人们减轻或治愈痛苦，比如她曾治好埃涅阿斯的创伤。[③] 阿尔忒弥斯和阿波罗的形象都是未婚的青年，但是与阿波罗有众多情人和非婚生子不一样，阿尔忒弥斯是以一个贞洁少女的形象出现的，从来没有被爱情征服过，[④]为她服务的祭司一定要过纯净和贞洁的生活，并且宣誓一旦有了不洁行为，一定会受到严惩。[⑤] 二者都以月桂枝作为圣物，都被认为是城市和街道的创建者和保护者。[⑥] 在很多地方，人们将这两个神祇放在一起崇拜，希罗多德记载说这种传统来自于叙佩尔波列亚人。[⑦]

最早将阿波罗和阿尔忒弥斯放在同一艺术品中的艺术家是公元前6世纪的索菲洛斯(Sophilos)。在一幅瓶画中，诸神正走向珀鲁斯(Peleus)的房子，去庆祝他和忒提斯的婚礼。阿波罗由三个缪斯女神陪伴着，坐在由赫尔墨斯驾驭的战车上。他穿着长衣，年轻无须，一边拉着西萨拉琴(Kithara)，一边唱着歌。阿尔忒弥斯坐在随后一辆战车上，驾车的是雅典娜女神。阿尔忒弥斯由三个命运女神陪伴，她穿着专为庆典准备的女式长外衣，带着她的弓箭。[⑧]

---

① Homer, *Iliad*, vi. 205, 427; xix. 59; xxi. 483. Homer, *Odyssey*, v. 124; xi. 172, 324; xv. 478; xviii. 202; xx. 61.

② Homer, *Odyssey*, xv. 410; Homer, *Iliad*, xxiv. 606.

③ Homer, *Iliad*, v. 447.

④ Sophocles, *Electra*, 1220.

⑤ Pausanias, *Description of Greece*, vii. 19; viii. 13.

⑥ Pausanias, *Description of Greece*, i. 38; iii. 24; viii. 36. Aeschylus, *Seven Against Thebes*, 450.

⑦ Herodotus, *Histories*, ii. 32, 35.

⑧ Jon. Solomon, *Apollo: Origins and Influences*, p. 63.

《伊利亚特》在提到这两个神祇的时候，总是提到他们的母亲勒托，以致后来在艺术作品中出现了所谓的“阿波罗三神崇拜”(Apolline triad)雕像，即将这三位神祇的雕像连为一体或者摆放成一个整体，其中德勒洛斯(Dreros)所雕塑的形象最具代表性。[①] 公元前6世纪时德尔斐的阿波罗神庙东面入口的三角墙上也出现了这种“阿波罗三神崇拜”形象。德洛斯的阿波罗神庙中阿波罗的镀金雕像旁边也站着阿尔忒弥斯和命运三女神；[②]在卡尔亚(Karyai)，青年女孩为阿尔忒弥斯舞蹈，在斯巴达，青年男孩为阿波罗跳起一种名为“吉姆诺派迪亚”(Gymnopaidia)的舞蹈；在德洛斯则是男孩和女孩一起舞蹈。[③] 有的时候也会出现相反的关系，如在奥尔提亚(Ortheia)的阿尔忒弥斯祭坛由男孩来扮演嗜血的幽灵，而在德洛斯则是女孩来沉醉地吟唱阿波罗的颂歌。[④]

我们不知道具体什么时候阿波罗和阿尔忒弥斯联系在一起的。但是就像沃尔特·奥托所指出的那样，他们的历史形象如此相近，以至于他们的关系只能是兄妹关系。[⑤] 我们越深入洞察二者的特点，就越能看到他们如此多的相近之处具有重要的象征意义。二者表象上的全异和内核中的相似，揭示了神灵存在的双重表达形式，证明了不同性别之间多样性的必要，也证明了性别差异之外的某种精神一致性。就是这种绝妙的、创造性的相异与谐和，构成了整个世界的存在。阿波罗和阿尔忒弥斯是希腊世界两个最独特的神祇。这一点可以从他们在诗歌和雕塑艺术中的表达就可以看出。在所有神灵中，他们的独特性表现在其“纯洁”和“圣洁”(purity and holiness)的属性，这是他们所特有的属性。阿波罗的别号“福玻斯”的意思就是“纯净”、“圣洁”的意思。在荷

---

① Jennifer Lynn, *Ancient Greek Cults*: *A Guide*, p. 88.

② Walter Burkert, *Greek Religion*: *Archaic and Classical*, p. 219.

③ Pausanias, *Description of Greece*, iii. 10; iv. 16.

④ *Homeric Hymn to Apollo*, 156—164.

⑤ Walter F. Otto, *The Homeric Gods*: *The Spiritual Significance of Greek Religion*, p. 62.

马史诗中，对阿波罗的称呼不仅有“阿波罗·福玻斯”，而且在有的地方还独称其为“福玻斯”。[①] 在所有的神灵中，荷马只赋予阿尔忒弥斯 ἁγνεία 的尊号，这一词也意味着“纯洁”和“圣洁”。埃斯库罗斯和品达则赋予了阿波罗同样的别称。[②]

然而，阿尔忒弥斯和阿波罗也有着众多的不同。阿尔忒弥斯与音乐和诗歌就没有任何关系，也没有任何证据能说明她有像阿波罗一样的预言能力。当阿波罗被认为是太阳神的时候，对应的月亮女神是塞勒涅而不是阿尔忒弥斯，阿尔忒弥斯直到很晚近的时候才被认为是月亮女神。[③]

沃尔特·F.奥托在他的《荷马的神祇》中对阿波罗和阿尔忒弥斯所代表的不同性别及其特征有一段非常精辟的论述：

> “毫无疑问，阿波罗本质上的特征是男性。精神自由是男性的特质，但是也容易自我怀疑。一个克服了自然约束的男人也就失去了母体的保护，因此他只能依靠神所赋予的精神才能迅速站起来并在磨难中学会忍耐。而阿尔忒弥斯则给我们展现了另一种自由。最能真实反映这种女性本质的东西就是‘自然’。这种自然不是给所有存在物赋予生命，并将所有生命都拥入自己怀抱的自然，而是另一种完全不同的自然，也许我们可以称之为童贞的自然，带着野性的光芒，带着无罪的纯净，也带着一丝神秘的自然。这种自然实质上带有某种母性的倾向，但是其表现出来的是倨傲的、难以接近的、使人为之痛苦的童贞。”[④]

---

① 称其为“阿波罗·福玻斯”的有 Homer, *Iliad*, ix. 560; xi. 353; xi. 363; xii. 24 和 Homer, *Odyssey*, iii. 279; viii. 79; ix. 201 等。独称其为“福玻斯”的有 Homer, *Iliad*, xv. 221; xvi. 667; xxi. 436。

② Walter F. Otto, *The Homeric Gods: The Spiritual Significance of Greek Religion*, p. 62.

③ Simon Hornblower and Antony Spawforth, *The Oxford Classical Dictionary*, p. 184.

④ Walter F. Otto, *The Homeric Gods: The Spiritual Significance of Greek Religion*, p. 80.

从历史的角度说，阿波罗和阿尔忒弥斯也是能够分开并且也应该分开的。德洛斯圣域的中心地区无疑是属于阿尔忒弥斯的，阿波罗的神庙只是在公元前6世纪中叶才在此圣域的边缘区建起来。在德尔斐，阿尔忒弥斯没有自己专属的祭仪，妇女和女孩们都在雅典娜的神庙去献祭。从来没有听说过布拉隆(Brauron)有女孩向阿波罗献祭，也从来没有听说阿米克莱伊(Amyklai)有阿尔忒弥斯的祭仪。① 但是，“仪式方面的历史事实已经被思想的形式掩盖了，人们想象中的年轻兄妹神祇逐渐成为一种真实的事实。”②

第四节 阿波罗与雅辛托斯

雅辛托斯(Ὑάκινθος, Hyacinthos)是希腊神话中的一个半神英雄(图八)。关于他的神话和祭仪主要流行在斯巴达西南部的阿米克莱伊，古典时代在那里还有他的坟墓，就在阿波罗塑像的脚下，其时间可以上溯到迈锡尼时代。③ 学者们对Ὑάκινθος的词源没有特别的解释，只有一点是明确的，那就是这个词是一个前希腊语词汇，因为其后缀形式-*nth* 是一个典型的前希腊语语素。④

关于雅辛托斯的出生，有几种不同的说法。在阿米克莱伊的传说中他是克里奥(Clio)和斯巴达的国王奥巴鲁斯(Oebalus)或者阿米克拉斯(Amyclas)的儿子。在皮埃里亚(Pieria)的传说中他是克里奥和马其顿国王派罗斯(Pierus)的儿子，在这里他也被称为雅弥奈俄斯(Hymenaios)，即“属于赞美诗(Hymns)的”。⑤

---

① Walter Burkert, *Greek Religion: Archaic and Classical*, pp. 219—220.

② Walter Burkert, *Greek Religion: Archaic and Classical*, p. 220.

③ Walter Burkert, *Greek Religion: Archaic and Classical*, p. 49.

④ 关于-*nth* 属于前希腊语后缀，参见 J. B. Haley, “The Coming of the Greeks: Ⅰ. The Geographical Distribution of pre-Greek Place-names”, *American Journal of Archaeology*, vol. 32, no.2 (1928), pp. 141—145。本书第一章也论述过这一问题。

⑤ Hesiod, *Catalogues of Women Fragments*, 102; Apollodorus, *The Library*, iii. 116; Ovid, *Metamorphoses*, v. 162.

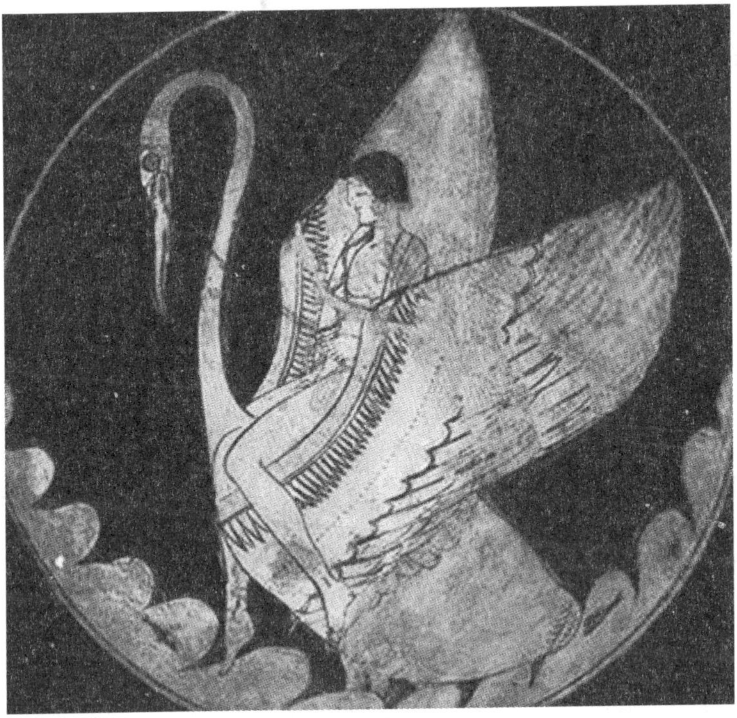

图八 骑天鹅的雅辛托斯

器皿：阿提卡红陶双把浅酒杯
馆藏：美国密西西比大学博物馆
时间：约公元前 525—前 475 年
图片来源：http://www.olemiss.edu

传说阿波罗和西风泽费鲁斯（Zephyrus）同时爱上了雅辛托斯，阿波罗和泽费鲁斯轮流掷铁饼，雅辛托斯为了打动阿波罗，跑去追飞出的铁饼，被落下来的铁饼砸死了。在另外的传说中，应该对雅辛托斯的死负责的是西风泽费鲁斯，因为这个俊美的男孩导致了泽费鲁斯和阿波罗的争执，雅辛托斯喜欢那金发的弓箭神阿波罗，嫉妒的泽费鲁斯暗中使阿波罗掷出的铁饼偏离正常轨迹，从而导致雅辛托斯受伤死去。当雅辛托斯死去以后，阿波罗为了自己杀人涤罪，不让冥王哈德斯带走他，而是让他变成一株花——风信子（hyacinthus）。阿波罗的眼泪滴在风信子新出的花瓣上，发出“唉！唉！”的声音，似乎在诉说着他的悲伤。[①]

另一种来自于阿波罗多洛斯的说法略有不同，“阿弗洛狄忒让克雷伊奥（Kleio）狂热地爱上了玛格里斯（Magnes）的儿子派罗斯，他们结合以后生下了一个儿子雅辛托斯。费拉蒙（Philammon）和山泽女神阿吉俄佩（Argiepe）之子塔米里斯（Thamyris）是第一个男同性恋者，他爱上了雅辛托斯，后来阿波罗也爱上了雅辛托斯，阿波罗无意中用铁饼砸死了雅辛托斯。”[②]

纪念雅辛托斯的节日主要在拉科尼亚，称为雅辛提亚节（Ὑάκινθια）。这个节日的举行时间在阿米克莱伊的赫卡特姆拜翁月（Hekatombaion），[③]相当于现代公历的5月上旬和6月下旬，其开始的时间可能是这个月的第七天。阿特纳奥斯引用了伯里克拉特斯（Polykrates）的描述，对这个节日进行了详细的介绍：

> “拉科尼亚人庆祝雅辛提亚节的时间为三天。为了纪念雅辛托斯的悲痛，人们既不在晚宴的时候戴花冠，也不在进餐的时候进食任何糕点和面包，他们也不为这位神祇唱赞美诗，只是在宴会结束时相互深切致意。但是在这三天的中间一天，会有不少演出和大型聚会。男孩子都穿上束腰外衣，演奏里拉琴和长笛，拨弦片和音，用抑抑扬格的韵律唱着对这位神祇的赞歌，舞蹈队则以一种古典风格的舞蹈为歌唱和演奏助兴。其他人则穿着节庆的服饰骑着马从剧场穿行而过，小孩子往往结成长长的歌队唱着儿歌入场，少女们则躲在用花枝装饰的马车上，还有一些人驾着马车比赛。整个城市都在一种节日的气氛中。这一天人们还举行盛大的祭仪，奉献大量的牺牲。所有的公民都邀请他们的朋友来共进晚餐，甚

---

① Nonnus, *Dionysiaca*, iii. 153; Pausanias, *Description of Greece*, iii. 19.

② Apollodorus, *The Library*, i. 16.

③ Strabo, *Geography*, iii. 62.

至包括他们的奴隶。”[①]

节日中的宴会可能是葬礼晚宴的一种。禁食面包的习俗可能是对食用谷类食品的一种节制，这种规定一般是在谷类还没有丰收之前，其目的是防止未来可能出现的饥馑。雅辛托斯是一个植物神，这个节日在6月初举行，说明人们相信其中的仪式对即将到来的丰收有着重要意义。

但是我们将关注焦点转到阿波罗崇拜的方面时，一切都发生了改变：没有自然崇拜，没有植物类的仪式，没有更多的悲伤，人们唱起赞歌，戴着常青藤编织的花冠。这些庆典仪式带有明显的文明社会的痕迹，包含音乐的艺术和战争的壮观。法奈尔认为，这种带有欢快音乐和有节制的庆典是典型的阿波罗仪式。[②] 我们可以看到，这个节日实际上汇合了两种宗教思维和祭仪的源流。最开始可能是为了哀悼和纪念雅辛托斯，但是后来就和一种对植物神的哀悼仪式融合到一起了。从伯里克拉特斯的记载中我们可以印证波桑尼阿斯的说法，在雅辛提亚节日里，人们将种子撒在阿波罗圣域中的雅辛托斯坟墓周围。[③] 在前基督教仪式中，这种仪式几乎都是为了纪念某种植物神灵或与植物有关的英雄，其内在含义是感慨早茬成熟植物的不再来和岁月的流逝。[④]

希罗多德对雅辛提亚节也有所记载。当波斯人进攻阿提卡的时候，雅典人向斯巴达人求助，但是斯巴达人却迟迟不见行动，原来他们这时正在举行雅辛提亚祭，他们认为把奉祀这位神的事情做好，是他们当前最主要的事情。“他们把答复推到第二天，到第二天的时候，又向下面的一天推，这样他们一天又一天地推了十天。”[⑤]法奈尔据后一句话推论说，这个节日至少持续了十天。[⑥] 这一推论尚显论据不足，我们

---

① Athenaeus, *The Deipnosophists*, 139d.

② Lewis Richard Farnell, *The Cults of the Greek States*, vol. 4, p. 265.

③ Pausanias, *Description of Greece*, xix. 2.

④ Lewis Richard Farnell, *The Cults of the Greek States*, vol. 4, p. 265.

⑤ Herodotus, *Histories*, ix. 7—8.

⑥ Lewis Richard Farnell, *The Cults of the Greek States*, vol. 4, p. 266.

不能推断斯巴达人是完全因为要举行祭祀还是以此为借口推诿出兵。不过，从希罗多德的记载中我们可以得出的结论是雅辛提亚节在斯巴达社会生活中确实有着非同寻常的意义。这一点也可以从其他古典材料中得到佐证。据波桑尼阿斯记载，斯巴达国王阿格西劳斯（Agesilaus）率军和科林斯人作战，但是这时候雅辛提亚节快到了，于是他让阿米克莱伊人回家去，举行这个传统的祭仪以纪念阿波罗和雅辛托斯。①

法奈尔还将雅辛提亚节与斯巴达的赫卡特姆拜亚节（*Ἡκατομβαία*）联系起来。② 这两个节日都在同一月份举行，赫卡特姆拜翁这个月份的名称就来自赫卡特姆拜亚节。如果这两个节日确实是两个不同的节日，那么斯巴达人对这个月份的称呼可能就像其他多利安城邦一样，是来自一个特别的节日。如果这一假设能将赫卡特姆拜亚节与阿波罗崇拜直接联系起来，就能给另一事实又一解释，那就是在多利安斯巴达吞并了拉科尼亚以后，斯巴达的皮提俄斯祭仪似乎揭示了阿波罗在斯巴达的政治生活中占有极为重要的支配地位。斯特拉波也曾将赫卡特姆拜亚节的制度与一百个城邦的"塞诺西辛"（Synoikismos，即社区，共同生活区）联系起来。③

在现存的古典文献中，还有一些节日可能也与雅辛提亚节有一定关联。拉科尼亚地区有一个叫"科皮德斯"（*Κοπίδες*）的节日，其中用山羊作为牺牲的仪式就属于雅辛提亚节的一部分，阿特纳奥斯在提到雅辛提亚节的同时也提到了这个节日，并有简短的描述，他的事实来源可以界定就发生在阿米克莱伊。④

另外还有两个现象也值得我们注意。其一是欧里庇得斯记载了阿米克莱伊一个在夜晚举行的节日"科摩斯"（*κῶμος*）。据我们现有的资料所知，阿波罗崇拜中很少有夜晚举行的庆典活动，所以我们可以推

① Pausanias, *Description of Greece*, iii. 10.

② Lewis Richard Farnell, *The Cults of the Greek States*, vol. 4, p. 266.

③ Strabo, *Geography*, iii. 62.

④ Athenaeus, *The Deipnosophists*, 138f.

断这个节日应该是专属雅辛托斯的，属于一种亡灵的力量。欧里庇得斯描述这是一个“夜晚举行的婚礼”，①其仪式并不是在完全的悲伤氛围中举行。

第二个需要注意的现象是妇女在雅辛提亚节的突出地位。她们为阿波罗编织衬衣，参与车队竞赛，参加夜晚狂欢。② 其中一个被斯巴达城邦赋予一个特别的荣誉称号：“雅辛提亚节最荣耀的有奖竞赛中的领导者和主持者。”③法奈尔提醒我们不能对后一个现象强调更多，因为在斯巴达的狂欢节日中，曾经有一位负责净化工作的妇女想方设法使自己获得更多的祭司权力。④ 但是可以肯定的是，妇女在雅辛提亚节有着较高的地位和重要的作用，而这一点也可以从斯巴达妇女在社会和宗教习俗中的地位得到合理的解释。⑤ 但是妇女在其他有关阿波罗崇拜的节日如卡耳涅亚节中并不那么重要。在希腊的阿波罗神庙祭司中，也基本是以男性为主导，很少与妇女生活有什么关系，唯一的例外就是德尔斐的女祭司皮提亚。法奈尔认为，雅辛提亚节中妇女的夜晚狂欢有着不少狄奥尼索斯崇拜的痕迹，因此她们在这个节日中的作用可能来自更早的前阿波罗崇拜时期，⑥这一时期可能还处在母系氏族阶段，其庆典仪式可能只是纯粹的植物崇拜，因此妇女在其中占有主导地位也是极有可能的。

我们看到，在节日和仪式层面，阿波罗与雅辛托斯的联系似乎并不像神话中的联系那么紧密。在上述提到的纪念雅辛托斯的节日和仪式中，除了雅辛提亚节期间一天的仪式以外，几乎没有明确出现与阿波罗崇拜有关的内容。但是如果我们透过仪式的表象来探究社会生活的内

---

① Euripides, *Helen*, 1469.

② Xenophon, *Hellenica*, iv. 5.

③ Euripides, *Helen*, 1469.

④ Lewis Richard Farnell, *The Cults of the Greek States*, vol. 4, p. 34.

⑤ 王雅：《斯巴达妇女研究》，北京师范大学博士学位论文，2008年。

⑥ 魏凤莲的博士论文《狄奥尼索斯崇拜研究》对狄奥尼索斯崇拜的起源进行了详细考证，得出的结论是狄奥尼索斯是一个比较古老的神祇。这也可以佐证法奈尔认为雅辛提亚节中的狄奥尼索斯崇拜因素属于前阿波罗崇拜时期的说法是比较可信的。

涵，就能发现其中隐秘的联系。雅辛提亚节的仪式和前文所述塔格里亚节、皮亚诺皮西亚节、卡耳涅亚节的仪式本质上都属于农事性的仪式，虽然各个仪式的具体内容不同，但是都有一个核心内容，就是庆祝丰产。前面几个专属阿波罗的节日中的阿波罗和雅辛提亚节中的雅辛托斯，实际上都源于较为原始的宗教的植物神。我们无法知道在仪式层面阿波罗是何时与雅辛托斯联系在一起的，在原始社会和文明社会初期，这样的民俗传统演变往往会经历好几个世纪的时间；但是可以肯定的是，仪式层面的联系一定早于神话层面的联系。

关于雅辛托斯的传说主要见于赫西俄德、阿波罗多洛斯、斯特拉波、奥维德、波桑尼阿斯、努诺斯的作品中。赫西俄德的记载非常简略，“狄俄墨得斯(Diomede)生下了雅辛托斯，这个并无过失……[①]偶然的情况下被福玻斯无意中用一块铁饼砸死了。”[②]这是我们所知最早将阿波罗与雅辛托斯联系起来的文学作品，其时间是公元前8—前7世纪，但是这里并没有提到阿波罗爱上雅辛托斯的情节。关于阿波罗和西风泽费鲁斯同时爱上雅辛托斯或者阿波罗在塔米里斯之后爱上雅辛托斯的传说，基本都是在公元前2世纪以后的作品中才出现。两个神祇在仪式层面已经联系甚至融合的情况下，为何还会创造出这样的神话传说呢？

这应与希腊社会中的男性同性恋现象有着密切的关系。“男性的同性恋不仅是古代希腊贵族社会中一种流行的时尚，而且是希腊社会的一个显著特征，希腊人普遍把男性的同性恋看成是最为崇高的爱情。”[③]在古风时代的爱情诗歌中，有很大一部分所表达的是同性之爱，男性的同性恋是古风时代的艺术作品中所表现的一个重要主题。古典时代的柏拉图在其著名的对话录《会饮篇》中，通过他的老师苏格拉底

---

① 现存手稿残篇此处遗失部分词语。

② Hesiod, *Catalogues of Women Fragments*, 102.

③ 黄洋：《从同性恋透视古代希腊社会：一项历史学的分析》，《世界历史》，1998年，第5期。

之口，阐述了自己关于真正的爱的见解。在他看来，最崇高的爱是精神上的，是爱的双方对真实和美德的共同追求，但这种共同追求仅仅限于男性之间。也就是说，柏拉图所推崇的以感情为基础的爱情完全是同性之爱。[①] 这种同性恋及其相应的观念必然会影响到思想意识领域，反映在神话传说中就是阿波罗与雅辛托斯的爱情故事。阿波罗被希腊人看作是男性形象的典型，如果要在神界找一个男性同性恋的模板，再也没有比阿波罗更适合的了。于是，在古老的植物神雅辛托斯和传统的庆祝丰产的雅辛提亚节与阿波罗在仪式层面上的联系为人们所熟知以后，逐渐就演变成了神话传说中阿波罗与年轻美貌的男性青年雅辛托斯的爱情故事。

第五节　阿波罗与阿斯克勒庇俄斯

阿斯克勒庇俄斯（ Ἀσκληπιός，Asclepius）是传说中古希腊的医神，是医生的祖先（图九）。关于阿斯克勒庇俄斯名字的语源学考察，学界至今没有得出完全令人信服的结论。其中一种比较有代表性的观点认为，阿斯克勒庇俄斯原来是一个凡人，名叫厄庇俄斯（ Ἤπιος），其名源于他举止文雅，性情温和。[②] 后来他治愈了厄皮达鲁斯（Epidaurus）僭主阿斯克勒斯（ Ἀσκλής）的眼疾，因而被称为阿斯克勒庇俄斯（ Ἀσκληπιός）。[③]

有的学者认为，在荷马史诗中，阿斯克勒庇俄斯不是以一个神灵的身份出现，而仅仅是一个凡人。[④] 这一点可以从荷马史诗中所用的 ἀμ-

---

① Plato, *Symposium*, 173ff.

② 希腊语ἤπιος意即为“举止文雅，性情温和”。参阅 Henry George Liddell and Robert Scott, *A Greek-English Lexicon*, p. 258, “ Ἀσκληπιός”。

③ Edelstein E. J., Edelstein L., *Asclepius: Collection and Interpretation of the Testimonies*, Baltimore: Johns Hopkins University Press, 1945, p. 271.

④ Gerald D Hart, *Asclepius: The God of Medicine*. London: The Royal Society of Medicine Press, 2000, p. 4.

图九 阿斯克勒庇俄斯

材质：大理石

馆藏：希腊德尔斐国家考古博物馆

时间：不详

图片来源：http://www.greece-museums.com

ύμνος看得出来，这一个词从来不用于不死的神灵，尽管他是一个 ἀμύμνος ἰητῆρος。[1] 荷马史诗也没有提到他的血统和世系，只说他是马卡昂（Machaon）和波达勒里奥斯（Podaleirius）的父亲。[2] 但是这种观点值得商榷。波桑尼阿斯在提到这个故事时也引用了荷马史诗，希腊文同为"φῶτ' Ἀσκληπιοῦ υἱὸν"，英译为"Mortal son of Asclepius"，波桑尼阿斯还进一步说道，"可以说是'一个神的人类儿子'（θεοῦ παῖδα ἄνθρωπον，Human son of a god）"。[3] 从这里的上下文来看，波桑尼阿斯是要引用荷马史诗来证明阿斯克勒庇俄斯是一个神，但是他也知道阿斯克勒庇俄斯一开始并不是一个神，只是后来才得到神的称号。

同样是在荷马史诗中，所有拥有医术的人都被认为是医神派埃昂

---

① ἀμύμνος意为"匠师"，ἀμύμνος ἰητῆρος则是"出类拔萃的匠师、最高明的匠师"。见 *Homer*，*Iliad*，iv. 193—195。

"Ταλθύβι' ὅττι τάχιστα Μαχάονα δεῦρο κάλεσσον φῶτ' Ἀσκληπιοῦ υἱὸνἀμύμνος ἰητῆρος，ὄφρα ἴδῃ Μενέλαον ἀρήϊον Ἀτρέοςυἱόν."

罗念生、王焕生先生的中译本翻译这一句时认为 ἀμύμνος ἰητῆρος是修饰阿斯克勒庇俄斯的儿子马卡昂，因此将这几句话翻译为"塔尔提比奥斯，去召请阿斯克勒皮奥斯（阿斯克勒庇俄斯）的儿子，最高明的匠师马卡昂赶到这里来诊视阿特柔斯的儿子尚武的墨涅拉奥斯"（参见《荷马史诗·伊利亚特》，罗念生、王焕生译，第84页）。笔者认为，这里的 ἀμύμνος ἰητῆρος为属格形式，应该修饰同为属格的 Ἀσκληπιοῦ，所以这句话的中译似以"去召请最高明的匠师阿斯克勒皮奥斯的儿子马卡昂"为宜。

② Homer，*Iliad*，ii. 731；iv. 194；xi. 518.

③ θεὸν δὲ Ἀσκληπιὸν νομισθέντα ἐξ ἀρχῆς καὶ οὐκ ἀνὰ χρόνον λαβόντα τὴν φήμην τεκμηρίοις καὶ ἄλλοις εὑρίσκω καὶ Ὁμήρου μαρτυρεῖ μοι τὰ περὶ Μαχάονος ὑπὸ Ἀγαμέμνονος εἰρημένα

Ταλθύβι'，ὅττι τάχιστα Μαχάονα δεῦρο κάλεσσον
φῶτ' Ἀσκληπιοῦ υἱόν，ὡς ἂν εἰ λέγοι θεοῦ παῖδα ἄνθρωπον.
ὡς ἂν εἰ λέγοι θεοῦ παῖδα ἄνθρωπον.

That Asclepius was considered a god from the first, and did not receive the title only in course of time, I infer from several signs, including the evidence of Homer, who makes Agamemnon say about Machaon:——

Talthybius, with all speed go summon me hither Machaon,
Mortal son of Asclepius.
As who should say, "human son of a god."

英文译文见 Pausanias，*Description of Greece*，with an English translation by W. H. S. Jones，The Loeb Classical Library，Cambridge：Harvard University Press，1918，Book 2，xxvi. 10。

的后代[①]，而马卡昂和波达勒里奥斯又是阿斯克勒庇俄斯的儿子，史诗似乎认为阿斯克勒庇俄斯实际上就是派埃昂，因而也是一个神。如何解释这两种看起来相互矛盾的说法呢？荷马在提到医神的时候，总是指向派埃昂，而不是阿斯克勒庇俄斯，而史诗认为所有的医生都是派埃昂的后代，[②]所以可推测史诗可能认为阿斯克勒庇俄斯也是派埃昂的后代。这一点可以从后来的事实中得到佐证——人们将派埃昂等同于阿波罗，[③]而阿斯克勒庇俄斯又被认为是阿波罗的儿子。

按照希腊神话传说，阿斯克勒庇俄斯是阿波罗和科罗尼斯（Coronis）的儿子，科罗尼斯是拉皮特斯（Lapithes）的后代菲力吉亚斯（Phlegyas）的女儿。[④] 关于阿斯克勒庇俄斯的出生，一般传说是科罗尼斯怀上了阿波罗的孩子，但是她又迷恋上了一个游吟诗人伊基斯（Ischys）。阿波罗从他派去监视科罗尼斯的一只乌鸦那里得到了这个消息，[⑤]于是派他的妹妹阿尔忒弥斯去杀死科罗尼斯，阿尔忒弥斯在忒萨利拜比亚湖（Baebia）边的拉科里亚（Lacereia）将科罗尼斯杀死在自己的家里。[⑥] 科罗尼斯临死前，生下了一个孩子（即阿斯克勒庇俄斯），阿波罗将其救起，[⑦]并将他带到喀戎（Cheiron），后来还教给他疗伤和打猎的技术。[⑧] 另一些说法是科罗尼斯在随她的父亲菲力吉亚斯远征伯罗奔

---

① Homer, *Odyssey*, iv. 232.

② Homer, *Odyssey*, iv. 228—232.本书在第二章第四节“献给阿波罗的颂歌”论及派埃昂时曾对此问题有详细论述。

③ 参见本书第二章第四节“献给阿波罗的颂歌”。

④ Pindar, *Pythian Odes*, iii. 14. 根据其他传说，拉皮特斯是阿波罗和斯提柏（Stilbe）的儿子，阿斯克勒庇俄斯是拉皮特斯的后裔。参见 Apollodoros, *The Library*, iii. 10. 3。

⑤ 品达说是阿波罗通过自己的预卜能力得知这个消息。参见 Pindar, *Pythian Odes*, iii. 14。

⑥ *Homeric Hymn to Artemis*, 27. 奥维德说是阿波罗自己杀死了科罗尼斯和伊基斯。参见 Ovid, *Metamorphoses*, ii. 605。

⑦ 波桑尼阿斯说是赫尔墨斯救起的这个孩子。参见 Pausanias, *Description of Greece*, ii. 26。

⑧ Pindar, *Pythian Odes*, iii. 1—50; Apollodoros, *The Library*, iii. 10; Pausanias, *Description of Greece*, i. 50.

尼撒的时候，在厄皮达鲁斯境内生下了阿斯克勒庇俄斯。她将阿斯克勒庇俄斯送到提特翁(Tittheion)山上，这座山以前叫米尔提翁(Myrtion)。在那里一只山羊和一只狗抚育和照顾了他，后来被一个牧羊人阿里斯塔纳斯(Aresthanas)发现了。据说阿里斯塔纳斯发现阿斯克勒庇俄斯的时候看见他被一层光晕环绕着。①

据说阿斯克勒庇俄斯长大以后不仅能治好所有的疾病，而且能够使人起死回生，因此声名鹊起，妇孺皆知。关于他是如何得到这种能力的，主要有两种说法。一说他从雅典娜那里得到了一小瓶蛇发女妖戈耳工(Gorgon)不可思议的血液：从左边的血管取，这就是一种致命的毒药；但是如果从右边的血管取，这血液就可令人起死回生。② 另一种说法是米诺斯(Minos)的儿子格劳科斯(Glaucus)年少时曾溺毙于一罐蜂蜜中，后来占卜者波吕伊多斯(Polyidus)通过占卜找到其尸体。米诺斯找来阿斯克勒庇俄斯试图救活格劳科斯。阿斯克勒庇俄斯在一个封闭的房间里对格劳科斯施救。在他冥思苦想之时，一条蛇爬上了他的手杖，阿斯克勒庇俄斯用手杖打死了这条蛇。后来，另一条蛇叼着药草进来，把药草放在死蛇的头上，死蛇随即复活，随后两条蛇都出去了。阿斯克勒庇俄斯于是用相同的药草救活了格劳科斯。③

阿波罗多洛斯在介绍阿斯克勒庇俄斯时提到他救活了很多人。根据斯特斯查鲁斯(Stesichorus)的说法，有卡帕纽斯(Capaneus)和吕库尔戈斯(Lycurgus)；根据《纳帕克提卡》(*Naupactica*)作者的说法，有希波吕托斯(Hippolytus)；根据潘亚西斯(Panyasis)的说法，有廷达瑞俄斯(Tyndareus)；根据俄耳甫斯派的诗歌(Orphics)，有许墨奈俄斯

---

① Pausanias, *Description of Greece*, ii. 26, iv. 3; Cicero, *The Nature of the Gods*, iii. 22。在西塞罗的《论神性》中，有三个医生说了三种不同的传说，这是其中之一。

② Apollodoros, *The Library*, i. 50.

③ Hyginus, *Poetica Astronomica*, ii. 14. 这个故事的另一个版本主角不是阿斯克勒庇俄斯而是波吕伊多斯，米诺斯要求波吕伊多斯将其子复活，并把他和格劳科斯的尸体关在一起。在波吕伊多斯苦恼之时，一条蛇爬向尸体，被他用石头击杀。另一条蛇出现并看到死蛇后，叼来药草将其同伴复活。波吕伊多斯于是用相同的药草复活了格劳科斯。参见 Apollodoros, *The Library*, iii. 3。

(Hymenaeus);根据梅勒萨格拉斯(Melesagoras)的说法,有米诺斯的儿子格劳科斯。[①] 宙斯对阿斯克勒庇俄斯复活这么多死者十分震怒,因为这威胁到了只有神才拥有的“不朽”,于是用雷劈死了阿斯克勒庇俄斯。被激怒的阿波罗为了报复,射死了为宙斯锻造雷矢的独目三巨人塞克罗普斯(Cyclops)。宙斯大怒,将阿波罗罚往特洛伊为凡人修筑城墙,将阿斯克勒庇俄斯升上天空,化为蛇夫座(Ophiuchus)。[②]

据说阿斯克勒庇俄斯还参加了阿尔戈英雄(Argonauts)的远征和猎杀卡莱敦野猪的队伍。[③] 传说他的妻子是厄庇翁尼(Epione),除了荷马史诗提到的两个儿子,他还有好几个孩子,包括:伊阿索(Iaso)、埃格勒(Aegle)、许革亚(Hygeia)、帕纳刻亚(Panakeia)、阿刻索(Akeso)、忒勒斯弗鲁斯(Telesphoros)等。[④]

关于阿斯克勒庇俄斯的这些神话传说,应该是一些真实人物和事件与一些思想或观念的结合。在古代希腊神话中,一些观念的产物往往被认为是真实存在的人和实际发生的事。整个阿斯克勒庇俄斯神话的由来,首先是我们所读到的荷马史诗的相关记载,这些记载可能是一些真人真事的反映,但也加上了诗人的一些想象。随着阿斯克勒庇俄斯治病救人事迹的传播,他逐渐成为拥有疗伤治病能力的代表和化身,这种光环的扩大必然会将其血统上升到神界,因此他也就成了阿波罗的儿子。阿波罗是医药之神,但是他毕竟是观念中的神,人们需要将阿波罗的这一职能具体化,从而使人们在这种崇拜中能得到现实生活中

---

① Apollodoros, *The Library*, iii. 10.

② Apollodoros, *The Library*, iii. 10. 另一说法是冥王普鲁同(Pluto)向宙斯抱怨阿斯克勒庇俄斯让死人的数量减少得太多,因而被宙斯派人打死。参见 Diodorus Siculus, *Library of History*, iv. 71。也有说宙斯最后让阿斯克勒庇俄斯变成天上的星座是应阿波罗的请求。参见 Hyginus, *Poetica Astronomica*, ii. 14。

③ Pindar, *Pythian Odes*, iii. 14.

④ Pindar, *Pythian Odes*, iii. 14. Pausanias, *Description of Greece*, i. 34; ii. 10。其实这些所谓的儿子都是阿斯克勒庇俄斯某种功能或特质的拟人化,如 Iaso 意为“痊愈”,Aegle 意为“光彩”,Hygeia 意为“健康”,Panakeia 意为“万能药”,Akeso 意为“治疗”,Telesphoros 意为“康复”。

所需要的帮助。也正因如此，阿斯克勒庇俄斯崇拜在整个希腊世界都比较流行。

在古希腊人的观念中，奥林帕斯众多神灵都拥有某些能疗伤治病的特殊职能，包括雅典娜、赫尔墨斯甚至狄奥尼索斯。但是，只有阿波罗和人类的疗伤治病联系最为密切。随着文明的发展和人类思维的进步，人们对健康和长寿的关注也越来越多。人们的精神需求和现实需求都发生了变化。从精神需求来说，需要将阿波罗的疗伤治病职能从其他职能中分离出来。尤其是阿波罗作为狩猎之神的职能，这与他作为医药之神的职能有着不小的冲突。正如哈特（Hart）所说："在那些献给狩猎之神阿波罗的神庙中，祭司们似乎都对打猎有着较大的兴趣，而对医疗之类的事情并不是特别关心。更重要的是，这样的阿波罗神庙也缺乏有益于医疗的环境和气氛。"[①]从现实需求来说，需要将疗伤治病的职能归结为真实存在的人，需要有像阿斯克勒庇俄斯神庙那样给病人提供聚集和交流机会的场所。荷马史诗作为古希腊人的元典文化，通过口耳相传，其内容已经为大多数希腊人所熟悉。因此，人们自然也熟悉了史诗中杰出的医者阿斯克勒庇俄斯，故而选择他来为阿波罗分担疗伤治病的职能也是顺势而为的事情。

选择阿斯克勒庇俄斯成为单独的医药之神是第一步，下一步就是要为他成为医神找一个符合人们思维习惯的理由。由此，阿斯克勒庇俄斯作为阿波罗的儿子的神话就诞生了。但是，阿斯克勒庇俄斯一个人不能承担全部的疗伤治病职能，所以他的家庭——妻子、儿子和女儿，都加入到医生的行列中来了。随着阿斯克勒庇俄斯家族的扩大和他本人的神化，衍生出了一个新的名词——阿斯克勒皮亚德（Asclepiad），这是所有希腊医生的称号，他们也都被认为是阿斯克勒庇俄斯的儿子。

从阿波罗崇拜到阿斯克勒庇俄斯崇拜的转变是一个渐进的过程。

---

① Gerald D Hart, *Asclepius: The God of Medicine*, p. 21.

一开始阿斯克勒庇俄斯和阿波罗并没有分开，阿斯克勒庇俄斯就住在阿波罗神庙中。在公元前 4 世纪的特里卡和埃皮达鲁斯，阿斯克勒庇俄斯和阿波罗分享同一座神庙，也分享人们献给他们的供品。[①] 在派拉乌斯（Piraeus）出土的一段铭文（铭文的刻写时间为公元前 355 年）表明，在派拉乌斯和雅典的阿波罗·阿斯克勒庇俄斯神庙中，猎人和他们的猎犬也分享神庙里的供品。[②] 我们已知的最早的阿斯克勒庇俄斯艺术形象是在一枚属于拉提萨（Latissa）的硬币上面，时间约为公元前 450—前 400 年，[③]说明这个时期他已经是一个较为流行的神灵了。但是，我们看到在伯罗奔尼撒战争期间，来自德尔斐的一则神谕阻止了对雅典人造成极大灾难的瘟疫。说明这个时间阿波罗还是具有医神的职能。直到伯罗奔尼撒战争以后，希腊人逐渐意识到诸如阿斯克勒庇俄斯这样深入人间的神灵对他们来说更容易接近，人们更容易感受到他们的存在，这就促进了人们对阿斯克勒庇俄斯的接受。随着阿斯克勒庇俄斯崇拜的流传，一些原来属于阿波罗的神庙也被用以专门献给阿斯克勒庇俄斯。[④]

阿斯克勒庇俄斯崇拜的主要载体是他的神庙。这些神庙通常建在市镇外的山上等有益于健康的地方，周边通常会有水井，因为水被认为有治疗功能。这些神庙不仅是举行崇拜和祭仪的地方，也是许多病人频繁聚集的地方。阿斯克勒庇俄斯的崇拜中心在厄皮达鲁斯，在那里有一座他的神庙，神庙在一片树林中间。根据一些留存下来的铭文，我们知道这座神庙修建于约公元前 375—前 370 年，花费了二十三塔兰特白银。[⑤] 虽然这座神庙是医神之庙，但是任何人都不允许死在那里，

---

① Edelstein E. J., Edelstein L., *Asclepius: Collection and Interpretation of the Testimonies*, p. 516.

② Edelstein E. J., Edelstein L., *Asclepius: Collection and Interpretation of the Testimonies*, p. 515.

③ Gerald D. Hart, *Asclepius: The God of Medicine*, p. 21.

④ James Anderson, "The Temple of Æsculapius", *The British Medical Journal*, vol. 2, no. 1399 (Oct. 22, 1887), pp. 904—905.

⑤ P. J. Rhodes, Robin Osborne, *Greek Historical Inscriptions 404 - 323BC*, Oxford: Oxford University Press, 2003, p. 337.

任何妇女都不能在那里生下孩子。神庙里面有一座用象牙和黄金制作的塑像,出自特拉西米德斯(Thrasymedes)之手,塑像将阿斯克勒庇俄斯描绘成一个英俊而雄伟的中年男性,有些形似宙斯。① 他坐在神座上,一只手拿着手杖,手杖上缠着一条蛇,另一只手抓住蛇头,在他旁边卧着一条狗。② 一般认为,这条蛇是医术的象征,因而成了医神阿斯克勒庇俄斯的标志,这也是阿斯克勒庇俄斯艺术形象的最大特点。在厄皮达鲁斯的神庙周围,时常出没一种很特别的蛇,神庙的祭司们甚至还驯养了不少这种蛇。③ 更有甚者,在有些地方,阿斯克勒庇俄斯直接以蛇的形象出现。④ 阿斯克勒庇俄斯与蛇的联系可能来源于前述蛇用药草活命的传说。有学者对这个问题进行了专门探讨,他在大量吸取前人研究成果的基础上,得出了一个颇有新意的结论:阿斯克勒庇俄斯是源自克里特岛拜蛇教派的一位神灵,其前身是一位女神,后来演变为一位男性神灵。⑤ 他认为,当阿斯克勒庇俄斯和蛇联系起来的时候,两者的象征意义分别是:一方面,蛇代表了新生,这一点跟阿斯克勒庇俄斯的医神职能有关;另一方面,阿斯克勒庇俄斯能控制和支配代表地下世界的蛇,拥有与地下世界对抗的能力,这正是作为医神职能的重要体现——救人一命等于延缓了死亡。这就反映了古希腊人珍惜生命、远离地下世界的愿望。⑥

除了波桑尼阿斯所记载的他在厄皮达鲁斯神庙中的形象以外,阿斯克勒庇俄斯还以一些其他形象出现。有时候他一只手拿着一个药瓶,另一只手拿着一支杆杖;有时候他的旁边站着一个小孩,这个小孩是代表痊愈的精灵,被称为忒勒斯弗鲁斯(Telesphorus)、欧埃梅里昂

---

① Pausanias, *Description of Greece*, ii. 26, 27.

② Pausanias, *Description of Greece*, ii. 27.

③ Pausanias, *Description of Greece*, ii. 28.

④ Pausanias, *Description of Greece*, iii. 23.

⑤ 朱毅璋:《论蛇与古希腊的医神》,余春江主编《史海初航——古希腊罗马史初学集》,北京:经济日报出版社,2010年,第27页。

⑥ Pausanias, *Description of Greece*, ii. 27.

(Euamerion)或阿斯西乌斯(Acesius)。[1] 时至今日,还有不少阿斯克勒庇俄斯的艺术形象保存下来,包括一些大理石全身塑像和半身塑像,一些石刻浮雕,还有一些钱币、玉器等。[2]

除了厄皮达鲁斯,医神阿斯克勒庇俄斯崇拜还传播到古代希腊的很多地方。根据斯特拉波的记载,我们知道的主要有特里卡(Tricca)、凯莱奈(Celaenae)、底米(Dyme)、帕特雷(Patrae)、塞勒尼(Cyllene)、格勒尼亚(Gerenia)等。[3] 根据波桑尼阿斯的记载,主要有希基昂(Sicyon)、雅典、忒尔普撒(Thelpusa)、梅塞尼亚、阿尔戈斯、帕伽玛、克里特、士麦那、埃索普斯(Asopus)等。[4] 斯特拉波和波桑尼阿斯都提到的地方是科斯岛(Cos)。[5] 据说罗马的阿斯克勒庇俄斯崇拜是在德尔斐神谕的指引下从厄皮达鲁斯传来的,时间是公元前293年,其目的是为了应对一场瘟疫。关于这一事件的记载见于多位罗马诗人和历史学家的作品中。[6]

到阿斯克勒庇俄斯神庙的病人,往往会在他的神庙过上一夜或者更多时间。[7] 据说在这个时间里他们要按照神庙祭司的指点进行献祭和祈祷,在举行献祭和祈祷仪式后,病人就睡在神庙中的祭坛上,或者专为病人而设的石头上。然后会在睡梦中得到神灵指点治病的方法或药物。可能因为这样的缘故,许多阿斯克勒庇俄斯神庙中的塑像是睡眠或做梦的形象。[8] 人们在为阿斯克勒庇俄斯举行祭祀仪式的时候,往往给他许多不同的称呼,有的是描述他不同的治病救人的职能,有的是描述他被崇拜的地域。[9]

---

① Pausanias, *Description of Greece*, ii. 11.
② Gerald D Hart, *Asclepius: The God of Medicine*, pp. 11—16.
③ Strabo, *Geography*, vii, viii, xiii, etc..
④ Pausanias, *Description of Greece*, i, ii, iii, iv, viii, etc.
⑤ Strabo, *Geography*, xiii. 6; Pausanias, *Description of Greece*, iii. 23.
⑥ Ovid, *Metamorphoses*, xv. 620; Livy, *History of Rome*, x. 47.
⑦ Pausanias, *Description of Greece*, ii. 27; x. 32.
⑧ Pausanias, *Description of Greece*, ii. 10.
⑨ Pausanias, *Description of Greece*, ii. 10; x. 32.

那些得到神的启示而痊愈的病人要向神敬献供品，通常是一只鸡或者一只羊。苏格拉底在临死前留下的最后一句话就是："克力同，我欠了阿斯克勒庇俄斯一只鸡，记得替我还上！"[①]苏格拉底感谢医神让自己超脱了。

病人还要在神庙的匾牌上写上自己的姓名、病情和治愈的方法甚至治愈的过程。在厄皮达鲁斯、特里卡和科斯的阿斯克勒庇俄斯神庙中，满是写满这样内容的匾牌，其中还有不少内容转刻到专门的石碑上，波桑尼阿斯和斯特拉波都亲眼见过这样的石碑。[②] 这种匾牌的作用不仅仅在于向医神表达谢意和尊崇，而且是病人之间一种非常重要的交流形式。古代的医学主要依靠经验，因此相似的病情或病人相似的经历对后来的病人具有非常重要的借鉴意义。

前面论及阿斯克勒庇俄斯崇拜起源之时已经说明了从阿波罗崇拜到阿斯克勒庇俄斯崇拜反映了人类的精神需求和现实需求的变化。实际上，这个转变过程还有更为深层次的原因，那就是两种不同哲学观的转变。从天界的医神阿波罗到凡间的医神阿斯克勒庇俄斯，这一转变过程体现了人们对疾病认识的两种不同观念。一种观念认为，疾病是整个邪恶世界的一部分，这个邪恶世界阻止和限制了人的自由和幸福，疾病和影响人类生活的其他灾难没有本质的区别，都能够破坏和毁灭个人和社会集体的生活，另一种观念认为，疾病和其他的邪恶与灾难有着本质的区别，疾病只是人的身体某种机能的暂时缺失，只要通过合理的治疗，疾病不会给个人和社会集体造成毁灭性的遭难。

在第一种观念影响下，人们对疾病的恐惧和无能为力是显而易见的，因此人们往往将治疗疾病、消除灾难的希望寄托在神灵身上。赫西俄德在《工作与时日》中清晰明白地表达了这种现象出现的根源。"人类各部落原本生活在没有邪恶、没有劳累、没有疾病的大地上"[③]，但是

---

① Plato, *Phaedo*, 118a.

② Pausanias, *Description of Greece*, ii. 27; Strabo, *Geography*, viii. 9.

③ Hesiod, *Works and Days*, 90—92.

命运女神给人类带来了这些灾难，潘多拉打开了诸神给人类的魔盒，“不幸遍布大地，覆盖海洋，疾病夜以继日地流行，悄无声息地把灾难带给人类，因为英明的宙斯已剥夺了他们的声音。因此，没有任何可躲避宙斯意志的办法。”[①]在这个世界里，阿波罗的作用是双重的。一方面，他能够强有力地转移灾难，就像赫拉克勒斯一样。传说中的英雄人物赫拉克勒斯曾经为了大地的净化同许多怪物进行战斗，因此他也被认为是一个医者。[②] 但是即使是最强有力的人类英雄也不能改变诸神加给人类的灾难，所有这些灾难都是人类自己所不能控制的，只能祈求神灵的力量来解决，于是人们通过祈祷、献祭等活动来请求神灵的帮助。在这个过程中，神谕是最经常出现的方式，而阿波罗又与神谕关系最为密切。因此人们将阿波罗视为能够为人类转移灾难、治愈疾病的神灵就顺理成章了。另一方面，在赫西俄德所描述的这个世界，疾病和灾难被认为是一种玷污，一种对宇宙秩序的扰乱。有了玷污，就需要净化。在希腊人眼中，由于阿波罗具有独特的“纯洁”和“圣洁”属性，因此阿波罗与净化仪式——不管是集体的净化仪式还是个人的净化仪式——关系尤其密切。通过神谕和净化等人神交流的形式，希腊人将阿波罗塑造成他们观念中的医神。

在另一种观念中，疾病完全不同于其他灾难和邪恶。古希腊最为著名的医生希波克拉底(Hippocrates)说：“人们认为疾病是神圣的，其原因只是对其无知和恐惧。对我来说，疾病绝不比任何其他灾难更具神圣性，甚至和其他灾难完全不同。”[③]“疾病是因为身体某部分的血管作用衰弱或出现缺陷所造成。”[④]这位博学的医生通过对人类疾病的探索和思考，提出了一种激进而又富有启发性的神学观念：神在本质上是

---

① Hesiod, *Works and Days*, 101—103.

② Apollodoros, *The Library*, ii. 5.

③ Hippocrates, *On Sacred Disease*, i. 1—5.

④ Hippocrates, *On Sacred Disease*, i. 362.

好的，他们不会来伤害人类。[①] 因为希波克拉底毕竟生活在宗教氛围尤为浓厚的古代世界，不可能提出与传统宗教完全相异的纯粹哲学观点，但是，这种认识已经大大超越了第一种观念对疾病的看法。对凡间的医神阿斯克勒庇俄斯的崇拜正是这种观念的体现。当然，这种崇拜也不完全是对前一种传统观念的颠覆，甚至也没有完全体现后一种观念，而是对这两种观念的折中。对阿斯克勒庇俄斯的崇拜也反映了人类对自身治愈疾病能力并不完全是乐观态度，他们认为只有最杰出的医生才有更多的知识和更强的能力来治愈疾病，这个杰出的医生代表就是阿斯克勒庇俄斯。

① Hippocrates, *On Sacred Disease*, i. 478.

第四章　阿波罗崇拜在古希腊世界的作用与影响

第一节　阿波罗崇拜与城邦政治

论及阿波罗崇拜与希腊城邦政治的关系，首先要弄清楚的一个问题，就是在古代希腊社会，对神的崇拜与政治究竟有着什么样的关系，或者说，对神的崇拜在多大程度上影响着政治生活。这个问题是一个非常复杂的问题，我们只能简而言之，至少在古典时代以前，希腊城邦政治生活中对神的意志的遵从是一种无须言说的预设前提。至于阿波罗崇拜与希腊城邦政治的关系，西方学者主要从某些具体的方面进行论述，其中研究得最深入的当属德尔斐神谕与希腊城邦政治的关系，如帕克和沃梅尔的《德尔斐神谕》、方廷罗斯的《德尔斐神谕》、鲍登的《古典雅典和德尔斐神谕：预言与民主》。国内则有刘婧的博士论文《德尔斐神谕与古希腊城邦》，对德尔斐神谕与希腊城邦各个层面的关系进行了探讨。但是，古希腊人对阿波罗的崇拜不仅仅体现在德尔斐神谕上，在希腊人的城邦政治生活中，阿波罗的影响也不仅仅通过德尔斐神谕来体现。探讨此问题应从阿波罗与希腊城邦秩序、阿波罗与城邦战争和阿波罗与殖民运动三个方面入手，进而分析城邦政治生活为什么会与阿波罗崇拜联系起来，阿波罗崇拜又是如何体现在希腊城邦政治生活中的，以及阿波罗崇拜对希腊城邦政治产生了什么样的影响。

一、阿波罗与希腊城邦秩序

希腊城邦内部社会秩序的维持，主要依靠两种力量。一是约定俗成的道德规范，二是人为制定的相关法律制度。就前一方面而言，阿波罗的作用主要体现在一些箴言格言中。格斯里认为，阿波罗代表着希腊人对“可理解的、确定的、可测量的，与荒谬、含糊、无定形截然相反的事物”[①]的偏爱。他的箴言“认识你自己”（*γνῶθισεαυτόν*）和“过犹未及”（*μηδέν ἄγαν*）正是这一原则的最好体现。德尔斐的阿波罗神庙上的其他文字也传达了这样的原则：

> *θυμοῦ κράτει, πέρας ἐπτέλει, ὕβριμ μείσει, εὔφηος γίνου, τὸ κρατοῦμ φοβοῦ, προσκύνει τὸ θεῖον, ἐπὶ ρώμῃ μὴ καυχῶ, γυλαικὸς ἄρχε.*[②]

这些希腊语措辞所体现的理念和精神，是其他语言很难准确表达的，笔者尝试翻译成中文如下：

> 要控制你的情感，注意到你的目标，憎恨暴行和侮辱，交谈时保持虔诚，敬畏神的权威，在神祇面前鞠躬，荣耀勿过度张扬，让妇女遵从妇道。

阿波罗与希腊城邦秩序的联系并不局限于这些我们后人只可意会不可言传的格言之中，还体现在他在希腊城邦法律制度的制定和实施方面所起的重要作用。希腊人不仅将他当作法律的制定者，而且将其视为法律的解释者。在希腊人最初的思维中，所有的法律都是神圣的。神话时代以及神—人时代的价值伦理观先天地将神话世界中诸神对于正义，对于习俗和法律，对于伦理的观念预设为合乎正义。[③] 所以他们

---

① W. K. C. Guthrie, *The Greeks and Their Gods*, p. 152.

② 德尔斐神庙中的原铭文早已损毁，公元前 3 世纪米西亚（Mysia）的米勒托波利斯（Miletopolis）的一段铭文再现了这些原则。以上所引铭文出自 *Sylloge Inscriptionum Graecarum*, ed. Wilh. Dittenberger; ed. tertia. Lipsiae 1915—1919. 转引自 W. K. C. Guthrie, *The Greeks and Their Gods*, p. 184。

③ 李为颖：《古希腊人文主义法律观探源》，《求索》，2007 年，第 1 期。

不需要将神祇附会为自己的立法者。但是后来出现的“智者”或“诡辩家”(Sophists)改变了这种观念。通过他们的辩论与质询，这一神圣的宗教原则被他们分解为*φύσις*和*νομός*。[1] 通过这两个词，智者们宣称，当时的希腊人不仅要遵循自然形成的习惯法，还要遵循社会共同体中人为制定的法律和规则。但是，他们又需要借助一种力量来确保这种人为法律得以施行和遵循。于是，公元前5世纪中期希腊的立法者就需要为他们的立法寻求来自神界的附会。在这种附会中，神谕是最常用的手段。其中，德尔斐的阿波罗神谕最为著名、影响最大。许多希腊城邦都将自己城邦的法律归源于阿波罗。实际上，就如法奈尔所估计的那样，这种归源问题远不止将已经制定好的法律附会到阿波罗身上，而且很大程度上认为是阿波罗对某些法律的制定起着直接的作用。[2] 传说中斯巴达的立法者来库古所制定的法律就直接来自阿波罗。公元前7世纪的提尔泰奥斯(Tyrtaios)在他的《战歌》中有如下描述：

> 这位银弓之神、金发的阿波罗所垂青的领袖，从阿波罗的神庙中得到如下答复：国王应当遵从神意，统治元老院；可爱的斯巴达是神委托给国王统治的，神会给你们经年的丰收；元老院的男人们应该遵从正义的法律，他们应该说话公平、处事公正，不能给城邦任何欺诈性的建议。如此，你们将走向胜利和强盛。这就是福玻斯在这件事情上给这个城邦的启示。[3]

提尔泰奥斯的记载似乎可以理解为斯巴达人特有的政治制度来自

---

① *φύσις*和*νομός*是两个很难直接翻译成中文的希腊词汇。*φύσις*最直接的翻译是“自然”、“本性”，笔者的理解大体就是“自然而然”的人之本性或自然之本性。*νομός*指社会共同体中形成的风俗习惯，后来延伸为法律——包括“习惯法”和“自然法”，笔者的理解大体就是具有社会属性的一些公序良俗的约定。关于这两个词的意思，上引李为颖的《古希腊人文主义法律观探源》中有较为详细的讨论。

② Lewis Richard Farnell, *The Cults of the Greek States*, vol. 4, p. 198.

③ Tyrtaios, fr. 3, Diel. 转引自 W. K. C. Guthrie, *The Greeks and Their Gods*, p. 184。

于阿波罗神早已为他们制定好的法律。希罗多德在记述这件事的时候，则将其中的神话色彩放置一边，只如实记载了他所见所闻，至于其真伪，则留给读者判断。他写道，来库古来到德尔斐请求神谕，他刚一走进神庙，皮提亚立刻对他说了四句神谕：

你来到我富有的神庙了，哦，来库古啊！
宙斯和奥林帕斯诸神都加爱于你，
我不知道应当称你为神还是只是一个人，
但是我还是认为你是一个神，哦，来库古啊！[①]

希罗多德接着说："还有一些人说，皮提亚还向他宣托了一整套斯巴达人到今天还遵从的法律。可是，拉凯戴梦人自己却说，当来库古担任他的侄子、斯巴达国王列欧比特斯（Leobetes）的摄政之时，他就把这套法律从克里特借用过来了。"[②]

这两个故事的版本相异的原因，我们可以认为是两个不同时代的人的世界观不一样。提尔泰奥斯是与来库古同时代的斯巴达人，而希罗多德则是晚近一些的非斯巴达人。希罗多德时代，理性主义已经大行其道。他的故事是基于他能真切地观察到斯巴达的法律和克里特的法律之间的相似之处。他有意识地规避前一种将斯巴达法律归源于阿波罗的说法，但是这种规避并不能在所有希腊人中间产生影响。除了希罗多德所记载的这个故事，其他希腊人仍然将斯巴达的法律归源于神灵，并且都明确说明是"根据斯巴达人自己的说法"得出的结论。柏拉图的《法律篇》开篇就谈到这个问题。雅典人问一个克里特人克雷尼阿斯（Kleinias）："你们所说的这些法律的确立应当归功于谁？归功于某位神还是归功于某些人？"他得到的回答是确定无疑的："神！无疑应当归功于某位神。我们把它归功于宙斯。而在拉凯戴梦，就是我们这

① Herodotus, *Histories*, i. 65.
② Herodotus, *Histories*, i. 65.

位朋友所在的地方,根据他们自己的说法,应当归功于阿波罗。”[①]克雷尼阿斯的回答也得到了他的朋友麦吉鲁斯(Megillus)的认同。普鲁塔克在写到来库古生平的时候,也认为他的法律来自于德尔斐神谕。[②]

在雅典,德拉古关于谋杀和凶杀的立法似乎也是以德尔斐神谕关于 *μίασμα*[③]及其涤罪的理念作为模板的。阿波罗与 *μίασμα* 有着密切的关系,是他宣布一个城邦或者个人处于 *μίασμα* 的阴云之下,所以也只有他能够同意人们举行祭仪来进行涤罪,只有涤罪了才能得到赦免。[④] 从亚里士多德《雅典政制》[⑤]的记载来看,关于凶杀的法律是德拉古立法中比较重要的内容,影响也最为持久,[⑥]可能也是唯一值得相信的内容。[⑦] 这部分立法的内容体现了氏族和城邦之间的要求的折中,以及古老习俗和新兴法令之间的要求的折中。古老的习俗对故意杀人和无意杀人之间没有区别,这两种情况下,杀人者都会自动获罪——*μίασμα*,被杀者的血亲都有权向杀人者复仇。德拉古的法令则第一次对二者进行了区分,在区别故意杀人和自我防卫的时候,考虑到了道德

---

① Plato, *Laws*, i. 624a. 参见柏拉图《柏拉图全集》(第三卷),王晓朝译,北京:人民出版社,2003 年,第 365 页。由于笔者对柏拉图博大精深的思想领悟不深,在引用柏拉图的作品时,不敢妄用古希腊文原本和英文译本,只能在核查希腊文和英文译本的基础上参照中文译本。在参照中文译本的时候尽量找到自己能找到的各种不同版本进行比照。但是为了便于读者阅读,不在主题之外蔓生太多枝节,只列出王晓朝的全集译本,尽管学界对这个译本还存在不同声音。

② 〔古罗马〕普鲁塔克:《希腊罗马名人传》,黄宏煦主编,陆永庭、吴彭鹏等译,第 93 页。

③ *μίασμα* 也是一个很难直接译为中文的词,大致意思是由于杀人造成的污染、血污。柏拉图的《法律篇》认为,*μίασμα* 是一种自动后果,只要杀了人,就会造成 *μίασμα*,而无关道德层面的内容。Plato, *Laws*, xi. 916c. 参见《柏拉图全集》(第三卷),王晓朝译,第 682 页。

④ W. K. C. Guthrie, *The Greeks and Their Gods*, p. 190.

⑤ 关于 19 世纪在埃及发现的纸草抄本是否为亚里士多德所作的《雅典政制》的内容,学术界还有一定争议,不过一般都认为确为亚里士多德政治学作品中的内容。详情请参阅亚里士多德《雅典政制》,日知、力野译,英译者原序。

⑥ “德拉古的法令,除了有关杀人的以外,已不复为人所遵守了。”参见 Aristotle, *The Athenian Constitution*, vii. 1。

⑦ 王敦书先生认为,《雅典政制》中记载德拉古立法较为详细,但是除了严酷的刑罚外,其他的法律规定可信度较低。参见王敦书《亚里士多德〈雅典政制〉第 4 章“德拉科宪法改革”说辩误》,引自《贻书堂史集》,北京:中华书局,2003 年,第 558—567 页。

因素。因此，谋杀罪的嫌疑人可以到位于阿勒奥帕古斯（Areopagus）[①]的庇护所宣誓，在原告和城邦法官之前为自己做无罪辩护，如果他被宣告无罪，寻求复仇的血亲只能寻找其他的谋杀者。

雅典民主政治的形成似乎也和阿波罗有一定关系。[②] 根据亚里士多德的说法，克里斯提尼（Kleisthenes）在介绍他的 φῦλαι[③]时，以十个神的名称来命名 φῦλαι，这些神就被当作各个 φῦλαι的保境英雄。这种做法也是遵从了德尔斐女祭司皮提亚的神谕。[④] 希罗多德记载了其他城邦在相似情形下也向神谕寻求帮助的情况。如昔兰尼人到德尔斐去请求神谕，问如何组织他们的国家才能获致繁荣幸福的生活。皮提亚命令他们从阿卡迪亚（Arcadia）的曼提尼亚（Mantinea）请一位立法者来。昔兰尼人按照神谕去向曼提尼亚人请求，曼提尼亚人答应了他们的请求，派出了他们最尊敬的德莫纳克斯（Demonax）。昔兰尼人就按照他的规定组织了国家，并且在一段时期内对这些规定执行得很好。[⑤]

在古代社会，宗教法规被看成是所有法规中最重要的部分，而阿波罗与宗教法规的制定的联系又是最为密切。在柏拉图的《理想国》中，苏格拉底就提醒城邦的立法者，所有关于宗教的立法都必须由阿波罗来完成：

> 德尔斐的阿波罗神还有事要做，他要制定最主要、最公正、最

---

① 雅典一小丘，雅典的最高法院也用这一词表示。

② 〔英〕休・鲍登的《古典雅典和德尔斐神谕：预言与民主》对德尔斐神谕与雅典民主政治之间的关系有比较独到的见解，尤其是其第七章结论部分的内容，尽管笔者不是完全同意他的观点。参见 Hugh Bowden, *Classical Athens and the Delphic Oracle: Divination and Democracy*, pp. 152—159。

③ 单数为 φῦλη，原意为由有血缘关系的氏族组成的部落，但是在克里斯提尼的民主改革中，打破了这种以血缘关系划分部落的做法，而是按地区划分。因此，此词在这里应是行政部落的意思，当时共建立了十个这样的行政部落。

④ Aristotle, *The Athenian Constitution*, xxi. 6.

⑤ Herodotus, *Histories*, iv. 161.

重要的法规。……这些法规涉及如何建造神庙，如何献祭，如何崇拜诸神、精灵和英雄，还有如何安葬死者以及荣耀死者所必须举行的仪式。这些事是我们不知道的，作为一个城邦的创建者，我们如果有头脑，也不会把关于这些事的规定委托给别的解释者而不托付给我们的引导者先祖的这位神祇。因为确实是这位神祇向全人类解释了人类祖先的宗教律令，这位大神的宝座设在位于大地中央的那块脐石[①]上，他就是在那里做解释的。[②]

在这里，阿波罗被赋予一个神圣的称号：引导者先祖（*πάτριος ἐξηγητής*）。柏拉图在其《法律篇》中对这个称号所具有的职能做了解释："我们应当从德尔斐取来最普遍的宗教法规，让最先任命的官员进行解释。"[③]也就是说，阿波罗立下了宗教法规，但是并不是由他自己来执行。实际执行者除了发布德尔斐神谕的祭司外，还有其他人，这些人被称为*ἐξηγήται*。[④] *ἐξηγήται*的职责主要是提供各种各样关于宗教事务的信息，包括神庙、献祭以及祭仪程序。其行使职责的形式基本以德尔斐神谕为模板，影响和作用也颇有相似之处。[⑤] *ἐξηγήται*在前面提到的*μίασμα*及其涤罪仪式中也起到了重要作用。德摩斯提尼（Demosthenes）的法庭演讲词中就提到了*ἐξηγήται*作为法律的阐释者在这种情形下的作用。案例是一个妇女被杀，相关人士围绕这一事件进行的辩论。其中一个发言者说了如下一段话：

当这位妇女死去以后，我就马上设法找到*ἐξηγήται*，去询问我该怎么办。我向他们叙述了事情的经过，*ἐξηγήται*他们听了以后，便问我是只需要从他们那里得到相关信息还是需要得到一些

---

① 指翁法罗斯石，希腊传说中认为它是大地的肚脐，亦即大地的中心。哈里森的《古希腊宗教的社会起源》一书专门有一节内容论述翁法罗斯石。参阅 J. Harrison, *A Study of the Social Origins of Greek Religion*, p. 397ff。

② Plato, *Republic*, iv. 427b—c. 参见《柏拉图全集》(第二卷)，王晓朝译，第 400 页。

③ Plato, *Laws*, vi. 759c. 参见《柏拉图全集》(第三卷)，王晓朝译，第 515 页。

④ 意为"解释者"、"引导者"。后来在基督教的语境中引申为"圣经阐释者"。

⑤ W. K. C. Guthrie, *The Greeks and Their Gods*, p. 186.

建议。我说最好都需要，他们就回答说，“那么我们会向你解释相关的法律条文，同时也会给你一些实际的建议。”[①]

通过 *ἐξηγήται*，阿波罗不仅给予城邦和公民个人以建议，而且使他的声音能够更好地传达给希腊各地各个独立的城邦或城市。因为 *ἐξηγήται* 不仅存在于雅典，而且存在于其他希腊各城邦。比如在斯巴达，每一个国王都要选择两位“皮提亚”，他们被称为预言者，或者 *θεοπρόποι*[②]。他们和国王一起享用公餐，向国王解释德尔斐的神谕，其职能类似于雅典的 *ἐξηγήται*。

阿波罗在通过神谕或者 *ἐξηγήται* 回应人们关于法律的请求之时，通常都以非常简短或者有些模棱的话语作答，但是其回答都是建立在赞成当地业已形成的习俗，即“祖宗之法”的基础上。色诺芬记载了苏格拉底对这一事实的看法。欧提德摩斯(Euthydemos)对他说：“我看没人能从荣耀的神灵那里得到满意的答复。”苏格拉底回答说：“不要让这件事困扰你，你知道德尔斐的那位神灵吗？不管谁问他该如何向他表示感谢的心情，他的回答都是‘按照城邦的法律吧！’”[③]阿波罗对希腊人在希腊城邦秩序方面的影响，就是通过这种希腊人自己的方式来实现的。一方面，他并不违背希腊社会的传统习俗和法律，而是在传统的基础上发挥自己的指导作用；另一方面，他并不排斥各城邦已有的各种神灵，而是将自己当成其中的一员。或者说，希腊人在崇拜阿波罗、向阿波罗寻求关于法律和秩序方面的帮助时，他们并不让阿波罗排斥其他的神，而是将阿波罗当作他们崇拜的各种神祇之一。这样，希腊人既保持了自己的多神信仰，又在这一层面体现了阿波罗独特的作用和影响。

---

① Demosthenes, *Orations*, xlvii, 68.

② 该词有两层含义，一为“预言者”，二为“被派去求神示的使者”。在斯巴达，同一 *θεοπρόπος* 经常同时具有这两层含义。

③ Xenophon, *Memorabila*, Iv, 3, 16.

二、阿波罗与城邦战争

纵观整个古代希腊的历史，几乎每一次战争中，我们都可以看到阿波罗的参与或影响。从传说中持续十年的特洛伊战争，到持续近半个世纪的希波战争，到几乎将所有希腊城邦都卷入其中的伯罗奔尼撒战争，再到各城邦之间大大小小的战争，都与阿波罗有着直接或间接的关系，尤其是三次城邦之间的"神圣战争"，更是如此。

随着德尔斐神谕的不断应验，德尔斐的声誉不断上升，各地向其供奉的财富也不断增加。因此，德尔斐逐渐成为各个城邦所关注的宗教圣地。各个城邦对德尔斐"不但有敬畏之情，更有僭越之意"。[①] 在宗教氛围浓厚的古代社会，如果一个城邦能够得到神灵的指导，无疑有着重要的意义。希腊各个城邦都想得到来自德尔斐的神谕，得到阿波罗的垂青，同时又不想别的城邦得到这样的好处，所以，各城邦都想方设法取得对德尔斐的控制权。虽然控制了德尔斐不等于能控制神谕的内容，但是至少可以控制哪些城邦可以来请求神谕，并且还可以利用神庙中所聚集的大量财富。因此，从公元前6世纪初期起，各城邦为争夺对德尔斐的控制权，先后进行了三次所谓的"神圣战争"。

第一次神圣战争发生在公元前595—前585年。[②] 对阵双方是近邻同盟和科日拉(Kirrha)城邦。[③] 战争的起因是因为科日拉控制了通往德尔斐的交通要道，利用其有利的地理条件，经常骚扰、劫掠朝圣者，

---

① 刘婧:《德尔斐神谕与古希腊城邦》，第80页。

② 关于第一次神圣战争是否真实发生过，20世纪70年代之前，一般学者都认为真实发生过。但是诺尔·罗伯特森(Noel Robertson)在一篇论文(即前面介绍的"The Myth of the First Sacred War")中对第一次神圣战争的真实性提出异议。他认为第一次神圣战争是在第三次神圣战争之时，马其顿的腓力二世出于一定目的而找人精心杜撰出来的。由此引发了学界的一些讨论。但是，主流观点仍然认为第一次神圣战争是真实发生过，同意罗伯特森的观点的学者并不多。详见刘婧《德尔斐神谕与古希腊城邦》，第81页。

③ 一些学者认为这个城邦应该是科里撒(Crisa)，在《德尔斐神谕与古希腊城邦》中，刘婧根据罗伯特森的论文和其他学者的研究，对这个地方是否存在的问题进行了较为详尽的介绍。参见刘婧《德尔斐神谕与古希腊城邦》，第82页。在本书中还是采用学界主流看法，认为这个城邦是科日拉。

还向途经的朝圣者征以重税。并且他们还公然亵渎德尔斐的神谕所，侵吞朝圣者敬献的供品，侵占本属于阿波罗的德尔斐的土地。[①] 这些行径引起了近邻同盟的强烈不满，他们派出军队围困科日拉长达十年之久。最后，科日拉于公元前 585 年被摧毁。[②] 当时雅典正是梭伦当政，他敏锐地看到参与这次战争对扩张雅典的势力，提升雅典的影响力是一个天赐良机，所以他决定派遣军队参与近邻同盟对科日拉的讨伐。当然，其公开理由是“他认为雅典人必须去援助那个神庙，不许科日拉人践踏神谕所，应当帮助德尔斐人维护神的光荣，使他更加受到希腊世界的羡慕和颂扬”[③]。第一次神圣战争进一步提升了德尔斐的声誉，也加强了德尔斐作为希腊世界精神中心的地位。但是，德尔斐也因此受到了近邻同盟的控制。虽然由皮提亚发布的神谕内容还没有受到操控，但是德尔斐神庙及其周围的相关事务都要由近邻同盟来处理和裁决。这就为后来雅典和斯巴达争夺对德尔斐的控制权埋下了伏笔。

第二次神圣战争发生在公元前 449—前 448 年，实际上属于第一次伯罗奔尼撒战争之中的一次较小的冲突，并没有面对面地进行战争。第一次神圣战争之后，德尔斐受到近邻同盟中的弗奇斯人的控制，弗奇斯人得到了雅典的支持。而德尔斐一直想取得独立地位，他们曾因此向斯巴达求援，但是此时的斯巴达正忙于和提洛同盟作战，来不及干预德尔斐的事务。公元前 449 年，斯巴达与雅典签订停战协定，于是他们便腾出手来借此机会支持德尔斐人的目标。[④] 斯巴达派兵将德尔斐从弗奇斯人手中夺回，并将其交给德尔斐人，归还了德尔斐的独立地位。斯巴达获得了“请求德尔斐神谕的第一优先权”（*προμαντεία*），这项法令被刻在青铜狼的额角上面，放置在德尔斐的神庙中。但是等斯巴达的军队一开走，伯里克利就率领雅典军队重新取得了德尔斐的控制权，

---

① Strabo, *Geography*, ix. 3.

② Strabo, *Geography*, ix. 3; Plutarch, *Moralia*, 76e.

③ Plutarch, *Solon*, 11.

④ Thucydides, *History of the Peloponnesian War*, i. 112; Strabo, *Geography*, ix. 3.

将其交给弗奇斯人，并在青铜狼额角的右侧刻写了这件事。[①] 这件事在后世被称为第二次神圣战争，因为虽然双方没有正面的战争，但这一事件使得刚签订停战协定的双方矛盾再度激化，成为后面大规模战争的导火线。

第三次神圣战争发生于公元前356—前346年。对阵双方主要是底比斯和弗奇斯。相比第二次神圣战争，第三次神圣战争时间更长、规模更大，冲突也更激烈。第二次神圣战争之后，北部希腊的底比斯控制了近邻同盟。为了夺取对德尔斐的控制权，底比斯找了一些微不足道的借口，要求近邻同盟对弗奇斯人处以巨额罚款，[②]这些行为激怒了当时弗奇斯的领导人菲洛麦鲁斯(Philomelus)。弗奇斯自己的军事力量相对弱小，于是菲洛麦鲁斯便从邻近城邦招募了一批雇佣军。据说为了解决雇佣军的忠诚和士气问题，菲洛麦鲁斯动用了大量阿波罗神庙中的财富来支付军费，其中包括了用于重建神庙的现金和大量贵金属。[③] 菲洛麦鲁斯于公元前354年在尼昂(Neon)战役阵亡，接替他担任领导人的是他的兄弟欧诺马库斯(Onommarchus)。欧诺马库斯及其后来的继任者法伊鲁斯(Phayllus)和法雷库斯(Phalaecus)继续动用阿波罗神庙的财产支付军费，并且将阿波罗的金属供品熔掉以铸造钱币。[④] 马其顿国王腓力二世(Philip Ⅱ)也看到参与战争是扩大势力和影响的契机，于是也派兵与底比斯结盟，并在公元前352年的克洛库斯原野(Crocus Field)战役中打败欧诺马库斯。到公元前346年，阿波罗神庙的财富已经被消耗殆尽，弗奇斯人无力支付高昂的军费，只得向腓

---

① Thucydides, *History of the Peloponnesian War*, i. 112; Plutarch, *Pericles*, 21.

② Diodorus Siculus, *Library of History*, xvi. 23ff; Pausanias, *Description of Greece*, x. 2ff.

③ 德尔斐神庙曾于公元前373年毁于地震，而后于公元前330年完成重建。

④ 狄奥多罗斯统计被熔掉铸币的供品价值是一万塔兰特白银和四千塔兰特黄金。参见 Diodorus Siculus, *Library of History*, xvi. 56。

力投降，据说腓力几乎毁灭了所有弗奇斯人的城市。[①] 战争结束后，腓力被封为阿波罗的拥护者和保卫者。[②] 随后，腓力开始控制希腊全境，古希腊历史上的黄金时代结束了，开始进入马其顿统治时代。

上述三次"神圣战争"由于与德尔斐及其神谕有着非常密切的关系，所以将其作为阿波罗与城邦战争的关系的典型来论述。和所有战争一样，希腊城邦之间的战争都是为了争夺某种现实利益，三次神圣战争亦不例外。所以，我们可以这样认为，就其根本而言，三次神圣战争还是现实利益的争夺，对德尔斐的控制权是其争夺的核心。在具体的这几次战争中，阿波罗并没有发挥任何作用，甚至德尔斐神谕也没有发挥什么作用，只是被当作一个筹码成为战争各方争夺和控制的对象。那么，这几次战争是如何体现阿波罗崇拜的影响？根据前面所述，我们可以列出如下程式：

阿波罗崇拜—德尔斐神谕声誉上升—各城邦能从德尔斐神谕得到现实帮助—各城邦试图控制德尔斐—三次神圣战争

关于阿波罗与城邦战争的关系，除了以上所述最具典型性的三次神圣战争以外，我们还需要提及一点，就是阿波罗在某些时候也作为战争之神出现，但是作为一个战争之神的职能在他的诸多职能中并不占绝对主要地位。即便作为战争之神，他的形象也是复杂的，其职能也带有多重性质。阿波罗的战争之神的形象最早被荷马描述为 *Χρυσάορος*[③]，意为"带金剑的"，后来索福克勒斯在他的戏剧中也用了同样的表述。[④] 在一些宗教祭仪中也有些称号表现了阿波罗战争之神形象，如阿提卡和底比斯的 *Βοηδρόμιος*，[⑤]罗德岛的 *Στρατάγιος*，[⑥]皆意为"解

---

① Diodorus Siculus, *Library of History*, xvi. 59 — 60; Pausanias, *Description of Greece*, x.3.

② H. W. Parke, D. E. W. Wormell, *The Delphic Oracle*, p. 230.

③ Homer, Iliad, v. 509, xv. 256.

④ Sophocles, *Oedipus the King*, 469.

⑤ Pausanias, *Description of Greece*, ix. 17.

⑥ Pausanias, *Description of Greece*, iii. 10.

决战争和争吵的神”。甚至意为“避免疾病”的 Ἀλεξίκακος也被认为是暗指避免战争和瘟疫带来的灾祸。人们在战争之前向阿波罗祈祷，战争胜利以后会向阿波罗表示感恩。[①] 献给阿波罗的颂歌派埃昂也与战争有着一定的联系。在修昔底德的历史著作中，Paean-shaut 是战争的一般性标志，在雅典人的传说中被解释为向神祈祷。[②] 后来的希腊人进一步重视战争之前的派埃昂，他们在祈祷结束之前甚至会哭喊起来，然而，这种哭喊不是向着阿波罗了，而是向着所谓的 Ἐνυάλιο，这是一个激起战争愤怒情绪的神，人们哭喊之时就叫着他的神名。这是因为，就希腊人的宗教感情而言，他们更愿意把阿波罗当作和平的使者、制止战争和消弭战争的神灵，而认为阿波罗与战争的关系实际上只是间接的关系。事实上，几乎每一个希腊的神祇都有在战争中帮助某一方的经历，阿波罗只是其中之一，并不比其他神祇具有更多战争职能。尽管在神话和艺术中人们因为阿波罗能带来瘟疫的力量而将他的战争职能有所夸大，但是不管是在荷马时代还是文明程度更高的古典时代，他作为战争之神的职能都不占主导地位。

三、阿波罗与殖民运动

阿波罗与殖民运动的关系主要体现在德尔斐神谕对殖民地的建立的指导作用和殖民运动对德尔斐声誉的扩张所起的巨大作用。虽然有人将有些殖民地的建立归于其他地方的阿波罗神谕甚至直接归于阿波罗，[③]但是，德尔斐神谕无疑占据着首要的地位。因此以德尔斐神谕为

---

① Diodorus Siculus, *Library of History*, xiii. 102.

② Thucydides, *History of the Peloponnesian War*, i. 50.

③ 西塞罗在《论神性》中明确提到三处神谕对殖民运动有着实质性的影响，分别是德尔斐、多铎纳(Dodona)和阿蒙(Ammon)。参见 Cicero, *On Divination*, i. 3。也有人将指导殖民地建立的功劳直接归于阿波罗，而不是通过德尔斐神谕间接进行。如卡利马库斯的《阿波罗颂歌》就说：“人们在福玻斯的指导下建立城市，因为福玻斯为建立城市而愉悦，他甚至亲自建立城市。”这里就没有提及德尔斐。参见 Callimachus, *Hymn to Apollo*, ii. 55。

例来探讨阿波罗与殖民运动的关系，或许能管窥一斑。[①] 举两个实例，一是已知最早的关于殖民地建立的神谕，二是影响最大、最具代表性的关于殖民地建立的神谕。

从古至今，许多作家都对德尔斐神谕与殖民运动的关系进行了讨论和研究。有学者估计，关于殖民地的德尔斐神谕大约有五十条。[②] 学界的普遍意见认为，尽管一些神谕是历史上真正发生过的，即确实是德尔斐的阿波罗祭司通过发布神谕来回应殖民地建立者（οἰκιστής）[③] 的请求，但是大部分与殖民地的建立相关的神谕属于传说或杜撰。[④] 人们得到关于建立殖民地的神谕的方式主要有两种，一种是求神谕者准备好问题，神谕做出相应回应；[⑤]一种是求神谕者并没有想要问讯关于殖民地的事情，而是其他事情，但是神谕却让他去建立殖民地。[⑥] 神谕的回答方式则有三种，第一种是直接回答，以明白无误的词汇说出殖民地的地点和相关状况；第二种可以称为有条件的回答，可能没有明确给出殖民地的名称或者方位，但是当殖民者到达该地方的时候，会有一些特殊的事情发生；第三种则是更为模棱两可的神谕，这样的神谕常常不止一种解释，一般都有两种甚至多种互有分歧的解释，只能

---

① 但是，就德尔斐神谕对殖民运动的影响的估计，应该慎重甚至保守一些，因为没有任何一个古典作家单独强调德尔斐神谕的作用。德尔斐之所以在有关殖民地问题上获得巨大荣誉，很大程度上得益于一些殖民地建立以后，统治者和管理者为了寻求其合法依据，附会和臆造的一些神谕。

② Joseph Fontenrose, *The Delphic Oracle: Its Response and Operations with a Catalogue of Responses*, p. 137.

③ οἰκιστής专指建立殖民地的领导者，而不是所有的殖民者，为了表述方便，后文中的“殖民地建立者”都指代建立殖民地的领导者，而一般的殖民者则直接用“殖民者”称谓。

④ 帕克和沃梅尔认为历史上实有其事的关于殖民地建立的神谕不超过二十个，而其内容也是真实的神谕则不超过十个。他们对其中的大多数都进行了详细考证。参见 H. W. Parke, D. E. W. Wormell, *The Delphic Oracle*。

⑤ 如斯巴达人为在特拉齐尼亚（Trachinia）建立殖民地赫拉克里亚（Heraclea）而请求的神谕。参见 Thucydides, *History of the Peloponnesian War*, iii. 92。

⑥ 如阿尔克美昂（Alcmaeon）为了杀了自己的母亲去涤罪，神谕让他去建立殖民地。参见 Thucydides, *History of the Peloponnesian War*, ii. 102; Pausanias, *Description of Greece*, viii. 24。

依靠最后的结果来印证。[①] 实际上，大部分关于殖民地的神谕都属于第三种情况。

现已知关于殖民地建立的神谕中，最早的是为科林斯的阿奇阿斯(Archias)建立叙拉古所提供的神谕，但是其内容的真实性很难判定：

Ὀρτυγίη τις κεῖται ἐν ηεροειδέι πόντῳ
Θρινακίης κατύπερθεν ἵν Ἀλφειοῦ στόμα βλύζει
μισγόμενον τηγαῖσιν ἐυρρείτης Ἀρεθούσης. [②]

欧提吉亚位于迷雾深处，与特瑞纳西亚海相对，阿尔法育斯从那里潺潺流过，与阿瑞图萨涌动的泉水汇合。

这则神谕通过欧提吉亚岛和阿尔法育斯泉清楚地指明了叙拉古的所在地。帕克和沃梅尔认为，这三句话的神谕只是一则较长神谕的一部分，但是已经足够确定神谕所指的地点，可以视为可信的。[③] 如果这则神谕的内容是真实的，那就可以判定，在德尔斐神谕的最早时期(约公元前735—前733年)，它就开始接受关于建立殖民地的请求了，并且其回应方式也是这种韵文形式，而不是早期通常所用的简单“批准”的形式。但是，方廷罗斯认为，欧提吉亚岛和阿尔法育斯泉的名称可能来自于希腊殖民者，这则神谕似乎是在叙拉古殖民地建立以后编撰的。[④]

波桑尼阿斯在引用这则神谕的时候，只提到以上所引的三句韵文。而狄奥多罗斯在引用这则神谕的时候则比较含糊，他说这个海岛之所以叫欧提吉亚，是得名于阿尔忒弥斯·奥提吉亚(Artermis Ortygia)。实际上这是来自于另一个故事，克罗同殖民地的建立者米斯凯鲁斯

---

① Authur Stanley Pease, “Notes on the Delphic Oracle and Greek Colonization”, pp. 3—7.

② Pausanias, *Description of Greece*, v. 7; Diodorus Siculus, *Library of History*, v. 3.

③ H. W. Parke, D. E. W. Wormell, *The Delphic Oracle*, p. 67.

④ Joseph Fontenrose, *The Delphic Oracle: Its Response and Operations with a Catalogue of Responses*, p. 138.

(Myscellus)和阿奇阿斯的故事。传说他们来到德尔斐请求关于建立殖民地的神谕,神问他们是选择财富还是健康。米斯凯鲁斯选择了健康,神指派他去了克罗同;阿奇阿斯选择了财富,神指派他去了叙拉古。[①] 实际上,克罗同殖民地的建立要比叙拉古晚了十五年左右,[②]传说中将二者的建立依附于同时的神谕指导,实际上是根据两地建立后的特点而编撰的。克罗同以良好的环境和名医著称,而叙拉古则被称为最富庶的希腊殖民地。并且,除了这则传说的故事外,两个殖民地的建立还各自有不同的传说和与之相关的神谕。

通过以上关于叙拉古殖民地建立的神谕传说我们可以看到,为了给建立殖民地寻找一个正当的理由,或者为了提高自己殖民地的名气,殖民地的建立者、当时以及后来的作家都想方设法将殖民地的建立与德尔斐神谕相联系起来。

在古希腊时代,影响最大、最具代表性的关于殖民地建立的神谕是昔兰尼殖民地的建立。希罗多德详细记载了关于昔兰尼建立的各种传说,其中最重要的是来自其母邦铁拉岛(Thera)和来自昔兰尼人自己的说法。铁拉岛人自己的说法是,国王格林诺斯(Grinnus)来到德尔斐献祭,并就其他事情请示神谕,但是女祭司却让他在利比亚建立一座城市。格林诺斯以自己年老力迈为由把这件事情交给了一同来的一个叫巴图斯(Battus)的年轻人。但是他们并没有真正把这则神谕放在心上,因此招致了经年灾害。他们再去请示神谕的时候,才真正着手做这件事情,虽然中途经历了许多波折,但是最终还是到达利比亚沿岸的一个岛上,建立了一个殖民地,巴图斯则成为新殖民地的领袖和国王。[③]昔兰尼人自己的说法是,一个铁拉人波吕姆涅斯托斯(Polymnestus)娶了一个被流放的女子普罗尼玛(Phronime),他们生了一个儿子,这个儿子讲话口齿不清并且口吃,所以他的父亲给他起了个名字叫巴图斯。

---

① Strabo, *Geography*, vi. 2.

② 叙拉古约建于公元前 73 年,克罗同约建于公元前 908—前 709 年。

③ Herodotus, *Histories*, iv. 150—152.

据说他长大之后到德尔斐去寻求治愈口吃的方法，但是皮提亚在回答的时候却说了以下的神谕：

Βάττ' ἐπὶ φωνήν ἦλθες ἄναξ δέ σε Φοῖβος Ἀπόλλων

ἐς Λιβύην Πέμπι μηλοτρόφον οἰκιστῆρα.[①]

巴图斯啊，你是来问声音的事情的；但是福玻斯·阿波罗却遣送你到利比亚去建立一个生产很多羊的殖民地。

巴图斯认为自己没有力量和人手来完成神谕交给他的任务，所以他没有听从神谕就回到了铁拉。但是后来巴图斯和其他的铁拉人都很不顺遂。他们再一次派人去德尔斐寻求神谕的帮助，神谕则要求铁拉人帮助巴图斯到利比亚的昔兰尼去建立殖民地。巴图斯带着一部分铁拉人历尽艰辛终于建立了昔兰尼殖民地。[②]

希罗多德在记载这则传说的时候，对"巴图斯"一词进行了分析。他认为这个男孩一开始并不是叫这个名字，而是他到了利比亚才改成这个名字的，之所以如此，是因为他在德尔斐得到的神谕和他接受的光荣任务。因为利比亚语对国王的称呼是"巴图斯"，而皮提亚在神谕中这样称呼他，是因为她知道他将成为利比亚的国王。[③] 希罗多德只说到这一层意思，而品达则探讨了其中更深层次的内涵。他说亚里斯多特勒斯(Aristoteles)是第一个被称为"巴图斯"的人，他是昔兰尼殖民地的真正建立者。之所以传说中认为昔兰尼殖民地的建立者是一个口吃的人，是因为在希腊语中"巴图斯"(*Βάττος*)与"结巴"(*Βατταρίξω*)发音相近。[④] 所以，巴图斯为了寻求治愈口吃的方法而得到建立昔兰尼殖民地的故事，可能只是一种根据谐音而产生的传说。

关于德尔斐神谕与昔兰尼殖民地的建立的传说，除了希罗多德的记载，还有不少古典作家也有较为详尽的记载，如西西里的狄奥多罗

① Herodotus, *Histories*, iv. 153.

② Herodotus, *Histories*, iv. 155—159.

③ Herodotus, *Histories*, iv. 155.

④ Pindar, *Pythian Odes*, iv. 9—10.

斯、品达、波桑尼阿斯、普鲁塔克等。[①] 通过这些记载，我们发现，其实这些有关神谕的传说都是为了维护巴图斯的权威，巩固他的统治。昔兰尼的政权是殖民者通过和当地利比亚居民联姻建立起来的君权统治。刘婧认为，巴图斯成为昔兰尼强有力的统治者，虽然拥有巨额财富，但是在他治下的是躁动的昔兰尼人，因而巴图斯的统治总是不稳定，所以需要德尔斐的授权为提供他宗教和精神上的支持，使得他所拥有的巨额财富受到保护，巴图斯家族获得认可。[②] 实际上，德尔斐和昔兰尼的关系是二者互惠互利的典型代表。昔兰尼殖民地建立以后，德尔斐一直给其统治者提供支持和帮助。在第三代统治者即被称为幸运的巴图斯统治时期，昔兰尼人把他们的土地分成小块，邀请希腊人来居住。皮提亚就用一个神谕激励希腊人渡海到利比亚去和昔兰尼一起居住：

ός δέ κεν ἐς Λιβύην πολυήρατον ὕστερον ἔλθη
γας ἀναδαιομένας μετά οἱ ποκα φαμί μελήσειν.[③]

不管是谁，如果他在土地全部分配完毕之后才来到利比亚，他一定会后悔。

这则神谕解除了当时希腊人迁居昔兰尼的疑虑，说明德尔斐对昔兰尼是满意的，愿意为其提供相应的精神支持。而德尔斐也因为给诸如此类殖民地提供神谕和支持，使得自己的声誉不断上升。

尽管我们对德尔斐的发展历史线索的梳理还带有一定的想象成分，其中的许多细节我们都不能进行历史的复原。但是德尔斐地位的上升的这一主线还是比较清晰的。公元前 8 世纪前半期，德尔斐还是一个相对贫瘠的小山村，在整个希腊世界也没有什么影响力。当然，早在迈锡尼时代，这里就有了地母盖亚的圣所，也有一些神谕的功能。考

---

① Diodorus Siculus, *Library of History*, viii. 29; Pindar, *Pythian Odes*, iv. 9－10, v. 59－78, ix. 15; Pausanias, *Description of Greece*, x. 15; Plutarch, *Moralia*, 405b, 408a.

② 刘婧:《德尔斐神谕与古希腊城邦》,第 48 页。

③ Herodotus, *Histories*, iv. 159.

古发掘显示，这时的德尔斐虽然是一个较大的山村了，但是远谈不上繁荣。后来，随着寻求神谕者的到来，他们不仅为德尔斐带来了大量人气，也为德尔斐提供了大量人文地理方面的信息。因此在大殖民时代到来之前，德尔斐就已经存储了丰富的信息，能够为殖民运动提供预言和支持。而准确的预言又为德尔斐赢得了巨大的声誉。随着德尔斐声誉的上升，前来寻求神谕者更是络绎不绝。这样德尔斐就成为希腊世界盛极一时的宗教中心，甚至是“信息交流中心”。[①] 从这个意义上讲，殖民运动对德尔斐影响力的提升所起的作用已经远远超过了德尔斐神谕本身对殖民运动所做的贡献。[②] 如前所述，就德尔斐神谕对殖民运动的影响的估计，应该慎重甚至保守一些，因为没有任何一个古典作家单独强调德尔斐神谕的作用。德尔斐之所以在有关殖民地问题上获得巨大荣誉，很大程度上得益于一些殖民地建立以后，统治者和管理者为了寻求其合法依据，附会和臆造了一些神谕。而这些后来人为制造的神谕正说明了德尔斐从殖民运动中得到的益处。所以，西塞罗说：“那些在伊奥利斯、爱奥尼亚、小亚细亚、西西里或是意大利建立的殖民地中，哪个没有请求过皮提亚或者多铎那或者阿蒙的神谕？又有哪一场战争不是在神的旨意下进行的呢？”[③]

第二节　阿波罗崇拜与希腊精神

要论述阿波罗与希腊精神的关系，首先要弄清楚“希腊精神”这一术语的概念和内涵。这里所探讨的“希腊精神”指的是希腊人的意识、思维活动和一般心理状态。很多学者所论及的“希腊精神”，也都是从这层含义来展开的。基托在《希腊人》一书中有一章内容专门探讨“希腊精神”，他总结出希腊精神的两个主要特性是：万物一体的观念和对

① Authur Stanley Pease, “Notes on the Delphic Oracle and Greek Colonization”, p. 6.
② Forrest, “Colonization and the Rise of Delphi”, p. 174.
③ Cicero, *On Divination*, i. 3.

理性的坚定信仰。[①] 依迪丝·汉密尔顿的《希腊精神》[②]一书，其英文书名为 *The Greek Way*，所探讨的内容包括希腊的艺术、文学、哲学、宗教等种种内容。罗念生先生也曾对“希腊精神”有过阐述，他总结了希腊精神的几个主要特点，包括求健康的精神、好学精神、创造精神、爱好人文的精神、爱美的精神、中庸精神、爱自由的精神等几个方面。[③]

除了以上学者对“希腊精神”的具体论述，一些哲学家也对希腊精神的内涵进行过概括。黑格尔在《哲学史讲演录》中说：“希腊精神就是尺度、明晰、目的，就在于给予各种形形色色的材料以限制，就在于把不可度量者与无限华美丰富者化为规定性与个体性。”[④]他对这一概念的进一步阐发是，“希腊世界的丰富，只是寄托在无数的美丽、可爱、动人的个体上，——寄托在一切存在物的清晰明朗上。希腊人中最伟大的便是那些个体性：艺术上、诗歌上、科学上、义气上、道德上的那些杰出人物。”[⑤]

本节主要选取《荷马史诗》和《斐多篇》，分别从文学作品中的英雄人物和哲学作品中的哲学家与阿波罗的关系这两个角度来进行论述。

一、《荷马史诗》——献给阿波罗的英雄颂歌

毋庸置疑，《荷马史诗》是一部英雄的颂歌，史诗歌颂了许多古代的英雄勇士。其中，最为耀眼的莫过于阿喀琉斯、阿伽门农和奥德修斯，这三个人不仅在实际活动中和阿波罗有过频繁的联系，而且在精神气质方面都和阿波罗有着内在的某种一致之处。可以这么说，虽然阿喀琉斯一直和阿波罗处于敌对状态中，但是他却是这位神祇在人间的典

---

① 〔英〕H. D. F. 基托：《希腊人》，徐卫翔、黄韬译，上海：上海人民出版社，2006 年，第 163—189 页。

② 〔美〕依迪丝·汉密尔顿：《希腊精神》，葛海滨译，北京：华夏出版社，2008 年。

③ 《罗念生全集》(第九卷)，上海：上海人民出版社，2004 年，第 83—88 页。

④ 〔德〕黑格尔：《哲学史讲演录》(卷一)，贺麟、王太庆译，北京：商务印书馆，1959 年，第 161 页。

⑤ 〔德〕黑格尔：《哲学史讲演录》(卷一)，贺麟、王太庆译，第 161 页。

型翻版，而阿伽门农和奥德修斯这两位表面上完全不同类型的英雄，则是阿波罗身上二元特质的最佳反映。

在整个《伊利亚特》的战争场景中，阿波罗和阿喀琉斯都是处于敌对状态。作为特洛伊一方的支持者，阿波罗打死了穿着阿喀琉斯铠甲的帕特罗克洛斯，并导致了他的最终死亡。① 后来，阿波罗又阻止了阿喀琉斯对特洛伊人的屠杀，他将阿喀琉斯引诱到战场之外，让许多特洛伊人有机会逃进城墙之内。② 那么，该如何解释二者之间这种从头至尾的敌对状态呢？

《荷马史诗》中的许多男女英雄都处于持续的危险之中，这种危险正是来自神灵们。这些英雄不管是在身体特性还是在精神品质都接近于完美。正是这种完美招致了神灵们的嫉妒，在神灵们看来，任何凡人如果拥有卓越的才能或者表现出高贵的品质，都是傲慢的一种形式，是对神灵至上性的挑战。阿喀琉斯和赫克托尔这两个凡人中的杰出英雄，前者以其卓越的愤怒而为世人所知晓，后者则是因其敏锐的见识而获得崇高的声望，二者相对应的神灵分别是阿波罗和雅典娜，最后他们也被这些神灵或者他们所支持的人杀死。神灵们要杀死这些杰出的英雄，就是要警告他们不要忘记了自己的凡人身份。③

在描写阿喀琉斯和阿波罗这种敌对状态的同时，史诗也多处强调阿喀琉斯与阿波罗的相似性，包括二者的形象、愤怒，甚至其愤怒所具有的破坏性力量。《伊利亚特》一开始就写到阿喀琉斯的愤怒，导致他愤怒的根源正是其最大的敌人阿波罗的愤怒。史诗的第一卷一直将二者的愤怒并列而叙，而在史诗的第二十四卷，阿喀琉斯与普里阿摩斯的和解又与第一卷中阿波罗与亚该亚人的和解相对应。

他们的愤怒根源相同，都是因为一个被抢的妇女，针对的目标相同，都是阿伽门农。阿波罗的愤怒，由于老祭司克律塞斯的祈祷而唤

① Homer, *Iliad*, xvi. 788—792.

② Homer, *Iliad*, xxii. 1—20.

③ Homer, *Iliad*, xxii. 8—13.

起。因为阿伽门农粗暴地拒绝他赎回自己女儿的请求，克律塞斯便向阿波罗祈祷求援。阿波罗听见了克律塞斯的祈祷，他心里发怒，神的愤怒预示着阿开奥斯人的灾难即将来临。

阿波罗给阿开奥斯人的惩罚引出了更强烈的对抗，不死的神灵和有朽的凡人间最强者的对抗：女神勒托的儿子、王者阿波罗（Ἀπόλλωνι ἄνακτι）[①]和阿特柔斯的儿子阿伽门农王（Ἀτρεΐδης τε ἄναξ）。[②]阿波罗一连九天把箭矢射向阿开奥斯人的军队，第十天阿喀琉斯召集将士开会，并且和阿伽门农发生激烈争吵，结果手握大权的阿伽门农将阿喀琉斯孤立起来。[③] 第十二天，阿喀琉斯的母亲向宙斯求情，宙斯亲自干涉这件事情，同意阿喀琉斯的复仇请求。[④]

史诗中描述阿波罗为报复阿伽门农而向亚该亚人降下瘟疫的破坏性影响时所用的词汇是λοιγός（意为“瘟疫，疫难”），[⑤]这个词本意是指疾病，但是在这里是隐喻的用法，将这个词汇的外延扩大代指战争所带来的灾难。作者用这种修辞方法来预示随后阿喀琉斯的愤怒的破坏性影响同样巨大，整个史诗反复地用λοιγός这个词汇来描述他的愤怒所引起的后果。[⑥] 阿伽门农知道阿喀琉斯的勇气来自一位神灵，所以他试图去平息勒托的儿子阿波罗和忒提斯的儿子阿喀琉斯的愤怒。[⑦]

阿伽门农派遣了两队使者，一队扬帆过海来到克律塞向阿波罗献祭，一队来到阿喀琉斯的帐篷向他讨要布里塞伊斯（Briseis）。史诗在处理这个情节的时候表现出高度的艺术性，如果只是简单描述这两队使者的行动，虽然也能表达出阿波罗的愤怒是阿喀琉斯的愤怒的根源，但是不足以描述出二者的愤怒与阿伽门农的活动之间有何深层次的内

---

① Homer, *Iliad*, i. 36.

② Homer, *Iliad*, i .7.

③ Homer, *Iliad*, i. 53f.

④ Homer, *Iliad*, i. 495f.

⑤ Homer, *Iliad*, i. 67, 97, 456.

⑥ Homer, *Iliad*, i. 314; xiii. 426; xv. 736.

⑦ Homer, *Iliad*, i. 178.

在联系。诗人将第二队使者的行动穿插在对第一队使者行动的描述之中。诗人将奥德修斯准备出海去到克律塞的活动[①]与他到达目的地请求阿波罗平息愤怒的活动[②]分开来写，其间穿插了阿伽门农派人抢走布里塞伊斯引起阿喀琉斯的愤怒[③]的情节。这样的描述更加凸显了阿伽门农的行为失当，与他作为一个国王的身份不相符。他派遣高贵的奥德修斯去向阿波罗表达谢罪和遵从之意，却派遣传令官和侍从去阿喀琉斯的帐篷讨要布里塞伊斯。阿喀琉斯开始愤怒和阿波罗平息愤怒这两件事几乎是并列而行，从一开始就预示了战争的最后结果。

当奥德修斯率领的船队到达目的地后，他和老祭司克律塞斯以及他的同伴们一起首先为阿波罗举行了盛大的百牲祭。[④] 史诗用了大量篇幅来描述这一重要仪式，在整个荷马史诗中，长度超过这段内容的仪式描写只有《奥德赛》中涅斯托尔和新来的忒勒马科斯(Telemachus)举行的献祭。[⑤] 在荷马史诗中，举行盛大献祭以后通常要举行宴会，并且宴会以后会有长篇的谈话，但是在这里，史诗对宴会的描写很是马虎，几笔带过而已，也没有描写人们交谈的情景，就直接转向亚该亚人“整天唱悦耳的颂歌，赞美远射的神(阿波罗)，祈求他平息愤怒”，[⑥]阿波罗“听见歌声和祈祷，心里很喜悦”，[⑦]于是同意了他们停止瘟疫的请求。

然而，阿波罗给予亚该亚人的恩惠只是暂时的，在通篇《伊利亚特》中，他一直还是他们的敌人，这种敌意在史诗结束时也没有完全消减。就如阿喀琉斯的愤怒直到最后也没完全平息一样。《伊利亚特》的最后一章中，阿喀琉斯还是愤怒难消，他还试图当面毁伤阿波罗正在保护的

---

① Homer, *Iliad*, i. 308—318.
② Homer, *Iliad*, i. 430—487.
③ Homer, *Iliad*, i. 318—430.
④ Homer, *Iliad*, i. 447—467.
⑤ Homer, *Odyssey*, iii. 420—490.
⑥ Homer, *Iliad*, i. 472—474.
⑦ Homer, *Iliad*, i. 475.

赫克托尔的尸体。[①] 这两种持续的敌对状态正反映了阿波罗与阿喀琉斯的关系。赫克托尔死后，阿波罗召集众神开会，责备众神没有救护赫克托尔，[②]阿波罗的言行奠定了整个史诗结局的基调，同样也呼应了史诗第一章中他降下瘟疫这一事件。

阿波罗的行动和他愤怒带来的灾难，就是阿喀琉斯的愤怒的催化剂，也预示了阿喀琉斯的愤怒所带来的灾难的程度。阿波罗知道，凡人可能失去关系更为密切的亲人，比如儿子或一母所生的兄弟。他赞扬了那些懂得宽容的凡人："他会愁容满面，他会痛哭流涕，但一切终将过去，命运给凡人安上了知道容让和忍耐的心灵。"[③]并以此来斥责阿喀琉斯，说"此人全然不顾礼面，心胸狂蛮，偏顽执拗"。[④]

阿波罗的话语也让宙斯出面干预这件事情，他派忒提斯去嘱告阿喀琉斯，让他接受普里阿摩斯的赎礼，交回赫克托尔的遗躯。[⑤] 当普里阿摩斯来到阿喀琉斯的帐篷之时，阿喀琉斯最终还是听从阿波罗的劝导，改变了他的态度，用较为温和的语气向普里阿摩斯做了如下承诺："好吧，老人家，一切按你说的办：我将按兵不动，在你需要的期限。"[⑥]言罢，阿喀琉斯握住这位老王的右手腕，使他不致担惊受怕。最终，阿波罗和他在人间相对应的英雄阿喀琉斯在这件事情上达成了一致。

另外两个英雄，阿伽门农和奥德修斯，是两个性格截然不同的人，荷马史诗通过诸多细节，描写解释了这两种截然不同的性格。其中，在他们和阿波罗的联系中，这两个不同性格表现得尤为突出。他们和阿波罗的关系首先都表现在和阿波罗的祭司有着密切的接触。他们分别接触了克瑞塞斯和马戎，二者都是阿波罗的祭司。

在奥德修斯和他的同伴们遇到独眼巨人之前，他遇到了阿波罗的

---

① Homer, *Iliad*, xxiv, 18—21.

② Homer, *Iliad*, xxiv, 33—54.

③ Homer, *Iliad*, xxiv, 48—49.

④ Homer, *Iliad*, xxiv, 44.

⑤ Homer, *Iliad*, xxiv, 74—76.

⑥ Homer, *Iliad*, xxiv, 549—551.

祭司马戎,[①]他是《奥德赛》中唯一提到的阿波罗的祭司。赫南德兹(Hernández)将这一段内容和《伊利亚特》中阿伽门农遇到阿波罗的祭司克瑞塞斯联系起来。他认为这两处场景非常相似,只是相比较而言,《奥德赛》中关于马戎的情节更偶然一些,而《伊利亚特》中关于克瑞塞斯的情节有着较强的必然性,因为亚该亚人袭击了他们的城市克律塞和伊斯马罗斯(Ismarus)。[②] 在这两处场景中,阿波罗都有着特别的祭仪称谓。在克律塞斯事件中,阿波罗被称为"银弓之神、克律赛和神圣的基拉的保卫者",[③]在马戎这里,阿波罗被称为"伊斯马罗斯的保护神"。[④]

在《伊利亚特》中,克律塞斯作为一个恳求者来请求阿伽门农,请求他看在宙斯的儿子阿波罗的份儿上让他赎回自己的女儿,并且还愿意支付一大笔赎金。阿伽门农用一种极不适合这位老人身份和地位的方式侮辱了他以后,还是拒绝放回他的女儿,他还用严厉的命令粗暴地赶走了老人。[⑤] 在《奥德赛》中,奥德修斯救了祭司马戎的性命,并且尊重他和他的妻子、儿子。出于感激,马戎赠予这位英雄很多贵重的礼物:包括七塔兰特精细提炼的黄金,一只质地纯正的银调缸,满满十二坛酒。[⑥]

在马戎事件中,自始至终都提到了一种特殊的事物——酒。文中还对酒进行了长篇描述,并且赋予其特殊的意义,酒在这里起了至关重要的作用,不仅与英雄的冒险旅途紧密相关,甚至和英雄的生存都密不可分。在遇到独眼巨人的时候,幸亏有了马戎的酒,奥德修斯才能让独

---

① Homer, *Odyssey*, 9.196—215.

② Pura Nieto Hernández, "Odysseus, Agammemnon and Apollo", *The Classical Journal*, vol. 97, no. 4 (Apr.—May, 2002), pp. 321—323.

③ Homer, *Iliad*, i.36—37.

④ Homer, *Odyssey*, ix.197—198.

⑤ Homer, *Iliad*, i.24—32.

⑥ Homer, *Odyssey*, ix.202—204.

眼巨人喝醉并弄瞎了他，才能死里逃生。[①] 而在《伊利亚特》中，由于阿伽门农对祭司的侮辱，后者向阿波罗祈祷给亚该亚人的军营降下瘟疫。文中对瘟疫的描述和《奥德赛》中对酒的描述有着相同的功用，二者都是下一段情节的支点。在《伊利亚特》中，是阿伽门农和阿喀琉斯的争吵；在《奥德赛》中，是奥德修斯和独眼巨人的斗智斗勇。奥德赛由于尊重了阿波罗的祭司，从而解救了英雄和他的同伴们，而阿伽门农由于侮辱了阿波罗的祭司，导致了他自己的绝望和亚该亚人的灾难。

在《奥德赛》的第九卷，奥德修斯开始讲述他从特洛伊返程的故事：他和他的同伴首先到达的地方是伊斯马罗斯的海滩，基科尼亚人(Cicones)的地方，随后是他和马戎相遇的地方，然后开始了他的冒险征程。关于基科尼亚人和独眼巨人的段落，其行文措辞和内中包含的价值观都和《伊利亚特》有类同之处，也即很多评论家所描述的"伊利亚特体"(Iliadic)。[②] 这一系列事件都按照时间先后顺序讲述，其处理方法就如《伊利亚特》中阿伽门农和克律塞斯之间的故事一样。

当奥德修斯叙述这些事件的时候，他强调在伊斯马罗斯夺取战利品的时候，他和他的同伴们的不同之处："我攻劫了他们的城堡，杀了他们的民众，夺得他们的妻子和众多的财富，在那处国邦，分发了战礼，尽我所能，使人人都得到应得的份额。"[③]这种叙述在后面又出现了一次，似乎是暗示分享战利品的时候总会出现分歧和混乱。在奥德修斯和他的同伴们分配从独眼巨人那里得来的畜群的时候，"从深旷的海船，赶出塞克罗普斯的肥羊，分发了战礼，尽我所能，使人人都得到应得的份额。"[④]

这两次分发战利品的事情使我们想起《伊利亚特》第一章阿伽门农和阿喀琉斯的争吵。是否将阿波罗的祭司之女克律塞伊斯归还给他的

---

① Homer, *Odyssey*, ix. 345—540.

② Pura Nieto Hernández, "Odysseus, Agammemnon and Apollo", p. 323.

③ Homer, *Odyssey*, ix. 40—43.

④ Homer, *Odyssey*, ix. 548—554.

父亲，以及谁应该优先得到克律塞伊斯，使得两位英雄的对立情绪越来越高涨。阿喀琉斯反复指责阿伽门农分配战利品时的不公平，总是自己什么都想得到，而没有尊重其他的亚该亚人。①

奥德修斯继续讲述后来的事情："当我精疲力竭而陷入沉睡的时候，伙伴们却趁此机会，开始议论，说我藏带金银，准备运往自己家中……然后他们看看袋里装着什么，有多少黄金，多少白银，藏挤在里面，于是打开皮袋，各种疾风随之冲泻出来，转瞬之间，风暴把他们扫向海面，任凭他们流泪哭泣，扫离自己的家园。"②当然，这种行动的后果是灾难性的，也证明了他的同伴们的想法是错误的。这个故事，使得奥德修斯在费阿刻斯人(Phaeacian)面前建立了他的英雄形象：在他的同伴中间，他是公平公正的，谁要是怀疑这一点，只会使自己陷入危险。在《伊利亚特》中，相同背景下的故事，却引起阿伽门农和阿喀琉斯的争吵。两相对比，很明显能看出奥德修斯和阿伽门农在性格特征方面的相互对立。

其实，在分配战利品方面的公正和不公的对立只是二者之间更复杂的对立主题中的一个二级命题，两位英雄人物在对待物质财富时的不同表现，不仅包括他们在战争中获得的战利品，也包括他们所得到或者向外给予的礼物。奥德修斯接受阿波罗的祭司因为救命之恩赠给他的礼物，阿伽门农则拒绝接受阿波罗的祭司为赎回女儿而提供的礼物。由于祭司给他们的酒这种特殊礼物，他们不仅从独眼巨人那里逃脱了性命，而且还得到了许多战利品。阿伽门农由于没有接受祭司的礼物，并且随意处置阿喀琉斯的战利品，最后他有求于阿喀琉斯的时候，要给阿喀琉斯更多更好的礼物，也遭到了拒绝。③

当阿波罗的愤怒使得灾难降临到亚该亚人头上时，阿伽门农决定找一个预卜者来寻求出现这种灾难的原因，因此不得不与卡尔卡斯

---

① Homer, *Iliad*, i. 122—167.

② Homer, *Odyssey*, x. 40—48.

③ Homer, *Iliad*, ix. 120 ff.

(Calchas)打交道。[①] 卡尔卡斯说这一切的根源都是因为阿伽门农侮辱了阿波罗的祭司,不愿交还他的女儿并接受赎礼。解决的办法就是将姑娘交还她的父亲,没有代价,没有赎礼,还要给克律塞赔送一份神圣而丰厚的百牲祭,这样,才可能平息神的愤怒。[②] 就像他错误地对待阿波罗的祭司一样,阿伽门农同样粗暴地对待了这位预卜者,他怒气咻咻,心里注满怨愤,双目熠熠生光,宛如燃烧的火球,凶狠地盯着卡尔卡斯,说:"灾难的预卜者!你从未对我说过一件好事,却总是热衷于卜言灾难;你从未说过吉利的话,也不曾卜言一件吉利的事。"[③]我们知道,卡尔卡斯的预卜能力是阿波罗赋予他的神圣技艺,并且这位预卜者也受到阿波罗的保护。[④] 因此,侮辱卡尔卡斯就加剧了阿伽门农对阿波罗的冒犯。所以,最后阿伽门农不得不按照卡尔卡斯的建议来行事时,结果却不能达到预期目的了。[⑤]

奥德修斯却和预卜者有着良好的关系,尊重他们的预言,因此没有受到他们带来的障碍。当奥德修斯还在亚该亚人的军营中之时,当阿伽门农因为不好的梦兆想放弃这场战争的时候,奥德修斯想起来卡尔卡斯在很多年前就预言过他们会在战争的第十年征服特洛伊城。奥德修斯不像阿伽门农一样不情愿地求助于预卜者,他自愿去冥府寻求底比斯的预卜者泰瑞西阿斯(Teiresias),他从一开始就遵从泰瑞西阿斯的建议,接受他的指令,因此泰瑞西阿斯也让他能够预知自己的未来。[⑥]

从这两位英雄身上,我们看到了他们对待与阿波罗有关的人和事之时的不同行为和表现,这表明二者与阿波罗的关系确实有独特的、截然相反的特性。奥德修斯与这位神祇的关系是正面的良好的,他也被

---

① Homer, *Iliad*, i. 62 ff.

② Homer, *Iliad*, i. 93 ff.

③ Homer, *Iliad*, i.106—108.

④ 《伊利亚特》中明确提到这一点,参见 Homer, *Iliad*, 1.71—72。

⑤ Homer, *Iliad*, i.110ff.

⑥ Homer, *Odyssey*, xi. 90ff.

描述为一个“阿波罗式的英雄”。[①] 而阿伽门农似乎从一开始就与阿波罗作对，并且失去了这位神祇的保护。

阿波罗是一个神秘的、不可思议的神祇，他有着太阳的纯净特质，但是这并不能完全漂白潜藏在他身上的各种阴影。他会带来瘟疫，从远处射出致命的神箭，他有着作为狼神的特性，他还带来令人陷入疯狂的预言，北风代表着他的狂怒。[②] 这就是一个切实存在的“黑暗之神”阿波罗。G. H. 比安奇(G. H. Bianci)对阿波罗在此显现的形象做出了极为精妙的解释：“以反对邪恶和反对不圣洁面目出现的阿波罗，在古代神话里，也有其作为引发死亡之神的一面。他散发致命的瘟疫，以他从不虚发的金箭毁灭人和动物。即便如此，这一点也很好解释，我们只需稍微关注一下这个神的自然属性就不难明白这一道理。太阳的光固然可以驱散夜的黑暗，但当它的热度不断上升时，随之而来的便是疾病与死亡。”[③]

二、《斐多篇》——献给阿波罗的精神颂歌

《斐多篇》是古希腊哲学家柏拉图的一篇重要对话录，它的基本内容是苏格拉底在狱中和他的朋友及学生的话别。对话从讨论哲学家为什么不害怕死亡开始。苏格拉底用灵魂轮回说论证灵魂不朽，认为人活着时，由于灵魂受身体变动的感觉和情感的限制，不能认识真正的存在；只有当灵魂脱离了肉体的羁绊，才能认识真正存在的理念。

《斐多篇》的内核就是一种精神实在，一种有着强烈吸引力的精神实在，这种内核吸引着我们去寻求对人生和世界更高级更透彻的理解。苏格拉底通过自己的言行让这种吸引力显得尤其突出。在他那苦乐参半的最后日子里，正是这种精神内核带来了一道明亮的光芒，使他能够

---

① Pura Nieto Hernández, “Odysseus, Agammemnon and Apollo”, p. 323, 331.

② Karl Kerenyi, *Apollon und Niobe*, München: Langen Müller, 1980, p. 64.

③ G. H. Bianci, *The Mythology of Greece and Rome: with Special Reference to Its Use in Art*, New York: Harper & Brothers, 1894, p. 41.

从容地去面对和准备死亡。尽管苏格拉底自己没有承认甚至没有明示，但是无疑这种精神内核在他的整个思想轨迹中都占绝对主导地位。其源头就是那些我们的语言难以言说的理论分析和争辩。在《斐多篇》中，似乎命运注定的，苏格拉底对“纯洁”有着一种热情洋溢的追求，这就是他对一切事物明察秋毫的原因，就是他生活的整个氛围和他生命的主线条。我们该如何理解执着追求概念明晰的苏格拉底，是怎么将他的追求与他在《斐多篇》中表达的“不朽”原则和谐地统一起来的？从希腊宗教的角度来探讨这一问题，得出的结论是：《斐多篇》是一首献给阿波罗的精神颂歌。

阿波罗的别号“福玻斯”表明，在希腊人的意识中，他是一个纯净、圣洁的神祇。他的纯净让人们将他与太阳光相比拟。[①] 他的故乡在遥远的叙佩尔波列亚，[②]那里是真正的圣地，是安乐之乡，是完美的存在，连死亡都是受到祝福的。希腊人认为这个遥远的地方在极北之地，遍地是晶莹的雪花。阿波罗每年乘着白色的天鹅车从这里来到德尔斐的圣所。关于阿波罗的“遥远”特性，沃尔特・F.奥托有一段非常精辟的论述：

> 表面看来，Distance 这一词所表达的仅仅是一些消极的情绪，然而，实际上它所表达的却是最积极的情绪，即对待认识的态度。阿波罗拒绝大约，即使是非常接近的大约，拒绝模糊的凝视、神秘的陶醉和狂喜的梦幻。他要求的不是(如狄奥尼索斯所要求的)灵魂，而是精神。在阿波罗这里，我们看到的是可见的知识的精神，是站在实际存在的对立面的精神，是与不平等的自由世界截然不同的精神——这种天才的希腊精神注定不仅仅会催生艺术，

---

① 参见本书第三章第三节“阿波罗与阿尔忒弥斯”。

② 本书第一章“阿波罗崇拜起源考”部分并没有肯定阿波罗一定来自叙佩尔波列亚，这里采用这一种说法只是因为一般的希腊人如此认为，并且这种说法更能反映在希腊人的意识中阿波罗所代表的精神。

最终一定会催生科学。[①]

奥托的论述并不是纯粹的现代解释。对希腊人来说，阿波罗已经是一个有精神的人了，而不仅仅是诗人们所创造的神。[②] 他和医生有着特殊的关系，向他进行祈祷时的赞美诗“派埃昂”就有着胜利和治愈的含义。[③] 他还是医神阿斯克勒庇俄斯的父亲，阿斯克勒庇俄斯不仅能治愈疾病，也能带来死亡——就像苏格拉底临终前所说：“我们还欠着阿斯克勒庇俄斯一只鸡！”[④]除此之外，阿波罗还用他的七弦琴使所有一切都和谐起来，他的琴拨就是太阳的光线。[⑤]

同时，阿波罗的特性中也带有黑暗的一面。有些时候，他的银弓意味着瘟疫和死亡。[⑥] 他和狼有着密切的联系，他的别号 *Λυκείος*被有的学者解释为“狼神”[⑦]，而狼和黑暗的关系就如俗语所说“狼之夜”（night of the wolf）。在铁拉人那里，阿波罗以一只黑乌鸦的形象出现。[⑧] 一些黑色的动物，包括黑乌鸦、黑天鹅，以及狼都是他的圣物，它们也代表着阿波罗的本质特性，就像白天鹅代表他的另一面本质特性一样。

这些就是阿波罗神性的特点。这些特点之间有一种特殊的内聚力，这种内聚力便是其拥有太阳特质的一面。我们必须思考《斐多篇》中那种无形的理念，这种理念对于哲学家来说意味着完全明晰的智慧，而对普通人来说却是一种无法感知的含糊概念。我们从宗教史的角度来看阿波罗的特性，也会发现人们对其特性的认识也是这样。阿波罗拥有太阳明亮特质的同时，也有着黑暗的一面，甚至有时候这种黑暗还

---

① Walter F. Otto, *The Homeric Gods: The Spiritual Significance of Greek Religion*, p. 78.

② Karl Kerenyi, *Apollo: The Wind, The Spirit, and The God*, p. 55.

③ 参见本书第二章第四节“献给阿波罗的颂歌”。

④ Plato, *Phaedo*, 118a. 参见本书第三章第五节“阿波罗与阿斯克勒庇俄斯”。

⑤ Karl Kerenyi, *Apollo: The Wind, The Spirit, and The God*, p. 55.

⑥ Homer, *Iliad*, i. 45—52.

⑦ H. J. Rose, *A Handbook of Greek Mythology*, p. 135; W. K. C. Guthrie, *The Greeks and Their Gods*, p. 82.

⑧ Karl Kerenyi, *Apollo: The Wind, The Spirit, and The God*, p. 56.

占据主导地位。这种认识水平正是《斐多篇》中苏格拉底眼中那些凡夫俗子的认识水平。这是一种对宗教的原初感知，一种混浊状态的情感体验，是哲学家之外一般希腊人对绝对形式的观察和认知水平。

这就是阿波罗的神秘所在，也是苏格拉底的神秘所在。白天鹅所代表的阿波罗的特质是真实的阿波罗，而以黑乌鸦和狼的形式投射在他身上的则是深深的阴影——对死亡真实存在的揭示。再也没有人能比苏格拉底更透彻地分析阿波罗与天鹅的联系了，他并没有用象征主义的手法，他的演讲中不包含任何矫饰的象征主义，他用最真实最自然的知识来描述和阐释天鹅颂歌的自然存在：

> 当这些鸟儿感觉到自己快要死的时候，它们会比此前一生更加大声、更加甜蜜地歌唱，它们对自己要去神那里感到快乐，而它们是神的仆人。人们错误地把天鹅的临终绝唱理解为表达悲哀。持这种说法的人为他们自己对死亡的恐惧所误导。在我看来，天鹅不是因为悲哀而歌唱。我相信天鹅属于阿波罗神，拥有预见力，它们歌唱是因为知道在那个不可见的世界有美好的事物在等着它们，那一天它们会比从前更加快乐。我想我现在和天鹅一样，衷心伺奉同一位神，我的主人赋予我的预见能力并不比天鹅差，在告别今生的时候也不感到烦恼。①

以上所引段落中的“接近死亡”和“渴望死亡”这两个词汇，使得整个《斐多篇》都充满了精神追求的张力。苏格拉底的渴望死亡，实际上是对另一个世界的渴望。这个世界自史前时代就以其令人心醉神迷的宣泄功能吸引着人们——人们认为能够在这另一个世界里找到纯净。精神之神阿波罗给了我们知识，使我们能够了解他自己的本质。尽管其中的界限不很明确，人们认识的方法不尽相同，但是他所代表的死亡方面的特质在其起源阶段就有迹可循了。《斐多篇》中“黑暗”所寓指的动物性的生命力代表了阿波罗否认生命的另一面的真实存在。破坏性

① Plato, *Phaedo*, 85ab.

的纯净之神阿波罗这里根本不存在不朽的概念，然而，苏格拉底却站在阿波罗的角度认真地探讨关于不朽的问题。

从生命的视角来看，阿波罗意味着个体生命终了的一个方面，意味着黑暗的真实存在的方面。但是，阿波罗还意味着另外一个截然不同的方面，从生命多原体的角度来看，他也意味着最庄严的纯净。这就是阿波罗——灵魂的黑暗和灵魂的透亮合为一体，黑暗和透亮同时存在，这就是他的本质，这种完美的纯净的实现构成了他的独特性。如若我们不能抓住他实现完美纯净的特性，不去渴求完全的纯净，那么我们就不可能从中找到不朽的存在，崇拜阿波罗仅仅只是一种仪式罢了，或者只是一种形而上学的分析而已。

另一方面，由于苏格拉底是这样一个人，对他来说，“净化”本身就是一种实在，所以在阿波罗那里，他能得到灵魂的不朽，这种不朽和完全的纯净一起进入了一种特殊的存在状态。他将阿波罗的这种净化加之于人的全部，包括人的灵魂。这里的灵魂，从概念上来说，并没有与人的身体分开。在苏格拉底的时代，灵魂和身体越来越趋向于分离，随着这种分离而来的就是“灵魂不朽”的原则，这里的灵魂不是狄奥尼索斯式的灵魂，而是《斐多篇》中阿波罗式的灵魂。

德尔斐的神谕也知道苏格拉底。就我们所知的德尔斐的格言来讲，我们没有任何理由怀疑柏拉图在《申辩篇》中的阐释，其中他对真理的所有求索都是在德尔斐的神祇指导之下进行的。在苏格拉底不尊敬地质疑其他人和他试图打破旧习的时候，我们可以察觉到其中明显带有某种阿波罗所特有的狼的特性。

然而，在更多层面上，《斐多篇》所反映的是阿波罗其他方面的特性。苏格拉底入狱以后开始的对话，构成了一篇献给阿波罗的荣耀之歌。甚至，就更深层次来讲，整个《斐多篇》就是献给阿波罗的精神颂歌。苏格拉底将关于阿波罗的宗教导向了一个更高层次的跃迁，转向了关于灵魂和理念的神秘探索。这种探索取代了旧有的对神圣实在的崇敬，但是并没有将之与德尔斐的神灵分离开来。

除了苏格拉底，我们不能忽略另一个重要人物，那就是柏拉图。《斐多篇》中的每一个单词都是平实无奇的，但是我们从中看到的柏拉图却是一个创造性精神的承载者、一个先知、一个诗人、一个哲学家、一个"阿波罗的儿子"[①]，他就是苏格拉底所想象的厄若斯(Eros)学园祭坛上的天鹅。在希腊人看来，柏拉图就是阿波罗在凡间的儿子，柏拉图学园的诞生庆典就在阿波罗的生日那天举行。[②] 后来，雅典人还说高龄的柏拉图在临死之前梦见自己变成了天鹅。[③]

要真正理解《斐多篇》最本质的内容，就要认识到在这篇对话中，苏格拉底已经完全抓住了这样的实质：对不纯净的精神来说，精神的纯净仅仅意味着某种程度的死亡和黑暗。对应于这种精神实在的体验，就是阿波罗的真实存在——不管是希腊人还是非希腊人，这都是希腊宗教关于神祇的基本概念。作为历史现象的任何一种宗教都必然经历一个内聚的过程。从我们的分析中可以看出，苏格拉底关于阿波罗特性的阐释，并不是一种松散的形式。作为一个希腊人，苏格拉底——当然也包括柏拉图，最直观地阐释了关于阿波罗的宗教的基本内核，并将之与苏格拉底自己的经历结合起来。这样，从早期的毕达哥拉斯学派到后来的柏拉图学派，哲学家们通过几个世纪对神灵的思考和探索，完成了希腊宗教的内聚过程。对阿波罗的精神探索也正是这一内聚过程中非常重要的一环。

"不朽"的原则和阿波罗精神在整个《斐多篇》中有着不可分割的联系，而这二者与"理念"的原则的内在联系也丝毫不比前二者的联系逊色。实际上，"不朽"的原则，阿波罗精神与"理念"的原则的联系还有着更深层次的意义。希腊人关于"纯净"的理念从不缺乏实施者，在"存在"的形式下，理念被想象为一种更高级的净化者的更高级实在，在《斐

---

① Frederick J. E. Woodbridge, *The Son of Apollo: Themes of Plato*, New York: Biblo and Tannen Publisher, 1971, pp. ii–vii.

② Karl Kerenyi, *Apollo: The Wind, The Spirit, and The God*, p. 59.

③ Suetonius, *The Divine Augustus*, 94.

多篇》中，这一更高级的净化者就是“纯净的神祇”福玻斯·阿波罗。就像《会饮篇》中“漂亮”的理念包括了阿弗洛狄忒天上地下无所不在的微笑一样[①]，超出人类经验的力量的理念也在阿波罗的特性中迸发出来，他与苏格拉底的联系也包括在整个希腊世界的阿波罗崇拜之中，整个《斐多篇》的内容都包括了古代希腊人关于作为精神之神的阿波罗的理念。苏格拉底那些最后的语言虽然有着难以抑制的哀婉，但是人类和自然的本质都得以从中揭示，宗教的热情和哲学的沉思都与之契合，这种契合使得阿波罗的祭司皮提亚和雅典的哲学家这两个外在表现截然不同的精神实体得以和谐地统一为一体。阿波罗的儿子柏拉图正是在这一和谐统一体中建立了一个平和的精神世界，这个世界的主宰就是秩序，而秩序的原初智慧正是来自阿波罗。这应是我们对关于阿波罗的宗教最高层次的认识。

第三节　阿波罗崇拜与希腊艺术

艺术是一种用形象来反映现实但比现实更有典型性的社会意识形态。虽然特定的艺术形式不一定必然影响人们关于某个神祇的基本观念的形成，但是往往有助于促进或修正这种观念。这种促进或修正作用的先决条件就是仪式。仪式会导致某些特定神话的产生，同时也会产生特定的艺术形式以适应仪式的要求，而一种特定的艺术形式又有助于人们想象中神祇形象的清晰化，从而使神祇的人格模式逐渐固定，这种固定又反映到艺术形式中，最终形成某一神祇与特定艺术形式之间的特殊关系。

由于希腊人将阿波罗视为理想的化身，所以对阿波罗的崇拜一定会反映到艺术领域；同时，对阿波罗的崇拜又会影响希腊艺术的风格和发展趋向。就如沃尔特·F.奥托所说：“荷马时代以后的几个世纪里，

---

① Plato, *Symposium*, 181d.

艺术家们竞相将阿波罗塑造成最崇高的、最优秀的、最辉煌的艺术品的代名词。”[①]

阿波罗崇拜与希腊艺术的这种互动关系体现在希腊艺术的很多领域，包括文学、绘画、雕塑、建筑、音乐、舞蹈、戏剧等。其中最为显著、影响最为深远的两个领域是音乐与诗歌（在希腊的传统中，音乐也包括诗歌）以及雕塑与绘画。

一、阿波罗与音乐和诗歌

早在荷马时代，阿波罗就是音乐和诗歌之神（图十）。在荷马史诗中，阿波罗在其他奥林帕斯神的陪伴下演奏里拉琴，和缪斯一样有激发诗人灵感的力量[②]。这种观念在后来的文学作品中进一步扩大。《荷马颂歌·致阿波罗》说阿波罗从一出生就要求对于里拉琴的掌管权限，“让里拉琴和弯弓属于我吧，我还要向人们传达宙斯神谕。”[③]当他第一次来到奥林帕斯的时候，众神正在唱歌跳舞，缪斯正在吟唱献给众神和人类的颂歌，阿波罗立即加入了这个欢乐的活动，“盛装的‘优雅’(graces)和欢乐的‘季节’(seasons)，与‘和谐’(harmony)和‘年轻’(youth)以及宙斯的女儿阿弗洛狄忒一起手挽着手载歌载舞。”[④]阿尔忒弥斯、阿瑞斯和赫尔墨斯也加入进来，但是“福玻斯·阿波罗站在高处弹奏着里拉琴”[⑤]。

品达是第一个概括阿波罗与音乐的特殊关系的诗人，“正是这位神给了人们里拉琴和缪斯的灵感，他将我们的心灵带入一种平和的状态。”[⑥]

---

① Walter F. Otto, *The Homeric Gods: The Spiritual Significance of Greek Religion*, p. 61.

② Homer, *Odyssey*, viii. 448. 在另一处（Homer, *Odyssey*, xxii. 347），诗人灵感的激发者只被称为 Θεός。

③ *Homeric Hymn Apollo*, 131.

④ *Homeric Hymn Apollo*, 192—194.

⑤ *Homeric Hymn Apollo*, 200.

⑥ Pindar, *Pythian Odes*, v. 59.

图十 音乐之神阿波罗

器皿：阿提卡红陶双把浅酒杯（白底）
馆藏：希腊德尔斐国家考古博物馆
时间：约公元前470年
图片来源：http://www.greece - museums.com

一些仪式和祭仪别号中也体现了阿波罗作为音乐和诗歌之神的职能。我们通过考察阿波罗的节日中的庆典仪式，发现阿波罗作为音乐和诗歌之神的特点体现得非常明显，比如专门献给阿波罗的皮提亚节，虽然其间也有和奥林匹亚竞技会类似的活动，但是皮提亚节和奥林匹亚竞技会最大的不同就在于其间的音乐和艺术活动比竞技活动更加重要。[1] 在阿波罗的节日中，一种有音乐伴奏的群舞是必不可少的庆典内容，这种舞蹈发展成后来的“海帕基玛”(Hyporchama)，这是一种由青年男子或武士在音乐伴奏下的舞蹈。[2] 据说这种舞蹈是忒修斯发明的，他和一些青年男子在德洛斯的祭坛旁边用舞蹈模仿在米诺斯迷宫中与人身牛头怪战斗的情景。[3] 在斯巴达的阿波罗祭仪中，这种舞蹈带有更浓厚的军事色彩，其中的音乐就是战争中的军乐。[4] 献给阿波罗的卡耳涅亚节中也出现了一些军事色彩的舞蹈。[5]

阿波罗的别号如*Μουσαῖος*和*Μουσαγέτης*，都是人们将音乐和诗歌归于阿波罗神的职能范围后出现的称谓。*Μουσαῖος*和*Μουσαγέτης*的含义正是“缪斯的掌管者”，这两个别号体现了阿波罗与缪斯的联系。阿波罗和缪斯同为音乐和诗歌之神，尽管这二者经常一起出现(图十四)，但是作为诗人灵感的激发者，阿波罗和缪斯又是相互独立的。赫西俄德也持同样的观点：“正是由于缪斯和远射神阿波罗的教导，大地上才有了歌手和琴师。”[6]这种现象在希腊多神教中普遍存在，即两个相互独立的神灵或者神灵团体在不同的地方有着相同的职能，随着文明的传播与交流，这些神灵受到崇拜的地域范围扩大，超出了其起源地，就会出现同一地区两个神灵或神灵团体具有同样职能的情况。当然，这种共存并不是长久的，总会有某个神灵逐渐占据上风，然后就演变成其中一个从属于另一个的关系。在后来的故事里，阿波罗就成了掌管缪斯的“大神”，而缪斯则在阿波罗的引领下施行音乐和诗歌之神的职能。[7] 第一个表达这种观念的是特潘德尔(Terpander)，现存的特潘德尔作品残篇说，在很早时候的一些艺术活动中，阿波罗是缪斯的

---

① 关于皮提亚节的详情，请参见本书第二章第五节“阿波罗的节日”。

② Athenaeus, *The Deipnosophists*, 617c.

③ Pausanias, *Description of Greece*, viii. 48.

④ Pausanias, *Description of Greece*, iii. 11.

⑤ Pindar, *Pythian Odes*, v. 74.

⑥ Hesiod, *Theogony*, 94—95.

⑦ Pausanias, *Description of Greece*, v. 18; x. 19.

图十一 阿波罗与缪斯

器皿:阿提卡红陶广口瓶
馆藏:德国慕尼黑文物博物馆
时间:约公元前430年
图片来源:http://www.theoi.com/Gallery/K20.3.html

引领者或者护卫者。① 我们不知道阿波罗的这两个别号具体什么时候成为祭祀仪式中的称谓,现在所能找到的资料是阿里安的记载,他在记载希腊人的仪式时说:"那些献身艺术教育的人将他们的感恩仪式献给

① Terpander, *Fragments*, 3. 转引自 Lewis Richard Farnell, *The Cults of the Greek States* (vol. 4), p. 244。

缪斯、阿波罗·缪萨格特斯、墨梅摩塞涅和赫尔墨斯。"[①]

那么，阿波罗是怎么优先于缪斯而获得作为音乐和诗歌之神的职能呢？神话传说阿波罗是从赫尔墨斯那里得到了里拉琴。赫尔墨斯杀死了一只乌龟，用乌壳、三根树枝和几根弦做成了第一架里拉琴。有一次，他偷走了阿波罗的五十头牛，杀了两头牛祭神，将其他的牛藏在一个山洞中。阿波罗发现牛被盗后，就找到赫尔墨斯，宙斯命令赫尔墨斯交还牛群。当阿波罗拉着自己的牛走出山洞时，赫尔墨斯正坐在山洞口的石头上弹琴，美妙的琴声使阿波罗异常陶醉，他用牛交换了赫尔墨斯的里拉琴。[②] 关于这个神话传说所蕴含的意义，美国学者乔·所罗门进行了专门的探讨，但是他探讨的主要是这个神话与阿波罗作为太阳神的关系，并没有多少对阿波罗作为音乐之神的探讨。[③] 因此，要寻求这个问题的答案，可能还要结合阿波罗的其他特性来分析。

在人类社会早期的某些时候，很多精神性活动可能都归结于某种具有神圣性的物质，比如水在与阿波罗有关的精神活动中就具有重要意义，[④]有时候也被认为是缪斯的灵感源泉。预言家的灵感和诗人的灵感可能就会归于同一神圣物质，因为很多时候预言家和诗人的身份并没有多么明显的区别。据希腊传说，阿波罗最早的歌者是奥伦(Olen)，他是"这位神的第一个预言家，也是第一个史诗编撰者"[⑤]。在很早的希腊宗教中，阿波罗作为预言之神的职能就已经出现，附带地成为音乐和诗歌之神。法奈尔甚至认为，早在荷马时代之前，德尔斐和德洛斯献给阿波罗的节日就已经吸引了最优秀的音乐家和诗人前来展示自己的才能。[⑥] 此外，阿波罗作为医疗之神的职能也必然会使他与音

① Arrian, *de Venat*, 35.

② *Homeric Hymn Hermes*, 475—479.

③ Jon Solomon, "Apolloand the Lyre", Jon. Solomon, *Apollo: origins and influences*, Tucson: University of Arizona Press, 1994, pp. 37—46.

④ 参见本书第二章第二节"祈祷、献祭与净化"中关于水在净化仪式中的作用。

⑤ Herodotus, *Histories*, iv. 35; Pausanias, *Description of Greece*, v. 7; x. 5.

⑥ Lewis Richard Farnell, *The Cults of the Greek States* (vol. 4), p. 246.

乐和诗歌联系起来，最早的医疗之神“派埃昂”后来就演变成阿波罗的疗伤圣歌。

由于阿波罗与音乐和诗歌的关系是如此密切，所以希腊人的阿波罗崇拜也对希腊的音乐和诗歌发展产生了巨大的影响。关于这种影响的最早记载，我们可以从一个词汇入手——*κιθάρα*，这是一种有弦的乐器，后世称之为里拉琴，是阿波罗的特殊圣物。法奈尔认为，里拉琴是最早在阿波罗的祭仪和节日中出现的乐器，在前荷马时代和荷马时代，里拉琴甚至是整个希腊世界最主要的乐器。① 里拉琴也常常和阿波罗的颂歌“派埃昂”联系在一起。我们知道，“派埃昂”是最早的阿波罗颂歌，与阿波罗的疗伤等职能有着尤其特殊的联系。② 里拉琴一旦与派埃昂有了联系，就在与阿波罗崇拜相关的宗教活动中占据了重要地位。

当然，管乐也很早就出现在早期希腊社会了，荷马就非常熟悉长笛这种管状乐器，但是只提到在牧羊人的吟唱或者婚礼场合时才出现，即使在最简单的庆祝丰产仪式中，弦乐也比管乐用得多。有些时候，人们往往将弦乐与管乐对立起来，我们曾经提到阿波罗用里拉琴打败森林之神玛西亚斯(Marsyas)的长笛的故事，阿波罗和狄奥尼索斯的赞美诗“派埃昂”和“酒神赞歌”(Dithyramb)的对比③都反映了这种对立。普鲁塔克说：“用变化不定的酒神颂歌歌唱狄奥尼索斯是很合适的，而歌颂阿波罗的应该是讲究秩序的派埃昂与缪斯。”④

据波桑尼阿斯说，在第二届皮提亚竞技会上就取消了第一届竞技会中的长笛比赛，其原因是近邻同盟认为长笛不适合在阿波罗的节日中演奏，他们认为长笛与挽歌和葬礼仪式的联系太过密切，吹出来的都

---

① Lewis Richard Farnell, *The Cults of the Greek States* (vol. 4), p. 246.

② 参见本书第二章第四节“献给阿波罗的颂歌”。

③ 参见本书第三章第二节“阿波罗与狄奥尼索斯”。

④ Plutarch, *De Music*, § 1136. 转引自〔英〕简·艾伦·赫丽生《希腊宗教研究导论》，谢世坚译，第405页。

是阴郁的调子。[1]

关于这弦乐的曲调特征，再也没有比柏拉图的论述更精辟的了。柏拉图认为：

> "弦乐的曲调，能恰当地符合一个勇士在战场上或者在其他他不愿意参与的时间中，其声音的音调和音高的变化——甚至当他失败，面对伤害、死亡或其他灾难，其声音依然克制而坚定地与命运抗争。他投身和平事业，并不缺乏意志，他的行动在任何情况下都是谦虚和自制的，没有一点高傲。这种乐器能够完美地模仿人们成功与失败、节制与勇敢的声音。"[2]

柏拉图在赞赏弦乐优点的同时，还对管乐进行了负面的评价，他认为，虽然管乐具有更宽广的音域和更充分的调式，但是并不是人们所需要的。柏拉图的观点对后世欧洲管乐的发展并没有产生多大的消极影响，但是其中涉及有关伦理的问题，与当时希腊一些城邦流行的观点和实践是一致的。后来的普鲁塔克说："古代的拉凯戴梦人、曼提尼亚人、珀勒尼人(Pellene)选择了一种音乐模式，有助于纠正我们精神本质的音乐。"[3]他所说的这种音乐就是弦乐，并且将弦乐提升到"有助于纠正我们精神实质"的高度。

实际上，弦乐和管乐的对立并不是绝对的，很多时候二者是共存并用的。德尔斐用于纪念大蛇皮同之死的斯特普特里亚(*Στεπτήρια*)仪式中，就出现了长笛演奏。[4] 在德洛斯，也经常有弦乐和管乐合奏的颂歌。[5] 克里特人是最钟情于里拉琴的，他们在很长一段时期内都只用里拉琴来演奏战歌。[6] 但是据说正是他们派了杰出的长笛演奏者萨拉

---

① Pausanias, *Description of Greece*, x. 7.

② Plato, *Republic*, 399b.

③ Plutarch, *De Music*, c.32.

④ Plutarch, *Moralia*, 293c.

⑤ Pausanias, *Description of Greece*, viii. 48.

⑥ Plutarch, *De Music*, § 26. 转引自 Lewis Richard Farnell, *The Cults of the Greek States* (vol. 4), p. 248。

塔斯(Thaletas)[①]来到斯巴达,可能就是自他以后斯巴达人才形成在战斗中用长笛奏乐助威的风俗。[②] 公元前7世纪以后,长笛等管状乐器越来越盛行,人们也逐渐将长笛的发明者也归于阿波罗,阿波罗的神庙中也出现了管状乐器。[③]

通过以上论述,我们就可以理解为什么希腊人会将音乐和诗歌之神的职能献给阿波罗了。因为阿波罗具有强烈的伦理和精神特质,所以他需要一种庄严、平稳和明净的音乐。明净是他最原初的本质之一,这一本质导致了他与公众事务和政治事务联系密切,使他具有一种特殊的男性雄威气质,这一特点则以音乐和诗歌这样的艺术形式表达出来。

二、阿波罗与希腊雕塑和绘画

从阿波罗开始,希腊艺术出现了一种特别的倾向,那就是在雕塑和绘画作品中呈现每个神祇年轻的一面,这种倾向后来逐渐在希腊艺术观念中占据主导地位。早期的艺术作品中,阿波罗形象是带胡须的,如现存于米兰的一个双耳细颈椭圆土罐上的瓶画,阿波罗就是带须的形象。在雅典市政广场考古遗址发现的一个公元前5世纪的陶罐残片,其上的图案描述的是勒托遭到提梯俄斯(Tityos)的非礼,阿波罗和阿尔忒弥斯前来解救她,其中的阿波罗无疑是带有胡须的,并且还武装以铠甲和头盔,这一点是这个瓶画中关于阿波罗最为独特的观念,因为不管是早期还是晚期的艺术作品中,阿波罗大都呈现出平和的姿态或者平和行动,与他作为音乐之神的身份是协调一致的。

到了公元前6世纪,阿波罗的塑像开始变成无须的裸体青年,这一倾向随后逐渐占据主流。最早将阿波罗塑造成一个无须裸体青年的是一尊青铜塑像。与塑像一起的铭文说,这是献给"银弓之神福玻斯"的。

---

① 公元前6世纪克里特著名的音乐家,曾在斯巴达教授合唱音乐。

② Plutarch, *De Music*, § 10. 转引自 Lewis Richard Farnell, *The Cults of the Greek States* (vol. 4), p. 248。

③ *Homeric Hymn Apollo*, 20.

现代学者相信这就是阿波罗本人，因为阿波罗要对人们给予这件奉献品的赞美以优雅的回应。[①] 在塑像中，他的右手僵硬地垂在体侧，左前臂向前伸出，左手拿着一件物品，可能是一张弓。

这种男性裸体青年塑像在希腊雕塑史上具有非常重要的意义。公元前6世纪以后，许多希腊雕塑都采用这种模式：右腿支撑站立，左腿略微向前，一只胳膊垂在体侧，另一只手握着某件物品，浓密的头发一直垂到脖颈以下。这样的塑像很多时候被认为是阿波罗，但是有时候也可能是某个雕塑者或者奉献者自己，或者是某个运动员。关于这种艺术理念在希腊艺术发展史上的影响，克拉克的《人体艺术论》中有非常精辟的论述：

> 希腊人从不怀疑这一点，他们坚信阿波罗神是完整无缺的美构成的人。他的身体与某些比例规则一致，富有数学的魅力，因而是美丽的。因此，按照阿波罗的形象姿态进行艺术创作时，一切都必须十分清晰明朗。……但是，在传统上作为阿波罗像而广为人知的希腊美术中最为古老的裸体像，绝不是完美无瑕的。他们是被征服民族的朋友，是机智聪明、充满自信、年轻而又快活的大海的统治者。不过，一看其姿态，我们立即会看到他们带有一种仪式性的僵硬感，笨拙而且死板。四肢身体的线条变化唐突而又粗糙，身体的各个部位也都非常奇怪地显得十分平板，就好像创作阿波罗神的雕刻家们在某个时期里只知道就一个平面进行思考。不过，在其后不到一百年的时间里，阿波罗像却一步步地完善，甚至成为美的典型。作为这种重大进化的原因，一系列的阿波罗像向我们所展示的，只不过是两种特质，第一是清晰明了，第二是理想化。……希腊的艺术是以理想为根本的。……阿波罗在变得美丽之前，首先是明确的、理想的。[②]

---

① Lewis Richard Farnell, *The Cults of the Greek States*, vol. 4, p. 330.

② 〔英〕肯尼思·克拉克：《人体艺术论——理想形态研究》，鹏小剑、董惠宁译，成都：四川美术出版社，1990年，第27页。

到了古典时代，阿波罗塑像在艺术中又有进一步的发展，除了继承之前的裸体男性青年形象以外，阿波罗的塑像还多了一些附带的物品，比如七弦琴，发式也更加自由，经常散落到肩膀上来。这一时期最为著名的阿波罗神像是藏于不列颠博物馆的一个直立青年塑像（图十二）。这座塑像身体挺拔，双肩后缩，使得其臂肌呈栉齿状显现，腹肌则呈块状显现，二头肌上突起的血管显示了他的强壮和力量。实际上，整个塑像的每一部分都体现了这种力量感，包括肋骨和背部的线条，膝部隆起的肌肉。相比前一时期的塑像，这座塑像的另一个特点是已经追求比例的协调了，不再是那种矮小不成比例的形象了，整个塑像的高度和宽度已经和真人的比例相仿了，尤其是大腿的长度，和旁边一个未完成的桩子差不多长。这种比例的协调使得整个塑像显得非常庄严和壮丽。雕塑者对塑像重心的把握也远超前一时期，塑像的足部仍然平稳地固定在地面，两只脚几乎处于同一平面，虽然从其臀部来看整个身体略微向左，但是还是能看得出来重心稍向右边偏移，因为塑像的头部向右微转。

随后，艺术家们对阿波罗塑像的关注开始由外向形象的转为内在精神。尤其是到了公元前490—前460年，艺术家们更多关注的是这位神祇所具有的独特神性及这种神性所蕴含的艺术之美。温克尔曼对这种艺术观念的转变做了如下阐释：

> 男性青年美的最高标准特别体现在阿波罗身上。在他的雕像中，成年的力量与优美的青春期温柔形式结合在一起。这些形式以其充满青春活力的统一而显得雄威，用依毕克斯的话来说，他不是在树荫中游情度日的维纳斯[①]的情侣，不是玫瑰花丛中为爱情之神拥抱的美少年，他是品德端庄的青年，为从事伟大的事业而诞生。所以阿波罗被认为是神灵中最优美的神。他的青春灿烂、健

① 温克尔曼这里的逻辑有些混乱。在论及希腊艺术的时候，似乎不应该出现“维纳斯”，因为“维纳斯”是属于罗马时代的称谓，但是这一点并不影响温克尔曼对希腊艺术整体见解的高度。

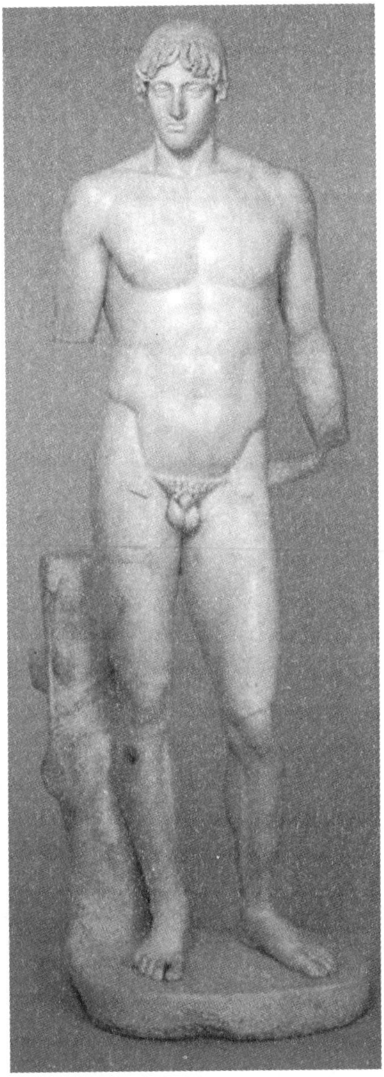

图十二　阿波罗塑像(一)

材质:大理石

馆藏:英国不列颠博物馆

时间:原件是约公元前460年的青铜塑像,本件是约公元1世纪的罗马复制品

图片来源:http://www.britishmuseum.org

> 美,力量犹如晴天之朝霞。但是我并不想证明,所有的阿波罗雕像都以这高雅的美出众,因为即使被我们的艺术家们赞美和经常用云石复制的藏于美第奇别墅的阿波罗像,虽然具有优美的身材——如果这样说可以宽恕的话,但他身体的单个部位,如膝和足,也比较平庸。我想在这里描述几乎是人类本性无法创造的优美雕像,这便是藏在波尔格兹别墅中长着翅膀的神像,他是个身材匀称的青年。犹如在梦中出现了天使,他的面庞为圣光照耀,他的身材似从最高的和谐中产生,这形象提供给装满来了自然的身体美的想象力,提供给从观赏衰老美的神祇转向观赏有青春美的神灵的想象力,那么读者就可以设想出这件优美作品的样子。可以说,大自然在神的认可下,创造了这种美,它类似天使的美。①

除了温克尔曼提到的藏于美第奇别墅的阿波罗像和藏在波尔格兹别墅中长着翅膀的神像以外,还有不少阿波罗的塑像也反映了这一时期的艺术价值取向。其中最有代表性的是藏于巴黎卢浮宫的阿波罗塑像(图十三),这是一件复制品,其原型大致属于公元前490—前460年。这件作品在体现阿波罗的神性方面要大大超过前一件作品。这两件作品的外在的艺术表现形式非常相似,甚至在一些细节如脊骨的线条和锁骨的曲率等方面都明显属于同一种风格。但是,后一件作品在各方面表现出的雄性气概要强烈得多。这个阿波罗塑像有一种更加自由的整体韵味,不似前一个塑像略显僵硬。他的左脚要收得更靠后一些,其原因可能是因为身体向右头部向左的幅度要大一点,这样看起来,这个塑像并不是像前一个塑像那样完全正面朝着观众。塑像的头发按照古老的朴素风格梳起来扎在后面,但是比前一个多了两绺垂到肩部的辫子,辫子是一般的阿波罗塑像都有的特点,前额的头发卷曲的波纹更细更精致,而前一个塑像前额的头发更趋近于早期青铜雕像的

---

① 〔德〕温克尔曼:《希腊人的艺术》,邵大箴译,桂林:广西师范大学出版社,2001年,第131—132页。

图十三 阿波罗塑像(二)

材质:大理石

馆藏:法国巴黎卢浮宫

时间:约公元前460年,本件是约公元2世纪的罗马复制品

图片来源:http://www.louvre.fr

旋涡式风格。总体来看,这个塑像是力量和自由的和谐统一,比前一个塑像的气质更像人们观念中的神灵,因此其所要表达的理念就是:神比人更加完美。

第五章　罗马时代的阿波罗崇拜

早期罗马宗教中，没有阿波罗崇拜的证据。罗马人是通过希腊人知晓这一神灵，并从后者那里接受了关于这一神灵的所有概念和观念的。无疑，罗马人很早就知道希腊人的阿波罗崇拜了。传统上认为罗马人早在王政时代就请求过德尔斐神谕，但是没有任何文字和实物证据能够证明，因此这一问题只能是有待史料证明的传说。

阿波罗崇拜传入意大利的途径主要有两条，一是通过埃特鲁里亚(Etruria)[①]，二是通过希腊的殖民地如南意大利的叙拉古[②]、那不勒斯(Naples)[③]、库麦(Cumae)[④]等地。尽管罗马人偶尔将其等同于本土的某个神灵，不过这种观念从来没有被普遍接受，罗马人一直是将其当作从希腊引入的神灵。[⑤]

李维曾提到公元前449年的一次元老院会议在弗拉米尼亚草地(Flaminian meadows)召开，他说此地“现在是阿波罗神庙所在地，但是当时他们称其为阿波罗纳里斯(Apollinaris)”[⑥]。不过关于这个阿波罗纳里斯的相关细节，并没有材料支持，我们不能确定是否有与之相关联的祭仪活动，因此也只能暂时存疑。

有确切文字记载的罗马人第一次崇拜阿波罗的公共活动是在公元

---

① Aelian, *Historical Miscellany*, 1. 20; Pliny the Elder, *Natural History*, 7. 19.

② Aelian, *Historical Miscellany*, 1. 20.

③ Strabo, *Geography*, 5. 4. 7.

④ Pausanias, *Description of Greece*, 8. 24. 5.

⑤ Simon Hornblower and Antony Spawforth, *The Oxford Classical Dictionary*, Third edition, Oxford: Oxford University Press, 1996, p. 123.

⑥ Livy, 3. 63. 7.

前433年。公元前436年，一场瘟疫侵袭罗马。罗马在双头执政官的指导下进行了一系列大型公共祈祷。但是求神毫无效果，到了第二年，瘟疫更加肆虐，这也导致北部的斐德奈人（Fidenates）趁机袭击罗马，罗马甚至不得不指定一名独裁官来应付危局。① 在连续三年向本土神灵祈祷无效之后，公元前433年，罗马人请求阿波罗来阻止瘟疫，并许愿在瘟疫之后为他建一座神庙。瘟疫逐渐消退，罗马人也在公元前431年践约建立了一座阿波罗神庙。作为一个神灵，尽管阿波罗有着多方面的职能，但是他在罗马的第一座神庙，是特别献给医神阿波罗·梅迪库斯（Apollo Medicus）的。② 因此，在传入罗马的早期阶段，阿波罗主要是作为医神而受到罗马人的崇拜。究其原因，主要有两个方面的因素。

首先，我们在罗马人消除瘟疫的努力过程中能看到一个清晰的线索。在当时的历史条件下，罗马人会很正常地将瘟疫看作是神的愤怒，阻止瘟疫的常规做法就是向神灵祈祷。但是前面的努力非但不能阻止“神的愤怒”，反而使之愈加肆虐。经过长达三年的瘟疫，罗马人已经对依靠本土神灵驱除瘟疫失去信心。虽然我们没有具体的文献资料能够证明罗马人向本土神灵祈祷请愿的细节，但是有一点是清楚的，那就是罗马本土的神灵，没有一个的最初职能是医神。③ 因此，罗马人必须要引入一位具有医神职能的外来神灵，而阿波罗正是合适的选择。

在希腊人的宗教体系中，阿波罗被当作医神尤其是能够消除瘟疫的神灵崇拜有着古老的渊源。在《伊利亚特》第一卷中，阿波罗是瘟疫之神，但也是康复之神，对那些触怒他的人来说，阿波罗的箭就意味着瘟疫。④ 阿波罗能够带来瘟疫，当然也能够消除瘟疫，为人民带来健

---

① Livy, 4.20—25.

② Livy, 40.51.

③ Eric M. Orlin, *Temples, Religion, and Politics in the Roman Republic*, Leiden: E. J. Brill, 1997, p. 23。罗马本土神灵中，兼有医神职能的主要有：泉水之神法奥努斯（Faunus）和阿布妮亚（Albunea）、巫术女神安姬塔（Angita）、丰产女神玻娜·得亚（Bona Dea）、长寿女神与酒神墨狄特里娜（Meditrina）等。参见 Walter Addison Jayne, *Healing Gods of Ancient Civilizations*, Montana: Kessinger Publishing, 2003, pp. 398—402。

④ Homer, *Iliad*, 1.45—53.

康。古希腊人认为，所有灾难和疾病都是人类自己所不能控制的，只能祈求神灵的力量来解决，于是人们通过祈祷、献祭等活动来请求神灵的帮助。在这个过程中，神谕是最经常出现的方式，而阿波罗又与神谕关系最为密切。因此人们将阿波罗视为能够为人类转移灾难、治愈疾病的神灵就顺理成章了。另一方面，疾病和灾难被认为是一种玷污，一种对宇宙秩序的扰乱。有了玷污，就需要净化，在希腊人眼中，由于阿波罗具有独特的“纯洁”和“圣洁”属性，因此阿波罗与净化仪式——不管是集体的净化仪式还是个人的净化仪式——关系尤其密切。荷马史诗中阿波罗向雅典军营降下瘟疫以后，阿伽门农向阿波罗献祭的时候就先举行了这样的净化仪式。① 同样，在公元前430年，雅典遭受瘟疫袭击，当时的一些希腊人认为这是整个城邦招致了神灵的怨恨，因此要举行净化仪式来为城邦赎罪消灾。在这个过程中，阿波罗在德尔斐的神谕起了重要作用。② 通过神谕和净化等人神交流的形式，希腊人将阿波罗塑造成他们观念中的医神。罗马人在引入医神阿波罗之时，可能还基于另一种观念，那就是阿波罗作为太阳神的身份，阿波罗作为医神的力量来源于太阳的热量能够“驱除所有疾病”。③

在阿波罗以医神身份传入罗马的过程中，有一个问题需要澄清，那就是阿波罗与西比拉预言书（Sibylline Books）的关系。许多学者认为，阿波罗作为预言之神的本质意味着他来到罗马与同样来自希腊（小亚细亚伊奥尼亚湾沿岸地带的城市埃律特莱）的西比拉预言书有着必然的联系。④ 然而，直到公元前28年奥古斯都将西比拉预言书移到新建的帕拉丁阿波罗神庙，没有材料能够证明阿波罗与西比拉预言书有

---

① Homer, *Iliad*, 1. 313—315.

② Diogenes Laërtius, *Lives of Eminent Philosophers*, i. 110.

③ Macrobius, *Saturnalia*, 1, 17, 14—15.

④ Wissowa, G, *Religion und Kultus der Römer*, 239—240; De Sanctis, G, *Storia dei Romani*, Torino, 1907—1923, 2. 503—504; Bailey, C, *Phases in the Religion of Ancient Rome*, Oxford, 1932, 122—123, etc.. 转引自 Eric M. Orlin, *Temples, Religion, and Politics in the Roman Republic*, p. 98.

着明显的联系，在这之前，西比拉预言书一直保存在卡皮托朱庇特(Capitoline Jupiter)神庙中。可能引起混淆的是李维关于公元前431年阿波罗神庙建立的叙述。原文是："这一年中，瘟疫还导致了很多其他事情。为了人民的健康，(罗马人)向阿波罗许愿了一座神庙。在西比拉预言书的指导下，双头执政官为了平息天神的愤怒，为人民消除瘟疫做了很多事情。"①一些学者指出，在这段话中，向阿波罗神庙许愿之事与西比拉预言书所指导的事情用句号隔开，表明向阿波罗许愿建神庙并不是西比拉预言书所指导的内容。② 因而，在没有更充分的确凿材料能证明阿波罗传入罗马与西比拉预言书的关系的情况下，最好的结论应该是不要贸然建立二者之间的联系。

作为医神的阿波罗在罗马受到广泛崇拜，甚至传到了罗马的征服地。恺撒在《高卢战记》中就谈到他所征服人民的宗教，其中列出了他们崇拜的神灵，第一位是墨丘利(Mercury)，然后"他们崇拜马尔斯(Mars)、朱庇特和阿波罗，他们对这些神灵的信仰和其他民族的信仰并无二致，阿波罗驱除疾病……"③恺撒的记载有两点需要注意的地方。首先，似乎治愈疾病是阿波罗的唯一职能；其次，高卢的任何拥有治愈或驱除疾病的男性神灵，不管他们本族人怎么称呼他们，可能都被恺撒称之为阿波罗。这是塔西佗所称"以罗马方式解释一切事物"(*interpretatio Romana*)。④ 不管怎样，这则史料确实证明了作为医神的阿波罗受到崇拜的程度。即便是第二种情况，也说明了医神阿波罗的形象已经深入了像恺撒这样的罗马人的观念中。

公元前295年，又一场瘟疫侵袭罗马，并且出现了很多异象。两年

---

① Livy, 4.25.3—4. "*pestilentia eo anno aliarum rerum otium praebuit. aedis Apollini pro valetudine populi vota est. multa duumviri ex libris placandae deum irae avertendaeque a populo pestis causa fecere*".

② Dumézil, G, *Archaic Roman Religion*, Chicago: The Johns Hopkins University Press, 1970, p. 442; Eric M. Orlin, *Temples, Religion, and Politics in the Roman Republic*, p. 98.

③ Caesar, *On the War in Gaul*, 6.17.2.

④ Tacitus, *Germania*, 43.

之内瘟疫席卷整个罗马城和周边乡村。罗马人向西比拉预言书祈求帮助，但是无甚效果，人们认为必须从埃彼达鲁斯将希腊的另一位医神阿斯克勒庇俄斯[①]请来，最终在公元前291年将阿斯克勒庇俄斯引入罗马。[②] 很遗憾，我们并没有关于阿波罗与这场瘟疫有任何关系的资料。究其原因，与阿波罗和阿斯克勒庇俄斯的医神职能之区别有关。在希腊世界，阿斯克勒庇俄斯是主要的医神，他在埃彼达鲁斯的神庙被认为是医神的真正圣所。在罗马人努力结束瘟疫的一系列活动中，阿斯克勒庇俄斯比前面的其他神灵与医神的职能联系都要更紧密。如阿波罗，尽管他具有医神的职能，但也还有其他职能，而阿斯克勒庇俄斯的唯一职能就是医神。相对希腊神灵来说，罗马的神灵职能更加专门化。这样一来，阿波罗这位先前的、更加泛化的医神不再被认为足以应对新的困境，其医神职能也就逐渐让位于阿斯克勒庇俄斯。

阿波罗的医神职能又引申出他在罗马共和时代后期政治上的重要作用。由于宗教在早期罗马社会生活中的重要性，敏锐的政治家往往将自己的地位与罗马公共宗教联系起来。共和后期的一些政治家相信，或者至少宣称某位神灵是他们的保护神，他们得到了特殊神灵的特别眷顾。在这一方面最为突出的就是奥古斯都，为了这一目的，他将与自己生涯有特殊关系的神灵崇拜提升到显著地位。阿波罗是奥古斯都特别推崇的两个主要神灵之一（另一个是战神马尔斯）。公元前31年9月，奥古斯都（时为屋大维）在阿克提乌姆（Actium）取得了对安东尼的决定性胜利。这次战役的地点就在阿波罗圣所附近，因此奥古斯都宣称阿波罗帮助他赢得了胜利，于是他扩建了阿波罗圣所，并创建了一个运动会，这就是著名的四年为周期的鲁狄·阿克提亚西运动会（Ludi

---

① 阿斯克勒庇俄斯是希腊的医神，传说是阿波罗的儿子，其崇拜中心在埃彼达鲁斯。关于阿斯克勒庇俄斯著作主要有 Edelstein E. J., Edelstein L., *Collection and Interpretation of the Testimonies*, Baltimore: Johns Hopkins University Press, 1945; Gerald D. Hart, *Asclepius: The God of Medicine*, London: The Royal Society of Medicine Press, 2000.

② Livy, 10.31.8—9; 10.47.6—7.

Actiaci)[1]。之后，奥古斯都又在帕拉丁他自己的宫殿附近为阿波罗建立了一座更大的神庙，他还将西比拉预言书从卡皮托朱庇特神庙中移到帕拉丁阿波罗神庙。公元前17年，带有强烈奥古斯都印记的鲁狄·赛库拉里斯运动会(Ludi Saeculares)召开，这是一个伟大的节日，其目的是庆祝旧时代的结束，并开启一个新的更好的时代，运动会的高潮就是在阿波罗神庙中的庆祝仪式。[2]

阿波罗受到奥古斯都的推崇有多方面的原因。当然，其基础是阿波罗的医神职能所引申。我们可以看到，在前三头同盟相互争夺的混战时期，屋大维是将阿波罗作为"治愈这个国家之力量"的一种隐喻。就如贺拉斯所说："阿波罗能够为我们的人民和领导者恺撒驱除可怕的战争和悲惨的饥荒与瘟疫。"[3]但是，这一因素还不足以充分说明奥古斯都选择阿波罗为保护神的原因。传统来讲，所谓埃涅阿斯的后代，最重要的保护神应该是朱庇特。那么奥古斯都选择阿波罗必然有着特殊的原因。

奥古斯都似乎发自内心地将阿波罗当作自己个人的保护神。这一信仰可能受到朱利亚家族对约维斯(Vediovis)的崇拜之影响，因为约维斯常常被等同于阿波罗。[4] 然而，我们有理由相信，奥古斯都对阿波罗的推崇有着更重要的政治原因，而不应满足于仅仅是个人原因的解释。在奥古斯都之前，已经有不少政治家推崇阿波罗了。苏拉就鼓吹

---

① Suetonius, *Divus Augustus*, 18; Strabo, *Geography*, 7.7.6. 此地较早的著名运动会是建于公元前212年的鲁狄·阿波罗纳里斯(Ludi Apollinares)运动会，为了纪念阿波罗帮助罗马人与汉尼拔战斗。参见Livy, 25.12.2—13。

② Suetonius, *Divus Augustus*, 31。关于帕拉丁阿波罗神庙及鲁狄·赛库拉里斯运动会的讨论，见J. H. Bishop, "Palatine Apollo", *The Classical Quarterly*, New Series, vol. 6, no. 3/4 (Jul. — Oct., 1956), pp. 187 — 192; Oliffe Richmond, "Palatine Apollo Again", *The Classical Quarterly*, New Series, vol. 8, no. 3/4 (Nov., 1958), pp. 180—184; J. H. Bishop, "Palatine Apollo: A Reply to Professor Richmond", *The Classical Quarterly*, New Series, vol. 11, no. 1 (May, 1961), pp. 127—128。

③ Horace, *Odes*.1.21.13—16.

④ Wirgil, *Aeneid*, 10.316; Livy, 9.29.7.

自己与阿波罗有着特殊的关系，宣称他的一位先祖在公元前212年创建了鲁狄·阿波罗纳里斯运动会。[①] 值得注意的是，他的两位对手也有相似的宣称。恺撒可能传播了一个很有影响力的传说，即他的继承者屋大维的父亲是阿波罗。[②] 恺撒被谋杀以后，布鲁图斯资助了鲁狄·阿波罗纳里斯运动会。[③] 奥古斯都对阿波罗的持续推崇，正是承续了前辈的道路。

阿波罗这一最具希腊性的神在罗马受到推崇的背景正是罗马社会新旧交替、毁灭与复兴此起彼伏的时期。前文所述鲁狄·赛库拉里斯运动会将阿波罗与旧时代的结束和新时代的开启联系在一起，绝非偶然。因为整个社会处于战争和不安的笼罩之下，人们会很自然地思考和谈论新的时代问题。公元前88年的一次异象就被解释为开始一个新时代的宣言；[④]公元前65年的一些征兆被占卜者解释为预示着这个城市和世界将要毁灭；[⑤]公元前63年，喀提林阴谋的一位参与者也是基于一种社会大变动的心理；[⑥]公元前49年，恺撒与庞培走到内战的边缘，以及公元前44年恺撒被谋杀，都宣称一个新时代的开始。[⑦] 当然，关于这一时代的宗教潮流，我们知道的材料相对较少，要在阿波罗崇拜与新时代思维之间建立清楚明晰的联系并不是很容易。[⑧] 不过我们从维吉尔的《牧歌》中能找到一些线索，在第四首《牧歌》中，阿波罗的

---

① Plutarch, *Sulla*, 29.11.

② Livy, 25.12.9ff, 27.23.5; Suetonius, *Divus Augustus*, 94.

③ Livy, 25.12.9ff, 27.23.5; Plutarch, *Brutus*, 21.3.关于阿波罗与恺撒和布鲁图斯政治生涯的关系之详细讨论，见 John Moles, "Fate, Apollo, and M. Junius Brutus", *The American Journal of Philology*, vol. 104, no. 3 (Autumn, 1983), pp. 249－256; Anne Gosling, "Octavian, Brutus and Apollo: A Note on Opportunist Propaganda", *The American Journal of Philology*, vol. 107, no. 4 (Winter, 1986), pp. 586－589。

④ Plutarch, *Sulla*, 7.7.

⑤ Cicero, *Against Catiline*, 3.19.

⑥ Cicero, *Against Catiline*, 3.9; 4.2.

⑦ Servius, *Commentary on the Eclogues of Vergil*, 9.46.

⑧ 当代学者关于阿波罗与奥古斯都及其新时代关系的论述并不多，不过约翰·米勒的《阿波罗、奥古斯都与诗人》一书有极为精彩的论述，见 John F. Miller: *Apollo, Augustus, and the Poets*, pp. 15－53, pp. 253－297。

统治标志着一个新时代的开始，这将是又一个黄金时代。[1] 阿波罗能够开创新时代的观念，应该来自罗马人认为阿波罗也能司太阳神之职能的观念。在奥古斯都和维吉尔的时代，阿波罗与太阳甚至是可以互换的两个概念，尤其是在关于新时代的语境下。维吉尔曾将新时代的特征归结为阿波罗的统治（*regnum Apollinis*）[2]，他所用的“统治”（*regnum*）这一概念，无疑是将阿波罗当作太阳之神的某种延伸。因为在希腊罗马文化中，以其他身份出现的阿波罗并没有超过其他神灵的力量，只有等同于太阳的阿波罗才具有统治世界的能力，因为太阳对天空的统治是一种罗马人非常熟悉的哲学观念。结合维吉尔这首诗的写作时间（约公元前40年），我们可以看到，维吉尔所说的这个新时代，正是当时整个罗马社会都在思考和谈论的新时代。在这一思想背景下，奥古斯都认为自己就是这个新时代的重建者。[3] 通过论证他与生俱来所具有的特性[4]，以及经常得到阿波罗的帮助，他深信自己就是那位受神灵指定开创新时代的人，并将开创新时代的任务看作是彰显阿波罗的荣耀。

阿波罗在罗马政治中扮演的重要作用有着鲜明的时代特色，只有在共和到帝国转变的社会大变革时期，才能有这种“治愈国家”、开启新时代的要求。随着罗马社会进入帝国时代，阿波罗在政治生活中的地位日益淡化。奥古斯都以后，尽管也有尼禄、君士坦丁大帝等政治家为了某种目的而提升阿波罗在罗马神灵体系和国家政治生活中的地位，[5]但这并不能改变阿波罗逐渐远离现实政治生活的趋势。

---

① Virgil, *Eclogue*, 4. 10.

② Virgil, *Eclogue*, 4. 10.

③ Virgil, *Aeneid*, 1.281; 6.789.

④ 关于奥古斯都的出生与阿波罗以及太阳的联系之传说，见 Suetonius, *Divus Augustus*, 94。

⑤ 关于尼禄与阿波罗，见 Edward Champlin, “Nero, Apollo, and the Poets”, *Phoenix*, vol. 57, no. 3/4. (Autumn—Winter, 2003), pp. 276—283; 关于君士坦丁大帝与阿波罗，见 J. H. W. G. Liebeschuetz, *Continuity and Change in Roman Religion*, pp. 281—283。

虽然阿波罗的医神职能和在政治中的作用不断淡化，但是到基督教成为罗马帝国国教并禁绝多神教之前，阿波罗崇拜还没有完全退出罗马社会生活，不过其作用已经逐渐局限在传统的预言神方面，所受到的崇拜也主要是在一些著名的阿波罗神谕所。在基督教兴起之初，阿波罗及其神谕在另一领域里扮演了重要角色，那就是被用于从神学上反基督教。其中最引人注目的是波斐利（Porphyry）①。

波斐利的《来自神谕的哲学》编辑了神谕对哲学问题的回答，并加以自己的评论，其目的是要建立一个普世性的哲学体系，或者如他自己所说："我们目前的整理将会包括诸多来自神灵的哲学教义，诸神通过神谕告诉我们什么是真理。"②关于反基督徒的辩论出自第三章，是讨论英雄和圣人的一部分。奥古斯丁的《上帝之城》中保存了其中的三条神谕，两条来自阿波罗，一条来自赫卡特③。关于阿波罗的神谕，奥古斯丁的记载如下：

> 波斐利说（我引用他的原文，尽管是从希腊文译成拉丁文的）："有人问，为了把他的妻子从基督教中召回来，他应当向哪一位神祈求，阿波罗用诗句做了下列回答。"接下去就是所谓阿波罗的原话，"也许你更能用水写字，或者像鸟一样张开翅膀在天上飞翔，也不能让你受到玷污的、不虔诚的妻子恢复知觉。让她继续这样吧，随她喜欢，充满幻象，为一位欺骗自己的神唱哀歌。正义的法官审判了这位神，用最残忍的办法处死了他。"在阿波罗说了这些话以后，波斐利继续说："在这些话中，阿波罗清楚地指出基督徒的信仰

① 波斐利（公元234—约305年）是一位新柏拉图主义哲学家，其主要著作有《来自神谕的哲学》（*Philosophy from Oracles*）和《反基督徒》（*Against the Christians*）。现存残篇，大部分来自奥古斯丁和尤西比乌斯的引用。现代学者的编辑和整理作品有：John J. O'Meara, *Porphyry's Philosophy from Oracles in Augustine*, Paris: Études Augustiniennes, 1959; John J O'Meara, *Porphyry's Philosophy from Oracles in Eusebius's Praeparatio Evangelica and Augustine's Dialogues of Cassiciacum*, Paris: Études augustiniennes, 1969; Robert M. Berchman: *Porphyry against the Christians*, Netherlands: BRILL Press, 2005, etc.

② Porphyry, *Philosophy from Oracles*, 303f.

③ 赫卡特（Hecate）是希腊罗马神话中的幽灵与魔法女神。

不可救药，说犹太人比基督徒更容易承认上帝。”

当有人问理性是否比律法好的时候，波斐利引用阿波罗的话：“上帝是先于一切事物的生育者和国王，天地、大海、隐秘的地狱都在上帝面前颤抖，神圣的存在者都害怕他，因为它们的律法就是圣洁的希伯来人极大地荣耀了的圣父。”①

在引用阿波罗的神谕对基督徒进行诋毁之后，波斐利又引用了赫卡特的神谕，说了一些对耶稣基督的赞美之词：“你们要知道，当不朽的灵魂离开身体时，如果失去了智慧，它就总是犯错误。基督的灵魂是一个极为虔诚的人的灵魂，他们崇拜它，因为真理已经离开了他们。”②

波斐利引用这些神谕的目的是要证明两个问题。第一，犹太人，像其他所有优秀民族一样，崇拜至高无上之神，而基督徒错误地崇拜一个被钉在十字架的人；第二，耶稣是一个虔敬的，但还是一个彻底的人，一个贤者，而不是神。但是他所用的神谕并没有神学上的理论性，而是陷入两个一般性的范畴，第一个是将基督教与犹太教相比较，这是一般异教徒攻击基督教的常用方法，他们诋毁基督徒崇拜一个被钉在十字架的罪犯，借用神谕来说明法官的判决是公义的，基督应该受惩罚，而这一点不仅不能让奥古斯丁这样的基督徒理论家信服，而且也会激起普通基督徒的愤怒。他的第二个范畴涉及关于基督徒崇拜耶稣的神谕。波斐利并没能提供神谕的详细来源，只说了阿波罗和赫卡特的神谕，但是这位请求神谕者究竟在哪个圣所请求的神谕，他并没有说明。除了波斐利自己的论述，也没有其他文字材料能印证，至少最著名的德尔斐神谕没有相关记载。因此，奥古斯丁很容易就驳斥了波斐利的说法，“在他的神阿波罗的这则神谕中，波斐利说犹太人的上帝如此伟大，哪怕是神圣的存在者都害怕他。因为上帝说过‘祭祀别神，不单单祭祀上帝的，那人必要灭绝’，而我感到惊讶的是波斐利本人并不害怕祭祀别

① Porphyry, *Philosophy from Oracles*, 343f; Augustine, *City of God*, 19.23.中文译文参阅奥古斯丁《上帝之城》，王晓朝译，北京：人民出版社，2006 年，第 938—939 页。

② Porphyry, *Philosophy from Oracles*, 343f.

神(阿波罗)而遭'灭绝'"。[①] 他甚至怀疑"这段神谕也可能是波斐利自己虚构的"。[②]

这种神学上的争论,不免也会影响到罗马帝国对待基督教的态度。据拉克坦提乌斯(Lactantius)[③]记载,公元302—303年的反基督教会议以后,皇帝戴克里先并没有下定决心大规模迫害基督教。他决定向阿波罗征询处理基督教的意见,于是派遣了一位占卜师到米利都的迪迪玛请求阿波罗神谕,而神谕回答说"基督是神圣宗教的敌人"[④]。据尤西比乌斯记载,居士坦丁大帝也回忆了皮提亚·阿波罗的一则反基督教神谕对基督教遭受迫害的参与,"大约那时,据说阿波罗在一个阴森幽暗的洞穴发出声音,通过非人类声音为媒介,并宣称,地球上那些公义的人是他说出真话的障碍,并据此认为从三脚架发出的神谕是荒谬的,因此他使自己的神树凋萎以示悲痛。……君士坦丁年轻时听说戴克里先发布了迫害基督徒的敕令,其中认为神谕所说的'公义的人'就是基督徒。"[⑤]虽然后来帝国政府大规模迫害基督教的主要原因是为了挽回内忧外患之颓势,但不得不说,阿波罗神谕在其中也起了推波助澜的作用。当然,基督教的发展势头远非影响日渐式微的阿波罗神谕所能阻止。基督教成为罗马帝国的国教后,禁绝一切偶像崇拜。公元391年,信奉基督教的罗马帝国皇帝狄奥多西一世下令封闭属于多神教的德尔斐神庙,[⑥]公开的阿波罗崇拜就此在罗马帝国消失。

---

① Augustine, *City of God*, 19.23.

② Augustine, *City of God*, 19.23.

③ 拉克坦提乌斯(约公元240—320年)是早期基督教作家。主要作品有《论圣职制度》(*The Divine Institutions*)、《论迫害者之死》(*De Mortibus Persecutorum*)等。现代整理和编辑的译文见 Lactantius, *The Divine Institutes* (*Books* 1—7), Translated by Sr. Mary Francis McDonald, Washington: Catholic University of America Press, 1964; Lactantius, *De Mortibus Persecutorum*, ed. by J. L. Creed, Oxford: Oxford University Press, 1985.

④ Lactantius, *De Mortibus Persecutorum*, 11.7.

⑤ Eusebius, *Life of Constantine*, 2.49—52.

⑥ Averil Cameron, Peter Garnsey, *The Cambridge Ancient History*, vol. xiii, new edition, Cambridge: Harvard University Press, 2003, p. 108.

附录:阿波罗崇拜相关术语①

1.第一类术语表示阿波罗的各种神圣职能,如预言、弓箭、音乐、疗伤、狩猎,以及驱走瘟疫和邪恶,保护人们免受伤害,如来自狼、鼠疫、蝗灾霉菌的伤害,守护街道、大门、航道等。

希腊文	θέαριος	Ποόπσιος	Κλῄδωνες	Κλήριος
英文释义	of the Oracle	Forseeing	of an Omen in words and Sound	Distributing by Lot
中文含义	有关神谕的	预言、预言能力	有关话语中的预兆	通过签谕发布
希腊文	Ἑκατός	Μουσηγτές	Παιήον	Παιῶν
英文释义	Shooter from a Far	Leader of Muses	Healer	Healder
中文含义	远射神	领导缪斯者	医治者	医治者
希腊文	Ἀκέσιος	Οὔλιος	Ἀλεξικάκος	Ἐικούριος
英文释义	of Healing	of Sound Health	Averter of Evil or Harm	Succouring
中文含义	有关康复的	有关彻底康复的	驱赶邪恶和伤害者	援助
希腊文	Βηδρμίος	Ἐμινθείος	Ἐμινθαίος	Ἐμινθεύς
英文释义	Rescuer	of the Mice	of the Mice	of the Mice
中文含义	救助者	有关老鼠的	有关老鼠的	有关老鼠的
希腊语	Λυκίος	Παρνοπίος	Πονοπιῶν	Ἐρυθιβίος
英文释义	of the Wolves	of the Locusts	of the Locusts	of the Mildew
中文含义	有关狼的	有关蝗虫的	有关蝗虫的	有关霉菌的

① 本处附录的表格来自 http://www.theoi.com/Olympios/Apollon.html。笔者进行了认真核对,修订了拼写和表述不妥的地方,删除了冗余部分,新增了部分术语,并将其译成中文。

希腊文	Ἀργυιεύς	Προστατηρίος	Ἐπιβατηερίος	Δελφινίος
英文释义	of the Streets	Standing before (the entrance)	of Sacrifices on Disembarkation	of the Dolphins
中文含义	有关街道的	站在(大门)外	有关起航时祭品的	有关海豚的
希腊文	Ἀκίος	Θεοξενίος	Ἀγρίος	Κορυνθός
英文释义	of the Foreshore	God (protector) of Strangers	of the Hunt	of the (sacred) Corynthus-cake
中文含义	有关海滩的	保护陌生人的神	有关狩猎的	有关祭祀糕点

2.第二类术语来自阿波罗神庙所在地或者祭仪的建立者,以及对其祭仪场所的描述。某些这类术语并不严格限于其发源地。

希腊文	Πυθίος	Δελφίος	Ἀμυκλαίος	Ὀνκαιατός
英文释义	of Pytho (Oracle in Phokis)	of Delphoi (Oracle in Phokis)	of Amyklai (in Lakedaimonia)	of Onkeios (in Arkadia)
中文含义	有关皮托的	有关德尔斐的	有关阿米克莱伊的	有关昂凯伊俄斯
希腊文	Παρρασίος	Ἰσμηνίος	Πτωίος	Τιλφωσσίος
英文释义	of Parrhasia (in Arkadia)	of River Ismenos (in Boiotia)	of Mt. Ptoon (in Boiotia)	of Tilphossa Spring
中文含义	有关帕拉西亚的	有关伊斯梅洛斯	有关普同山的	有关提佛撒泉的
希腊文	Μαρμαρινός	Ἀκτίος	Φυλλίος	Λευκατάς
英文释义	of Marmarion (in Euboia)	of Aktion (Actium in Akarnania)	of Phyllos (in Phthiotis)	of Leukas (Island Adriatic)
中文含义	有关玛玛里翁的	有关阿克提翁的	有关菲洛斯的	有关勒乌卡斯的
希腊文	Τενεατός	Δηλίος'Α	Θυμβλίος	Κλαρίος
英文释义	of Tenos (Island Aegean)	of Delos (Island Aegean)	of Thymbra (in the Troad)	of Klaros (Oraclein Lydia)
中文含义	有关特诺斯的	有关德洛斯的	有关提姆布拉的	有关克拉洛斯的
希腊文	Γρυνείος	Γρυνεύς	Λαρισσίος	Τριοπίος
英文释义	f Gryneion (in Lydia)	of Gryneion (in Lydia)	of Larisa (in Lydia)	of Triopion (in Karia)
中文含义	有关格里内翁的	有关格里内翁的	有关拉里撒的	有关特里奥皮翁
希腊文	Διδυμοις	Διδυμεύς	Ἀιγυπτίος	Λυκείος
英文释义	of Didyma (Oraclein Karia)	of Didyma (Oraclein Karia)	of Egypt	of Lykos (Attic hero)
中文含义	有关迪迪玛的	有关迪迪玛的	有关埃及的	有关吕科斯的

希腊文	Κανεῖος	Ἀμαζονίος	Ὀνκαιατός	Ἰσμηνίος
英文释义	of Karnos (Akarnanian hero)	of the Amazones (tribe)	of Onkios (Arkadian hero)	of Ismenos (Boiotian hero)
中文含义	有关卡诺斯的	有关阿玛佐纳斯	有关昂凯恩斯的	有关伊斯梅洛斯
希腊文	Κιλλαίς	Δειραδιωτές	Πλατανιστίος	Μελίαι
英文释义	of Killos	of the Ridge	of the Plane-trees	of the Ash-trees
中文含义	有关凯洛斯的	有关山脉的	有关悬铃树的	有关白蜡树的
希腊文	Ἐποδίος	Ἀκταίος	Ἀρχηγετής	Διονυσοδοτής
英文释义	of the (altar) Ashes	of the Coast	Founder (of Megara's Walls)	Bestower of Dionysos
中文含义	有关骨灰祭坛的	有关海岸的	有关梅伽拉墙的	狄奥尼索斯的安放者
希腊文	Παρωίος	Λατωίος	Πυτίος	Καρνεῖος
英文释义	of the Fathers, Ancestral	Son of Leto	of the Python	of the Cornel-tree
中文含义	有关父亲、祖先的	勒托的儿子	有关皮托的	有关山茱萸树的
希腊文	Θερμίος	Ὁρίος	Δεκατηφορός	Αἰγλός
英文释义	of the Lupine Flowers	of the Boundaries of the Borders	Bringer of Tithes	the Shining
中文含义	有关狼毒花的	有关国界、边界的	带来宗教税者	光亮
希腊文	Δαφνηφόρος	Δαφνηφόρια	θοραῖος	
英文释义	of Daphne	of Daphne	Giver of the Seeds of Life	
中文含义	有关达芙妮的	有关达芙妮的	生命种子的给予者	

3.有关阿波罗崇拜和祭仪相关的词组。

希腊文	Ἀπολλωνίον	Πυθίον	Δηλίον	Δελφινίον
英文释义	Temple of Apollon (general)	Temple of Apollon Pythios	Temple of Apollon Delios	Temple of Apollon Delphinios
中文含义	阿波罗神庙	阿波罗・皮提俄斯的神庙	阿波罗・德里俄斯的神庙	阿波罗・德尔斐尼俄斯的神庙
希腊文	Ἀμυκείον	Λυκείον	Τριοπίον	ΦυΘία
英文释义	Temple of Apollon Amyklaios	Temple of Apollon Lykeios	Temple of Apollon Triopios	Festival of Apollon Phythios
中文含义	阿波罗・阿米克莱俄斯的神庙	阿波罗・吕基俄斯的神庙	阿波罗・特里俄庇俄斯的神庙	阿波罗・皮提俄斯的节日

希腊文	*Πτωία*	*Καρνεία*	*'Υακινθία*	*Ἀκτία*
英文释义	Festival of Apollon Ptoios	Festival of Apollon Karneios	Festival Hyakinthos	Festival of Apollon Aktios
中文含义	阿波罗·普托伊俄斯的节日	阿波罗·卡纳伊俄斯的节日	雅辛托斯的节日	阿波罗·阿克提俄斯的节日
希腊文	*Δηλία*	*Γυμνοπαιδίαι*	*Θεοξενία*	*Ἑορτη Ἀργυιεύς*
英文释义	Festival of Apollon Delios	Festival of the Women	Festival of Theoxenios	Feast of Apollon Argyeius
中文含义	阿波罗·德里俄斯的节日	妇女的节日	特奥赫利俄斯的节日	阿波罗·阿癸伊欧斯的节日

4.以阿波罗命名的月份名称。

希腊文	*Καρνείος*	*Θεοξενίος*	*Παρνοπίον*	*Ἀρνείος*
英文释义	Month of Apollon Karneios (Sparta)	Month of Apollon (Phokis)	Month of Apollon (Aiolia)	Month of Apollon Arneios (Argos)
中文含义	阿波罗·卡纳伊俄斯月	阿波罗月	阿波罗月	阿波罗·阿纳伊俄斯月

5.一些有关阿波罗崇拜但是语意不甚清楚的术语。

希腊文	*Μαλεατός*	*Ἀκριτής*	*Καρίος*	*Θυρξεύς*
英文释义	—	—	—	—
中文含义	—	—	—	—
希腊文	*Ἀργεωτάς*	*Κερεατάς*	*Λαφρίος*	*Μαλοείς*
英文释义	—	—	—	—
中文含义	—	—	—	—

参 考 文 献

一、古典著作及中译本

Aelian, *Historical Miscellany*, translated by Nigel Guy Wilson, The Loeb Classical Library, Cambridge, Mass.: Harvard University Press, 1997.

Aeschylus, *Aeschylus*, with an English translation by Herbert Weir Smyth, Ph. D. in two volumes. 2. *Eumenides*. Herbert Weir Smyth, Ph. D. Cambridge, MA. Harvard University Press. 1926.

Aeschylus, *Suppliant Maidens. Persians. Prometheus. Seven Against Thebes*, translated by Herbert Weir Smyth, The Loeb Classical Library, Cambridge: Harvard University Press, reprinted, 2006.

Athenaeus: *The Deipnosophists*, translated by Charles Burton Gulick, Loeb Classical Library, Cambridge: Harvard University Press, 1929.

Apollodoros, *The Library*, translated by J. G. Frazer, The Loeb Classical Library, Cambridge: Harvard University Press, reprinted, 1995.

Apollonius Rhodius, *Argonautica*, translated by R. C. Seaton, The Loeb Classical Library, Cambridge: Harvard University Press, reprinted, 1990.

Caesar, T*he Gallic War*, translated by H. J. Edwards, The Loeb Classical Library, Cambridge, Mass.: Harvard University Press, 2004.

Callimachus, *Hymns and Epigrams*, translated by A. W. Mair and G. R. Mair, The Loeb Classical Library, Cambridge: Harvard University Press, reprint, 1989.

Callimachus: Hymn to Apollo, A Commentary, translated by Frederick Williams, Oxford: Oxford University, 1978.

Cicero, *In Catilinam*, translated by C. Macdonald, The Loeb Classical Library, Cambridge, Mass.: Harvard University Press, 1976.

Diodorus Siculus, *Library of History*, translated by C. H. Oldfather, The Loeb Classical Library, Cambridge: Harvard University Press, reprinted, 1998.

Diogenes Laërtius, *Lives of Eminent Philosophers*, translated by R. D. Hicks, vol. i, The Loeb Classical Library, Cambridge: Harvard University Press, reprinted, 1972.

Euripides, *The Complete Greek Drama*, edited by Whitney J. Oates and Eugene O'Neill, Jr., in two volumes. 1. *Ion*, translated by Robert Potter. New York: Random House, 1938.

Euripides, vol. iv, translated by David Kovacs, The Loeb Classical Library, Cambridge: Harvard University Press, reprinted, 1999.

Euripides, vol. ii, translated by David Kovacs, The Loeb Classical Library, Cambridge: Harvard University Press, reprint, 1995.

Eusebius, *Life of Constantine*, ed. by Stuart G. Hall, Oxford: Clarendon Press, 1999.

Herodotus, *Histories*, translated by A. D. Godley, The Loeb Classical Library, Cambridge: Harvard University Press, 1922.

Hesiod, *Homeric Hymns*, *Epic Cycle*, *Homerica*, translated by Hugh G. Evelyn-White, The Loeb Classical Library, Cambridge: Harvard University Press, 1995.

Hesiod, *Theogony, with Prolegomena and Commentary*, ed. by M. L. West, Oxford: Clarendon Press, 1966.

Himerius, *Man and the Word: The Orations of Himerius*, translated by Penella and J. Robert, Berkeley: University of California Press, 2007.

Hippocrates, *Affections*, *Diseases* 1, *Diseases* 2, translated by Paul Potter, The Loeb Classical Library, Cambridge: Harvard University Press, 1988.

Homer, *Iliad*, translated by A. T. Murray, The Loeb Classical Library, Cambridge: Harvard University Press, 2nd edition, 1999.

Homer, *Odyssey*, translated by A. T. Murray and George E. Dimock, The Loeb Classical Library, Cambridge: Harvard University Press, 1995.

Horace, *Odes and Epodes*, Translated by H. R. Fairclough, The Loeb Classical Library, Cambridge, Mass.: Harvard University Press, 1929.

Hyginus, *The myths of Hyginus*, translated and edited by Mary Grant, Lawrence: University of Kansas Publications, 1960.

Lactantius, *The Divine Institutes*, translated by Sr. Mary Francis McDonald, Washington: Catholic University of America Press, 1964.

Livy, *History of Rome*, translated by B. O. Foster, The Loeb Classical Library, Cambridge Mass.: Harvard University Press, 1998.

Lucian, vol. Ⅰ, translated by A . M. Harlllon, The Loeb Classical Library,

Cambridge: Harvard University Press, reprinted, 1996.

Macrobius, *Saturnalia*, Translated by Robert A. Kaster, The Loeb Classical Library, Cambridge, Mass.: Harvard University Press, 2011.

Nonnos, *Dionysiaca*, translated by W. H. D. Rouse, The Loeb Classical Library, Cambridge: Harvard University Press, reprinted, 1995.

Ovid: *Metamorphoses*, translated by Frank Justus Miller, The Loeb Classical Library, Cambridge: Harvard University Press, 3rd edition, 1984.

Pausanias, *Description of Greece*, translated by W. H. S. Jones, The Loeb Classical Library, Cambridge: Harvard University Press, reprinted, 1998.

Pindar, *Nemean Odes*, *Isthmian Odes*, *Fragments*, translated by W. H. Race, The Loeb Classical Library, Cambridge: Harvard University Press, reprint, 1997.

Pliny, *Natural History*, translated by H. Rackham, W. S. Jones and D. E. Eichholz, The Loeb Classical Library, Cambridge: Harvard University Press, 1940.

Plutarch, *Moralia*, vol. 1, translated by Frank Cole Babbitt, Loeb Classical Library, Cambridge: Harvard University Press, 1927.

Plutarch, *Lives*, vol. 1, translated by Bernadotte Perrin, Loeb Classical Library, Cambridge: Harvard University Press, 1914.

Polybius, *The Histories*, translated by W. R. Paton, The Loeb Classical Library, Cambridge: Harvard University Press, 1922.

Statius, *Thebaid*, Books 1 – 7, translated by D. R. Shackleton Bailey, The Loeb Classical Library, Cambridge: Harvard University Press, reprinted, 2004.

Statius, *Thebaid*, Books 8 – 12, *Achilleid*, translated by D. R. Shackleton Bailey, The Loeb Classical Library, Cambridge: Harvard University Press, reprinted, 2004.

Strabo, *Geography*, Ⅲ, translated by Horace Leonard Jones, The Loeb Classical Library, Cambridge: Harvard University Press, 1995.

Tacitus, *Agricola*, *Germania*, *Dialogus*, translated by M. Hutton, The Loeb Classical Library, Cambridge, Mass.: Harvard University Press, 2000.

Thucydides, *History of the Peloponnesian War*, translated by C. F. Smith, The Loeb Classical Library, Cambridge: Harvard University Press, reprinted, 1999.

Virgil, *Eclogues Geogics*, *Aeneid*, translated by H. Rushton Fairclough, The Loeb Classical Library, Cambridge: Harvard University Press, 1994.

Xenophon, *Anabasis*, translated by C. L. Brownson, The Loeb Classical Library,

Cambridge: Harvard University Press, 1968.

Xenophon, *Hellennica*, translated by C. L. Brownson, The Loeb Classical Library, Cambridge: Harvard University Press, 1918.

〔古希腊〕阿波罗多洛斯:《希腊神话》,周作人译,北京:中国对外翻译出版公司,1999 年。

〔古希腊〕阿里斯托芬:《阿里斯托芬喜剧两种》,罗念生译,长沙:湖南人民出版社,1981 年。

〔古希腊〕埃斯库罗斯:《悲剧两种》,罗念生译,北京:人民文学出版社,1979 年。

〔古希腊〕埃斯库罗斯等:《古希腊悲剧经典》,罗念生译,北京:作家出版社,1998 年。

〔古希腊〕埃斯库罗斯等:《古希腊悲剧戏剧全集》,张竹明、王焕生译,南京:译林出版社,2007 年。

〔古罗马〕奥古斯丁:《上帝之城》,王晓朝译,北京:人民出版社,2006 年。

〔古希腊〕欧里庇得斯:《欧里庇得斯悲剧集》,周作人译,北京:中国对外翻译出版公司,2003 年。

〔古希腊〕柏拉图:《柏拉图的〈会饮〉》,刘小枫等译,北京:华夏出版社,2003 年。

〔古希腊〕柏拉图:《柏拉图对话集》,王太庆译,北京:商务印书馆,2004 年。

〔古希腊〕柏拉图:《柏拉图对话录·斐多》,杨绛译,北京:中国国际广播出版社,2006 年。

〔古希腊〕柏拉图:《柏拉图全集》(四卷本),王晓朝译,北京:人民出版社,2002—2003 年。

〔古希腊〕荷马:《荷马史诗·奥德赛》,王焕生译,北京:人民文学出版社,1997 年。

〔古希腊〕荷马:《荷马史诗·伊利亚特》,罗念生、王焕生译,北京:人民文学出版社,1994 年。

〔古希腊〕赫西俄德:《工作与时日　神谱》,张竹明、蒋平译,北京:商务印书馆,1997 年。

〔古希腊〕路吉阿诺斯:《路吉阿诺斯对话集》,周作人译,北京:中国对外翻译出版公司,2003 年。

〔古希腊〕普鲁塔克:《希腊罗马名人传》,黄宏煦主编,陆永庭、吴彭鹏等译,商务印书馆,1990 年。

〔古希腊〕色诺芬:《长征记》,崔金戎译,北京:商务印书馆,1997 年。

〔古罗马〕西塞罗:《论神性》,石敏敏译,上海:上海三联书店,2007 年。

〔古希腊〕希罗多德:《历史》(新译本),徐松岩译,上海:上海三联书店,2008 年。

〔古希腊〕希罗多德:《历史》,王以铸译,北京:商务印书馆,1959 年。

〔古希腊〕希罗多德:《历史》,周永强译,西安:陕西师范大学出版社,2008 年。

〔古希腊〕修昔底德:《伯罗奔尼撒战争史》,谢德风译,北京:商务印书馆,1978 年。

〔古希腊〕修昔底德:《伯罗奔尼撒战争史》,徐松岩、黄贤全译,桂林:广西师范大学出版社,2004 年。

〔古希腊〕亚里士多德:《诗学》,陈中梅译注,北京:商务印书馆,1999 年。

〔古希腊〕亚里士多德:《雅典政制》,日知、力野译,北京:商务印书馆,1999 年。

二、近现代西文著作及中译本

A. B. Cook, *Zeus, a Study in Ancient Religion*, vol. ii, Second Edition, Cambridge: Cambridge University Press, 1928.

Alison Sharrock and Rhiannon Ash, *Fifty key Classical Authors*, London & New York: Routledge, 2002.

Andrewes Antony, *The Greeks*, New York & London: W. W. Norton & Co., 1967.

Antonia Barbe, *Apollo & Daphne: Masterpieces of Mythology*, with Paintings from the Great Art Museums of the World, London: Frances Lincoln, 1998.

Bernard Evslin, *The Furies*, New York: Chelsea House Publishers, 1989.

Charles Theodore Seltman, *The Twelve Olympians*, New York: Thomas Y. Crowell, 1962.

Daniel Ogden, *A companion to Greek Religion*, Malden, MA: Blackwell Pub., 2007.

Deborah H. Roberts, *Apollo and His Oracle in the Oresteia*, Gottingen: Vandenhoeck & Ruprecht, 1984.

Dumézil, G, *Archaic Roman Religion*, Chicago: The Johns Hopkins University Press, 1970.

Durham Keith, Noon Steve, *Viking Longship*, Oxford: Osprey Publish Company, 2002.

E. D. Dodds, *The Greeks and the Irrational*, Berkeley: University of California Press, 1952.

Edelstein E. J., Edelstein L., *Asclepius: Collection and Interpretation of the Testimonies*, Baltimore: Johns Hopkins University Press, 1945.

Eric M. Orlin, *Temples, Religion, and Politics in the Roman Republic*, Leiden: E. J. Brill, 1997.

Ferguson, *Among the Gods: An Archaeological Exploration of Ancient Greek Religion*, London and New York: Routledge, 1989.

Frederick J. E. Woodbridge, *The Son of Apollo: Themes of Plato*, New York:

Biblo and Tannen Publisher, 1971.

Fritz Graf, *Apollo*, London: Routledge, 2009.

G. Sissa and M. Detienne, *The Daily Life of the Greek Gods*, translated by J. Lliyd, Stanford: Stanford University Press, 2000.

Geoffrey Stephen Kirk, *The Nature of Greek Myths*, Harmondsworth: Penguin, 1974.

Gerald D Hart, *Asclepius: The God of Medicine*. London: The Royal Society of Medicine Press, 2000.

Gilbert Murray, *Five Stages of Greek Religion*, New York: Douleday & Company, Inc., 1951.

Gilchrist Brodeur, *The Prose Edda*, translared from the Icelandic with an Introduction, New York, California University Press, 1916.

Grant, *Myth of the Greeks and Romans*, New York: New American Library, 1962.

H. J. Rose, *A Handbook of Greek Mythology: Including Its Extension to Rome*, London: Routledge, 1964.

H. R. Ellis Davidson, *Gods and Myths of Northern Europe*, London: Penguin Books (non-classics), 1965.

H. W. Parke, D. E. W. Wormell, *The Delphic Oracle*, Oxford: Basil Blackwell, 1939.

H. W. Parke, *Festivals of the Athenians*, London: Thames and Huson Ltd., 1977.

Hugh Bowden, *Classical Athens and the Delphic Oracle: Divination and Democracy*. Cambridge: Cambridge University Press, 2005.

Ian Morris, Barry B. Powell, *The Greeks: History, Culture, and Society*, New Jersey: Pearson Prentice Hall, 2006.

J. Burnet, *Plato: Euthyphro, Apology of Socrates, and Crito*, Oxford: Oxford University Press, 1924.

J. Harrison, *A Study of the Social Origins of Greek Religion*, London: Cambridge University Press, 1912.

J. Harrison, *Prolegomena to the Study of Greek Religion*, London: Cambridge University Press, 1903.

Jacob Burckhardt, *The Greeks and Greek Civilization*, translated by Sheila Stern, New York: St. Martin's press, 1998.

Jean Pierre Vernant, *Myth and Thought Among the Greeks*, London: Routledge & Kegan Paul, 1983.

Jennifer Lynn, *Ancient Greek Cults: A Guide*, New York: Routledge, 2007.

John J. O'Meara, *Porphyry's Philosophy: from Oracles in Augustine*, Paris: Études Augustiniennes, 2001.

JohnFontenrose, *The Delphic Oracle: Its Response and Operations with A Catalogue of Responses*, Los Angeles: University of California Press, 1978.

Jon D. Mikalson, *Ancient Greek Religion*, Malden: MA Blackwell Pub., 2005.

Jon. Solomon, *Apollo: Origins and Influences*, Tucson: University of Arizona Press, 1994.

Karl Kerenyi, *Dionysos: Archetypal Image of Indestructible Life*, translated by R. Manheim, Princeton: Princeton University Press, 1979.

Karl Kerenyi, *Apollo: The Wind, The Spirit, and The God: Four Studies*, translated by Jon Solomon, New York: Spring Publications, Inc., 1983.

Karl Kerenyi, *Apollon und Niobe*. München: Langen Müller, 1980.

L.B. Zaidman and P. S. Pantel, *Religion in Ancient Greek City*, Cambridge: Cambridge University Press, 1989.

Lewis Richard Farnell, *The Cults of the Greek States*, vol. 5, Oxford: Oxford University Press, 1909.

Lewis Richard Farnell, *The Cults of the Greek States*, vol. 4, Oxford: Oxford University Press, 1907.

M. J. Mellink, *Hyakinthos*, Utrecht: Kemink en Zoon, 1943.

Marcus N. Tod, *A Selection of Greek Historical Inscriptions to the End of the Fifth Century B.C.*, Oxford: Clarendon Press, 1933.

Mario Vegetti, "The Greeks and Their Gods", P. Cartledge ed, *The Cambridge Illustrated History of Ancient Greece*, Cambridge: Cambridge University Press, 1990.

Martin P. Nilsson, *A History of Greek Religion*, translated by F. J. Fielden, Oxford: Oxford University Press, 1964.

Martin P. Nilsson, *The Mycenaean Origin of Greek Mythology*, Berkeley: University of California Press, 1932.

P. E. Easterling and J. V. Muir, *Greek Religion and Society*, with A Foreword by Sir Moses Finley, Cambridge: Cambridge University Press, 1985.

P. J. Rhodes, Robin Osborne, *Greek Historical Inscriptions* 404 - 323*BC*, Oxford: Oxford University Press, 2003.

Price, *Religions of the Ancient Greeks*, Cambridge: Cambridge University Press, 1999.

Richard Buxton, *Oxford Readings in Greek Religion*, Oxford: Oxford University

Press, 2000.

Robin Hard, *The Routeledge Handbook of Greek Mythology*, London & New York: Routeledge, 2004.

Ross Holloway, *The Archaeology of Ancient Sicily*, drawings by Anne Lovelace, London & New York: Routledge, 2000.

Sarah Iles Johnston, *Ancient Greek Divination*, Oxford: Wiley-Blackwell, 2008.

Simon Hornblower and Antony Spawforth, *The Oxford Classical Dictionary*, third edition, Oxford: Oxford University Press, 1996.

Timothy Gantz, *Early Greek Myth: A Guide to Literary and Artistic Sources*, Baltimore: Johns Hopkins University Press, 1993.

Ulrich von Wilamowitz-Moellendorff, *Greek Historical Writing and Apollo: Two Lectures Delivered before the University of Oxford June* 3 *and* 4, translated by Gilbert Murray, Oxford: Clarendon Press, 1908.

W. K. C. Guthrie, *The Greeks and Their Gods*, New York: Beacon PR Ltd., 1985.

Walter Burkert, *Greek Religion: Archaic and Classical*, translated by John Raffan, Oxford: Basil Blackwell, 1985.

Walter F. Otto, *Dionysos: Myth and Cult*, translated by R. B. Palmer, Bloomington and London: Indiana University Press, 1965.

Walter F. Otto, *The Homeric Gods: The Spiritual Significance of Greek Religion*, translated by Moses Hadas, Boston: Beacon Press, 1964.

William Broad, *The Oracle: The Lost Secrets and Hidden Message of Ancient Delphi*. Los Angeles: Penguin Press, 2006.

Yves Bonnefoy, *American, African, and Old European Mythologies*, translated by Wendy Doniger, Chicago: University Of Chicago Press. 1993.

《马克思恩格斯选集》(第四卷),北京:人民出版社,1972年。

〔英〕埃文斯·普里查德:《原始宗教理论》,孙尚扬译,北京:商务印书馆,2001年。

〔法〕爱弥尔·涂尔干:《宗教生活的基本形式》,渠东、汲喆译,上海:上海人民出版社,1999年。

〔美〕包尔丹:《宗教的七种理论》,陶飞亚、刘义、钮圣妮译,上海:上海古籍出版社,2005年。

〔美〕保罗·麦克金德里克,《会说话的希腊石头》,晏绍祥译,杭州:浙江人民出版社,2000年。

〔英〕彼得·阿克罗伊德:《古代希腊》,冷杉、冷枞译,北京:生活·读书·新知三联书店,2007年。

〔苏联〕波德纳尔斯基编,《古代的地理学》,梁昭锡译,赵鸣歧校,齐思和审,北京:

商务印书馆，1997年。
〔美〕戴维·利明、埃德温·贝尔德：《神话学》，李培荣、何其敏、金泽译，上海：上海人民出版社，1990年。
〔法〕菲斯泰尔·德·古朗士：《古代城市：希腊罗马宗教、法律及制度研究》，吴晓群译，上海：上海人民出版社，2006年。
〔意〕弗拉维奥·孔蒂：《希腊艺术鉴赏》，陈卫平译，北京：北京大学出版社，1988年。
〔奥〕弗洛伊德：《图腾与禁忌》，杨庸一译，北京：中国民间文艺出版社，1986年。
〔德〕葛斯塔·舒维普：《古希腊罗马神话与传奇》，叶青译，桂林：广西师范大学出版社，2003年。
〔德〕古斯塔夫·施瓦布：《希腊神话故事》，刘超之、艾英译，北京：宗教文化出版社，1999年。
〔英〕H. D. F. 基托：《希腊人》，徐卫翔、黄韬译，上海：上海人民出版社，2006年。
〔德〕赫伯特·格隆德曼等：《德意志史》(第一卷)，张载扬等译，北京：商务印书馆，1999年。
〔德〕黑格尔：《精神现象学》，贺麟、王玖兴译，北京：商务印书馆，1979年。
〔德〕黑格尔：《哲学史讲演录》，贺麟、王太庆译，北京：商务印书馆，1959年。
〔英〕简·艾伦·赫丽生：《古希腊宗教的社会起源》，谢世坚译，桂林：广西师范大学出版社，2004年。
〔英〕简·艾伦·赫丽生：《希腊宗教研究导论》，谢世坚译，桂林：广西师范大学出版社，2006年。
〔法〕克琳娜·库蕾：《古希腊的交流》，邓丽丹译，桂林：广西师范大学出版社，2005年。
〔英〕肯尼思·克拉克：《人体艺术论——理想形态研究》，彭小剑、董惠宁译，成都：四川美术出版社，1990年。
〔法〕莱昂·罗斑：《希腊思想与科学精神的起源》，陈修斋译，桂林：广西师范大学出版社，2003年。
〔英〕马林诺夫斯基：《巫术科学宗教与神话》，李安宅译，北京：中国民间文艺出版社，1986年。
〔德〕麦克斯·缪勒：《比较神话学》，金泽译，上海：上海文艺出版社，1989年。
〔德〕麦克斯·缪勒：《宗教的起源与发展》，金泽译，上海：上海人民出版社，1989年。
〔德〕麦克斯·缪勒：《宗教学导论》，陈观胜、李培茱译，上海：上海人民出版社，1989年。
〔德〕尼采：《悲剧的诞生：尼采美学文选》，周国平译，北京：生活·读书·新知三联书店，1986年。

〔德〕尼采:《悲剧的诞生》,赵登荣译,桂林:漓江出版社,2000 年。
〔法〕皮埃尔・维达尔-纳杰:《荷马的世界》,王莹译,北京:中国人民大学出版社,2007 年。
〔法〕裘利亚・西萨、马塞尔・德蒂安:《古希腊众神的生活》,郑元华译,上海:上海人民出版社,2008 年。
〔法〕让-皮埃尔・韦尔南:《古希腊的神话与宗教》,杜小真译,北京:生活・读书・新知三联书店,2001 年。
〔法〕让-皮埃尔・韦尔南:《神话与政治之间》,余中先译,北京:生活・读书・新知三联书店,2001 年。
〔法〕让-皮埃尔・韦尔南:《希腊人的神话和思想:历史心理分析研究》,黄艳红译,北京:中国人民大学出版社,2007 年。
〔法〕让-皮埃尔・韦尔南:《希腊思想的起源》,秦海鹰译,北京:生活・读书・新知三联书店,1996 年。
〔日〕上山安敏:《神话与理性》,孙传钊译,上海:上海人民出版,1992 年。
〔英〕苏珊・伍德福德:《古代艺术品中的神话形象》,贾磊译,济南:山东画报出版社, 2006 年。
〔美〕威尔・杜兰:《世界文明史・希腊的生活》,北京:东方出版社,1999 年。
〔意〕维柯:《新科学》,朱光潜译,合肥:安徽教育出版社,2006 年。
〔英〕维罗妮卡・伊恩斯:《神话的历史》,杜文燕译,太原:希望出版社,2003 年。
〔德〕温克尔曼:《希腊人的艺术》,邵大箴译,桂林:广西师范大学出版社,2001 年。
〔美〕伊迪丝・汉米尔顿,《希腊方式——通向西方文明的源流》,徐齐平译,杭州:浙江人民出版社,1988 年。
〔美〕依迪丝・汉密尔顿:《希腊精神》,葛海滨译,北京:华夏出版社,2008 年。
〔美〕约翰・格里菲思・佩德利:《希腊艺术与考古学》,李冰清译,桂林:广西师范大学出版社,2005 年。
〔英〕詹姆斯・弗雷泽:《金枝》,徐育新、汪培基、张泽石译,北京:新世界出版社,2006 年。

三、大型辞书、工具书

Averil Cameron, Peter Garnsey, *The Cambridge Ancient History*, vol. viii, new edition, Cambridge: Harvard University Press, 2003.
Henry George Liddell and Robert Scott, *A Greek-English Lexicon*, *with a Revised Supplement*, Oxford: Oxford University Press, 1996.
I. E. S. Edwards, C. J. Gadd, N. G.. L. Hammond, E. Sollberger, *The Cambridge Ancient History*, vol. ii. 2, Third Edition, Cambridge: Cambridge U-

niversity Press, 1975.

I. E. S. Edwards, C. J. Gadd, N. G.. L. Hammond, *The Cambridge Ancient History*, vol. i. 2, third edition, 1970.

J. B. Bury, S. A. Cook, F. E. Adcock, *The Cambridge Ancient History*, vol. i, Second Edition, Cambridge: Cambridge University Press, 1928.

J. B. Bury, S. A. Cook, F. E. Adcock, *The Cambridge Ancient History*, vol. ii, first edition, Cambridge: Cambridge University Press, 1931.

J. Broadman, N. G. L. Hammond, D. M. Lewis, and M. Ostwald, *The Cambridge Ancient History*, vol. ii. 1, Second Edition, Cambridge: Cambridge University Press, 1982.

Robert Graves, *Larousse Encyclopedia of Mythology*, Hamlyn Publishing House, 1986.

Robert Mchlenry, editor in chief, *The New Encyclopedia Britannica*, vol. 26, Chicago: Encyclopedia Britannica, Inc., 1993.

Simon Hornblower and Antony Spawforth, *The Oxford Classical Dictionary*, third edition, Oxford: Oxford University Press, 1996.

罗竹风主编:《汉语大词典》(3),上海:汉语大词典出版社,1989 年。

任继愈主编:《宗教大辞典》,上海:上海辞书出版社,1998 年。

〔法〕H. 吕凯等:《世界神话百科全书》,徐汝舟等译,上海:上海译文出版社,1992 年。

四、西文论文

A. J. Podlecki, "Archilochus and Apollo", *Phoenix*, vol. 28, no. 1. (Spring, 1974), pp. 1-17.

A. W. Verrall: "The Hymn to Apollo: An Essay in the Homeric Question", *The Journal of Hellenic Studies*, vol. 14. (1894), pp. 1-29.

Adolphe Paul Oppé, "The Chasm at Delphic", *The Journal of Hellenic Studies*, vol. 24. (1904), pp. 214-240.

Annette Teffeteller, "The Chariot Rite at Onchestos: Homeric Hymn to Apollo 229-238", *The Journal of Hellenic Studies*, vol. 121. (2001), pp. 159-166.

Arthur Stanley Pease, "Notes on the Delphic Oracle and Greek Colonization", in *Classical Philology*, vol. 12, no. 1. (Jan., 1917), pp. 1-20.

B. D. Meritt, "Greek Inscriptions", *Hesperia*, 26 (1957), pp. 89-99.

Barclay V. Head, "Apollo Hikesios", *The Journal of Hellenic Studies*, vol. 10.

(1889), pp. 43 – 45.

Benjamin Powell, "The Temple of Apollo at Corinth", *American Journal of Archaeology*, vol. 9, no. 1 (Jan. – Mar., 1905), pp. 44 – 63.

Charles L. Babcock, "Horace Carm. 1. 32 and the Dedication of the Temple of Apollo Palatinus", *Classical Philology*, vol. 62, no. 3. (Jul., 1967), pp. 189 – 194.

Charles W. Hedrick, Jr. "TheTemple and Cult of Apollo Patroos in Athens", *American Journal of Archaeology*, vol. 92, no. 2, (Apr., 1988), pp. 185 – 210.

D. G. Hogarth, "Apollo Lermenus", *The Journal of Hellenic Studies*, vol. 8. (1887), pp. 376 – 400.

Edward Champlin, "Nero, Apollo, and the Poets", *Phoenix*, vol. 57, no. 3 – 4. (Autumn-Winter, 2003), pp. 276 – 283.

Edward Kadletz, "The Cult of Apollo Deiradiotes", *Transactions of the American Philological Association*, vol. 108, (1978), pp. 93 – 101.

Felix Martin Wassermann, "Divine Violence and Providence in Euripides' Ion", *Transactions and Proceedings of the American Philological Association*, vol. 71 (1940), pp. 587 – 604.

G. R. H. Wright, "Cyrene: A Survey of Certain Rock-Cut Features to the South of the Sanctuary of Apollo", *The Journal of Hellenic Studies*, vol. 77, part 2. (1957), pp. 300 – 310.

Grace H. Macurdy, "The Derivation of the Greek Word Paean", *Language*, vol. 6, no. 4 (Dec., 1930), pp. 297 – 303.

H. A. Thompson, "Buildings on the West Side of the Athenian Agora", *Hesperia*, 6 (1937), pp. 1 – 226.

H. W. Parke, "A Note on the Delphic Priesthood", in *The Classical Quarterly*, vol. 34, no.1/2.(Jan. – Apr., 1940), pp. 85 – 89.

H. W. Parke, "The Temple of Apollo at Didyma: The Building and Its Function", *The Journal of Hellenic Studies*, vol. 106. (1986), pp. 121 – 131.

Hugh Lloyd-Jones, "The Delphic Oracle", in *Greece & Rome*, 2nd Ser., vol. 23, no.1. (Apr., 1976), pp. 60 – 73.

Ian Rutherford, "Apollo's Other Genre: Proclus on Nomos and His Source", *Classical Philology*, vol. 90, no. 4. (Oct., 1995.), pp. 354 – 361.

Irene Ringwood, "Local Festivals atDelos", *American Journal of Archaeology*. 37(3). July 1933, pp. 452 – 458.

J. B. Haley, "The Coming of the Greeks: Ⅰ. The Geographical Distribution of pre-Greek Place-names", *American Journal of Archaeology*, vol. 32, no.2 (1928), pp. 141 - 145.

J. Henry Middleton, "The Temple of Apollo at Delphi", *The Journal of Hellenic Studies*, vol. 9. (1888), pp. 282 - 322.

James A. Noutopolos, "Socrates and the Sun", *The Classical Journal* 37.5 (February 1942), pp. 260 - 274.

John A. Scott, "Apollo as an Asiatic Divinity", *The Classical Journal*, vol. 17, no. 8 (May, 1922), pp. 463 - 464.

John Gibert: "Apollo's Sacrifice: The Limits of a Metaphor in Greek Tragedy", *Harvard Studies in Classical Philology*, vol. 101 (2003), pp. 159 - 206.

Joseph E. Fontenrose, "Apollo and Sol in the Oaths of Aeneas and Latinus", *Classical Philology*, vol. 38, no. 2. (Apr., 1943), pp. 137 - 138.

Joseph E. Fontenrose, "Apollo and the Sun-God in Ovid", *The American Journal of Philology*, vol. 61, no. 4, (1940), pp. 429 - 444.

Karen Bassi, "The Poetics of Exclusion in Callimachus' Hymn to Apollo" *Transactions of the American Philological Association* (1974 -   ), vol. 119, (1989), pp. 219 - 231.

Keith Sidwell, "Purification and Pollution in Aeschylus' Eumenides", *The Classical Quarterly*, New Series, vol. 46, no. 1 (1996), pp. 44 - 57.

L. Maurizio, "Anthropology and Spirit Pression: A Reconsideration of the Pythia's Role atDelphi", *Journal of Hellenic Studies*, vol. 115(1995), pp. 69 - 86.

Marcel Detienne, "Forgetting Delphi between Apollo and Dionysus", *Classical Philology*, vol. 96, no. 2. (Apr., 2001), pp. 147 - 158.

N. P. Milner, "Notes and Inscriptions on the Cult of Apollo at Oinoanda", *Anatolian Studies*, vol. 50, (2000), pp. 139 - 149.

Nancy Bookidis and Ronald S. Stroud, "Apollo and the Archaic Temple at Corinth", *Hesperia*, vol. 73, no. 3 (Jul. - Sep., 2004), pp. 401 - 426.

P. Gardner, "Two Heads of Apollo", *The Journal of Hellenic Studies*, vol. 23. (1903), pp. 117 - 131.

Pura Nieto Hernández, "Odysseus, Agamemnon and Apollo", *The Classical Journal*, vol. 97, no. 4, (Apr. - May, 2002), pp. 319 - 334.

R. P. Winnington-Ingram, "The Rôle of Apollo in the Oresteia", *The Classical Review*, vol. 47, no. 3 (Jul., 1933), pp. 97 - 104.

Rendel Harris, "Apollo at the Back of the North Wind", *The Journal of Hellenic Studies*, vol. 45, part 2. (1925), pp. 229 - 242.

S. Eitrem, "Some Notes on the Religious Character of Apollo", *The Classical Review*, vol. 33, no. 5/6, (Aug. - Sep., 1919), pp. 88 - 90.

T. R. Bryce, "Lycian Apollo and the Authorship of the 'Rhesus'", *The Classical Journal*, vol. 86, no. 2, (Dec., 1990 - Jan., 1991), pp. 144 - 149.

W. M. Ramsay, "Artemis-Leto and Apollo-Lairbenos", *The Journal of Hellenic Studies*, vol. 10. (1889), pp. 216 - 230.

William Bell Dinsmoor, "The Temple of Apollo at Bassae", *Metropolitan Museum Studies*, vol. 4, no. 2 (Mar., 1933), pp. 204 - 227.

五、中文著作及论文

陈洪文、水建馥选编:《古希腊三大悲剧家研究》,北京:中国社会科学出版社,1986年。

李为颖:《古希腊人文主义法律观探源》,《求索》,2007年第1期。

李咏吟:《原初智慧形态——希腊神学的两大话语系统及其历史转换》,上海:上海人民出版社,1999。

刘家和:《古代中国与世界:一个古史研究者的思考》,武汉:武汉出版社,1995年。

刘婧:《德尔斐神谕与古希腊城邦》,复旦大学博士学位论文,2009年。

刘小枫:《凯若斯:古希腊语文教程》(上册),上海:华东师范大学出版社,2005年。

刘以焕:《古希腊语言文字语法简说》,上海:上海人民出版社,2006年。

吕大吉:《宗教学通论新编》,北京:中国社会科学出版社, 1998年。

罗念生、水建馥编:《古希腊语汉语词典》,北京:商务印书馆,2004年。

罗念生:《罗念生全集》,上海:上海人民出版社,2004年。

王敦书:《贻书堂史集》,北京:中华书局,2003年。

王绍辉:《希腊早期文学中阿波罗的形象演变略探》,东北师范大学硕士学位论文,2006年。

王晓朝:《希腊宗教概论》,上海:上海人民出版社,1997年。

王以欣:《神话与竞技:古希腊体育运动与奥林匹克赛会起源》,天津:天津人民出版社,2008年。

王以欣:《神话与历史:古希腊英雄故事的历史与文化内涵》,北京:商务印书馆,2006年。

吴晓群:《古代希腊仪式文化研究》,上海:上海社会科学院出版社,2000年。

吴雅凌编译:《俄耳甫斯教辑语——经典与解释》,北京:华夏出版社,2006年。

晏绍祥:《荷马社会研究》,上海:上海三联书店,2006年。

魏凤莲:《狄奥尼索斯崇拜研究》,复旦大学博士学位论文,2004年。

谢选骏:《神话与民族精神:几个文化圈的比较》,济南:山东文艺出版社,1986年。

解光云:《述论古典时期雅典城市的公共空间》,《安徽史学》,2005 年第 3 期。
杨德煜:《希腊神话传说中的复仇主题探究》,上海师范大学博士学位论文,2004 年。
于琳:《试论德尔斐神谕对希腊城邦政治活动的影响》,华东师范大学硕士学位论文,2008 年。

索　引

R

后　　记

本书是在笔者的博士论文基础上修订而成。在我求学和参加工作的这些年里，得到了各位老师和前辈的悉心指导与帮助，在此表示衷心的感谢。

首先要感谢我的硕士导师田德全教授和博士导师郭小凌教授。两位老师无论是在学术研究还是做人做事方面，都是我的楷模。田老师引导我走上世界古代史研究的道路。在我攻读硕士学位期间，田老师不仅传道授业解惑，还教我如何做人，那些谆谆教导至今仍时时在耳边回响，田老师和师母马望英老师的道德文章，我永远铭记在心中。在攻读博士学位期间，郭老师以其丰富的学识、儒雅的风度和宽广的胸怀，给我树立了治学做人的榜样。对于我的博士论文，郭老师倾注了很大的心力，从论文选题、资料搜集到写作、修改、定稿，无不渗透着老师的心血和汗水。

在北京师范大学学习期间，刘家和先生和蔼可亲的长者风范、严谨不苟的治学态度深深地激励着我们这些后辈学者。我一直谨记刘先生所引的名句——"上穷碧落下黄泉"，立志"板凳敢坐十年冷"，在世界古代史研究领域中努力进取，不断求索。在博士论文写作过程中，杨共乐教授、侯树栋教授、易宁教授、蒋重跃教授和王海利老师均提出宝贵的指导意见，在此向诸位老师致以诚挚的谢意。

在搜集资料和论文写作过程中，鲁东大学魏凤莲老师、南京师范大学祝宏俊教授、当时在北京师范大学的王献华老师、清华大学王晓朝教授等提出了不少富有建设性的意见和建议；美国伊利诺伊大学乔·所罗门(Jon Solomon)教授将他的那些在市面上和图书馆已经找不到的珍贵手稿复印件慷慨相赠；莱尼·罗兹(Renee Rhodes)、托德·杰克逊(Todd Jackson)等外国学者，复旦大学黄洋教授、首都师范大学晏绍祥教授、中国人民大学孟广林教授、《历史研究》编辑部舒建军老师、中国社会科学院世界历史研究所郭子林师兄等人，都提供了不少帮助，在此一并表示深深的谢意。

在攻读博士学位期间，为了学习希腊语和拉丁语，我到北京大学旁听了外教J.范德布鲁克(J. van den Broek)的古希腊语课程，在北师大哲学院旁听了中国人民大学雷立柏(Leopold Leeb)老师的古希腊语和拉丁语课程。北师大文学院杨俊杰老师不但开设古希腊语课程，还组织古希腊语原文释读，我跟着杨老师学习了柏拉图的《斐多篇》，获益匪浅。

我于2011年6—10月赴英国爱丁堡大学访学，其间得到了安德鲁·厄斯金(Andrew Erskine)教授的悉心指导。金寿福教授到了首师大以后，我又多了一位良师益友，与金老师的每次交谈，都能得到很好的启发。我与同事姚百慧、倪玉珍不仅在工作上随时相互探讨，而且经常一起思考人生，在这个“思考人生”已经成为调侃语的时代，这种精神上的交流显得尤为珍贵。

在本书的出版过程中，还要感谢首都师范大学历史学院领导郝春文教授、梁占军教授、刘屹教授、寇志刚副院长和商务印书馆的郑殿华、杜廷广先生，他们都给予我很多鼓励和支持。

感谢我的双胞胎儿子，他们给我带来无尽的欢乐，也让我有了更多的动力。感谢我的父母，感谢我的妻子，感谢他们对我的理解、支持和帮助。

由于学力有限，本书中肯定还有不少谬误之处，欢迎各位方家批评指正。如果读者诸君对本书有任何意见和建议，请与我邮件联系：abing520508@163.com。

李永斌

2014年6月于挥汗如雨斋